東進

共通テスト実戦問題集
国語〔現代文〕

〈3訂版〉

JAPANESE

別冊

問題編

Question

東進ブックス

東進

共通テスト実戦問題集
国語〔現代文〕
〈3訂版〉

問題編
Question

JAPANESE

東進ハイスクール・東進衛星予備校 講師
輿水淳一
KOSHIMIZU Junichi

東進ブックス

目次

東進　共通テスト実戦問題集

第1回

国語〔現代文〕　（110点）

注意事項

1　解答用紙に，正しく記入・マークされていない場合は，採点できないことがあります。

2　試験中に問題冊子の印刷不鮮明，ページの落丁・乱丁及び解答用紙の汚れ等に気付いた場合は，手を高く挙げて監督者に知らせなさい。

3　解答は，解答用紙の解答欄にマークしなさい。例えば，［10］と表示のある問いに対して③と解答する場合は，次の（例）のように**解答番号１０の解答欄の③にマーク**しなさい。

（例）

解答番号	解答欄
10	①　②　●　④　⑤　⑥　⑦　⑧　⑨

4　問題冊子の余白等は適宜利用してよいが，どのページも切り離してはいけません。

5　**不正行為について**

①　不正行為に対しては厳正に対処します。

②　不正行為に見えるような行為が見受けられた場合は，監督者がカードを用いて注意します。

③　不正行為を行った場合は，その時点で受験を取りやめさせ退室させます。

6　試験終了後，問題冊子は持ち帰りなさい。

第1問　次の【文章Ⅰ】【文章Ⅱ】を読んで、後の問い（問1〜6）に答えよ。（配点　45）

【文章Ⅰ】　次の文章は、岩内章太郎《いわうちしょうたろう》『新しい哲学の教科書』の一節である。なお、設問の都合で一部省略した箇所がある。

　何のために〈私〉は生きているのか？　なぜ〈私〉はこの〈私〉であって他の〈私〉ではないのか？　いつか死んですべて無に帰してしまうのに、死ぬまで必死に生きることにそもそも何の意味があるのか？——このような問いは、誰もが一度は悩んだことがあるはずだし、現在進行形で考えている人も少なくないだろう。

　これらの素朴な疑問の根底には、A自己の存在に対する不安が横たわっている。なぜ生まれたのかも、なぜ死ぬのかも分からないが、〈私〉はとにかくこの世界に生まれ落ちてしまったし、この一回限りの定めを引き受けるように迫られている。ここでの不安とは、日常生活における厄介事や人間関係の緊張によって感じる「生活内不安」ではなく、そもそもこの世界に〈私〉が存在してしまっていることに起因する「存在不安」を意味する。私の考えでは、存在不安の問題を論理的に追いつめると、「生命の連鎖」の謎にぶつかることになる。名前は忘れてしまったが実在する魚の話で考えてみよう。

　とある魚は二年で成魚になる。成魚になったオスとメスの魚はつがいになって産卵する。メスは産卵で命を使い果たして死ぬ。オスは卵が無事孵化《ふか》するまで何も食べずに卵を守り続け、最後には死ぬ。メスとオスの命をかけた努力で孵化した稚魚は（そのほとんどが成魚になる過程でテン(ア)テキに捕食されるが）二年後に成魚となり、また同じプロセスを繰り返して命をつないでいく。これは命の尊さと生命の不思議を示す格好の材料のように見える。だが、私はこの種の物語を見るたびに、いつもこう思ってしまうのだ。

「でも、何のために?」

　生命の連鎖という点だけに鑑みると、魚と人間に大した違いはないはずだ。私の母と父の両親のそのまた両親のそのまた両親のそのまた……と私たちは生命の連鎖を無限に辿《たど》っていくことができる。だが、生命の連鎖全体を見渡しても、何のために生命の連鎖が開始され、どんな理由で継続されているのかについては知る術がない。どのように生命が誕生したのかについての有力な科学的仮説は存在しても、何の目的でそのようなことが起こり、どのような動機に導かれて親から子へと生命を繋《つな》いでいるのかを私たちは理解できないのだ（多くの場合、その分からなさを私たちは「本能」という言葉でごまかしてしまう）。そんなことは分からなくてよいのだろうか。分からないほうがよいのだろうか。いずれにしても、「存在不安」から「生命の連鎖」への飛躍を理解することが、（注1）形而上学《けいじじょうがく》を理解するうえでは肝要なのである。

　自己自身の存在理由を問うことは、生命一般の存在理由を問うことへと拡張することができる。ここで注目したいのは、そのときにB問いが全体化していることだ。カントが『純粋理性批判』で示したように、ある全体性に向かって無限に推論を続けられるのが理性に備わった能力であり、自分だけでなくすべてには例外なく終わりがあることを理性は(イ)ドウサツする。理性的推論の際限のなさは、一切の経験を超越した形而上学に人を向かわせるだろう。理性は、〈私〉の存在不安から生命一般の存在へ、そして最終的には生命一般の存在に対する懐疑から世界全体の存在に対する懐疑へと思考を飛躍させるのだ。この飛躍の本質が実は論点のすりかえだったとしても、あるいは生命の連鎖はそもそも偶有的事実であって、そこにいかなる謎も存在しないとしても、理性はしばしば個人的で具体的な存在不安を、普遍的で抽象的な世界全体の存在の問いへと(ウ)ショウカさせてきた（あるいは論点をすりかえてきた）ということである。ともあれ、続いて次のような場面を想像してみてほしい。「異星人による福音」の思考実験だ。

ある日、遠い惑星から異星人がやってきて、人類に「生命の連鎖」の真の目的を告げる。

「人類の遠い祖先は、われわれの惑星の囚人だった。生とはいつか犯した罪への罰なのだ。あなたたち人類は試されている。われわれはあなたたちが生の無意味さにどこまで耐えられるのかを見ているのだ。もし人類が生命の連鎖をこれから三〇〇世代繋ぐことができたら、人類の子孫は故郷であるわれわれの惑星に還ることができると約束しよう」。

これは異星人からもたらされた福音だった。それを聞いたある哲学者はこう言った。

「なんということだ。これで哲学は終わりだ。存在の真の意味がついに人類に開示されたのだから」。

人類は「異星人による福音」を来たるべき未来への希望として伝承し、幾世代にもわたって生の無意味さに耐え続けたが、ついにその日はやってきた。生物学者と人類学者の研究グループの試算によれば、次の世代で人類は三〇〇世代目になる。あの福音が正しいなら、人類は故郷に還ることができる。未来の哲学者は叫ぶだろう。

「ついにやったぞ。ついにやったんだ。存在それ自体への問いは、これですべて解決した。さよなら、神話。さよなら、宗教。さよなら、哲学！　これから、永遠に！」

こうして人類の子孫は許され、故郷の星に還っていった。驚くべきことに、その惑星には肉体というものがなかった。性も国境も家族も、そして死もなかった。だから、もちろん暴力もなかった。精神的存在になった人類は、これから永遠に生き続ける。ところがそのとき、人類の子孫の一人がこう言う。

「でも、何のために？」

（中略）

この思考実験は私たちに次のことを教えてくれる。まず、人類を超越した存在であるメタ‐存在者（注2）（異星人）が、人類の生の意味を上から規定するという事態がありうるということ。そして、メタ‐存在者が生命の連鎖の始まりと終わりについて首尾一貫した説明を提示するという事態もありうるということ。だが、人類の子孫の一人が最後に呟《つぶや》いたように、理性はさらに問うことができる——では、メタ‐存在者の存在とは一体何なのか、と。そうして、メタ‐存在者を超越した存在であるメタ‐メタ‐存在者が現われ、メタ‐存在者の存在の意味を上から規定するとしよう。それでも、理性はさらに問うことができるだろう。では、メタ‐メタ‐存在者の存在とは一体何なのか、と。この推論のプロセスは無限に続き、結局は無限遡行（注3）に陥る。

だからこそ、神話、宗教、形而上学は、それ以上遡れない一切の根拠の根拠、つまり究極の根拠を措定することになるだろう。何か他の目的のために存在するのではなく、それ自身がそれ自身のために存在する自己目的的な存在者、すなわち「神」か「超越的なもの」を作り上げるのだ。そうして、理性の無限遡行は、最終的には神の存在によって止められることになる。神話の多くが、神々の生誕の物語から始まるのはそのためだ。私たちは神話のうちに神々の存在の根拠を求めることはできない。神は何の理由もなくただ誕生する（あるいは、最初からただそこに存在する）が、最高存在者である神はそれでよいのである。

こうして〈私〉の存在不安は全体化して世界それ自体への問いに向かうが、Cどんな手段を尽くしても、私たちが存在についての絶対的根拠を手にすることはできないことが分かるはずだ。（中略）ここで理解してほしいのは、私たちには決して論理的に答えることができない問いがあるということだ。宇宙全体がある物理法則で貫かれていることまでは理解できても、なぜ宇宙全体がそのような物理法則で貫かれているのかを知ることはできない。全体性の認識を目指す理性は人を形而上学的探究へと駆り立てるが、そもそもその探究には初めから限界が存在しているのだ。

（注）1　形而上学 ―― 思惟《しい》や直観などによって、五感で認識できる世界を超越したところにある事物の本質や存在そのものの根本的原理を究めようとする学問。筆者はこれより前のところで「原理的に有限である経験を超越して、思弁的に世界全体の究極の根拠に迫ろうとするのが形而上学である」と規定している。

2　メタ ―― より高い次元の。

3　無限遡行 ―― ある事象または事柄を成立させる原因や前提を、限りなくさかのぼって求め、決着のつかないこと。無限後退。

【文章Ⅱ】 次の文章は、十の不思議な夢を綴《つづ》った夏目漱石《なつめそうせき》の小説『夢十夜』の中の一篇、「第七夜」の全文である。なお、原文を現代仮名遣いに改めてある。また、設問の都合で本文の上に行数を付してある。

何でも大きな船に乗っている。

この船が毎日毎夜すこしの絶間《たえま》なく黒い煙《けぶり》を吐いて浪《なみ》を切って進んで行く。凄《すさま》じい音である。けれどもどこへ行くんだか分らない。ただ波の底から焼火箸《やけひばし》のような太陽が出る。それが高い帆柱の真上まで来てしばらく挂《かか》っているかと思うと、いつの間にか大きな船を追い越して、先へ行ってしまう。そうして、しまいには焼火箸のようにじゅっといってまた波の底に沈んで行く。そのたんびに蒼《あお》い波が遠くの向うで、蘇枋《すおう》(注1)の色に沸《わ》き返る。すると船は凄じい音を立ててその跡を追《おっ》かけて行く。けれどもけっして追つかない。

ある時自分は、船の男を捕《つら》まえて聞いて見た。

「この船は西へ行くんですか」

船の男は怪訝《けげん》な顔をして、しばらく自分を見ていたが、やがて、

「なぜ」と問い返した。

「落ちて行く日を追かけるようだから」

船の男はからからと笑った。そうして向うの(エ)方へ行ってしまった。

「西へ行く日の、果《はて》は東か。それは本真《ほんま》(注2)か。東出る日の、御里《おさと》は西か。それも本真か。身は波の上。檝枕《かじまくら》(注3)。流せ流せ」

と囃《はや》している。舳《へさき》へ行って見たら、水夫が大勢寄って、太い帆綱《ほづな》を手繰《たぐ》っていた。

自分は大変心細くなった。いつ陸《おか》へ上がれる事か分らない。そうしてどこへ行くのだか知れない。ただ黒い煙を吐いて波を切って行く事だけはたしかである。その波はすこぶる広いものであった。際限《さいげん》もなく蒼く見える。時には紫《むらさき》にもなった。ただ船の動く周囲《まわり》だけはいつでも真白に泡《あわ》を吹いていた。自分は大変心細かった。こんな船にいるよりいっそ身を投げて死んでしまおうかと思った。

乗合《のりあい》はたくさんいた。たいていは異人(注4)のようであった。しかしいろいろな顔をしていた。空が曇って船が揺れた時、一人の女が欄《てすり》に倚《よ》りかかって、しきりに泣いていた。眼を拭く手巾《ハンケチ》の色が白く見えた。しかし身体《からだ》には更紗《さらさ》(注5)のような洋服を着ていた。この女を見た時に、悲しいのは自分ばかりではないのだと気がついた。

ある晩甲板《かんぱん》の上に出て、一人で星を眺めていたら、一人の異人が来て、天文学を知ってるかと尋ねた。自分はつまらないから死のうとさえ思っている。天文学などを知る必要がない。黙っていた。するとその異人が金牛宮《きんぎゅうきゅう》(注6)の頂《いただき》にある七星《しちせい》の話をして聞かせた。そうして星も海もみんな神の作ったものだと云《い》った。最後に自分に神を信仰するかと尋ねた。自分は空を見て黙っていた。

或時《あるとき》(注7)サローンに這入《はい》ったら派手な衣裳《いしょう》を着た若い女が向うむきになって、洋琴《ピアノ》を弾《ひ》いていた。その傍《そば》に背の高い立派な男が立って、唱歌を唄《うた》っている。その口が大変大きく見えた。けれども二人は二人以外の事にはまるで頓着《とんじゃく》(注8)していない様子であった。船に乗っている事さえ忘れているようであった。

自分はますますつまらなくなった。とうとう死ぬ事に決心した。それである晩、あたりに人のいない時分、思い切って海の中へ飛び込んだ。ところが――自分の足が甲板を離れて、船と(オ)縁が切れたその刹那《せつな》に、急に命が惜しくなった。心の底からよせばよかったと思った。けれども、もう遅い。自分は厭《いや》でも応でも海の中へ這入らなければならない。ただ大変高くできていた船と見えて、身体は船を離れたけれども、足は容易に水に着かない。しかし捕《つか》まえるものがないから、しだいしだいに水に近づいて来る。いくら足を縮《ちぢ》めても近づいて来る。水の色は黒かった。

そのうち船は例の通り黒い煙を吐いて、通り過ぎてしまった。自分はどこへ行くんだか判らない船でも、やっぱり乗っている方がよかったと始めて悟りながら、しかもその悟りを利用する事ができずに、無限の後悔と恐怖とを抱《いだ》いて黒い波の方へ静かに落ちて行った。

(注) 1 蘇枋の色――黒みを帯びた赤色。

2　本真——まこと。本当。

3　檝枕——舟の楫《かじ》を枕にして寝ること。船旅。「波枕」ともいう。

4　異人——外国人。

5　更紗——綿布・絹布などに人物・花・鳥獣などの模様を多色で染め出したもの。インド発祥。

6　金牛宮——黄道（天球上の太陽の軌道）十二宮の第二宮。おうし座。

7　サローン——船の談話室。

8　頓着——ものごとを気にかけて、こだわること。とんちゃく。

問１ 次の(i)・(ii)の問いに答えよ。

(i) 傍線部(ア)・(イ)・(ウ)に相当する漢字を含むものを、次の各群の①～④のうちから、それぞれ一つずつ選べ。解答番号は［1］～［3］。

(ア) テンテキ ［1］
① セイテキを攻撃する
② 腫瘍をテキシュツする
③ テキセツに処理する
④ スイテキを拭き取る

(イ) ドウサツ ［2］
① シュドウ権を握る
② ドウタイに装着する
③ 心のクウドウを埋める
④ 内心のドウヨウを隠す

(ウ) ショウカ ［3］
① 灯りをケす
② 酒をアキナう
③ 太陽がノボる
④ 念仏をトナえる

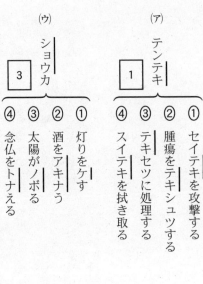

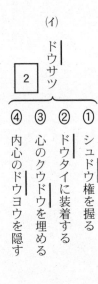

(ii) 傍線部(エ)・(オ)とは**異なる意味**を持つものを、次の各群の①～④のうちから、それぞれ一つずつ選べ。解答番号は 4 ・ 5 。

(エ) 方 4
① 方ガク
② 方エン
③ 方コウ
④ 方イ

(オ) 縁 5
① シュウ縁
② ケツ縁
③ 縁ダン
④ 縁コ

問２ 傍線部Ａ「自己の存在に対する不安」とあるが、それはどういうことか。その説明として最も適当なものを、次の①～⑤のうちから一つ選べ。解答番号は［６］。

① 生きていくうえで避けられない様々な困難を果たして自分は乗り越えられるのかという不安。

② 自分が存在していることの根本的な理由が分からないままにこの世にあることに対する不安。

③ どのような困難があろうともこの一回限りの人生を引き受けなければならないことに対する不安。

④ 親から子へという生命の連鎖がなぜ始まり、なぜ継続されているのかが分からないことへの不安。

⑤ 自分がなぜ生まれたのかも分からないまま必死に生きることに何の意味があるのかという不安。

問3　傍線部B「問いが全体化している」とあるが、なぜそのようなことが起こるのか。その説明として最も適当なものを、次の①～⑤のうちから一つ選べ。解答番号は 7 。

① 人間もまた生命の一部である以上、人間たる自己の存在理由を問うことは生命一般の存在理由を問うことに等しいから。

② すべての事物には例外なく終わりがあることを前提にする理性による推論は、全体に到達するまで止むことがないから。

③ なぜ自分は存在するのかという自分に向けた問いは、なぜ生命は存在するのかという問いへと拡張することができるから。

④ なぜ自分は存在するのかと問う理性による推論は、個別的で具体的なレベルを超えて、とどまることなく続くから。

⑤ 理性的推論の際限のなさは、生命一般にとどまらず、世界全体の存在に対する懐疑へと思考を飛躍させてしまうから。

問４　傍線部Ｃ「どんな手段を尽くしても、私たちが存在についての絶対的根拠を手にすることはできない」とあるが、それはなぜか。その説明として最も適当なものを、次の①～⑤のうちから一つ選べ。解答番号は［８］。

①　神話や宗教、形而上学は、究極の根拠として、それ自身がそれ自身のために存在する存在者を作り上げてしまうから。

②　人間は、ある物理法則を理解することができても、なぜそのような物理法則が存在するのかを知ることはできないから。

③　根拠を求め続ける理性の無限遡行は、それ以上遡れない一切の根拠の根拠である神の存在によって止められてしまうから。

④　理性的推論によって〈私〉の存在不安は全体化し、最終的には世界全体の存在に対する懐疑へと思考が飛躍してしまうから。

⑤　人間が自身の存在の根拠を見出そうとする理性的推論のプロセスは、ある全体性に向かって無限に続き終わることがないから。

問5 【文章Ⅱ】の表現や内容に関する説明として最も適当なものを、次の①～⑤のうちから一つ選べ。解答番号は 9 。

① 「どこへ行くんだか分らない」(2行目)とあるが、これは誇張表現であり、実際にはこの船は太陽の方角を目指して進んでいる。

② 「焼火箸のようにじゅっといってまた波の底に沈んで行く」(4行目)とあるが、これは日没の海を写実的に描写した表現である。

③ 「自分は空を見て黙っていた」(25行目)とあるが、これは海を作り、星々を作り上げた神に対する畏敬の念を間接的に示している。

④ 「とうとう死ぬ事に決心した」(29行目)とあるが、これはサローンで音楽に興じている男女に無視されたことが直接の理由である。

⑤ 「水の色は黒かった」(33行目)、「黒い波」(36行目)とあるが、これは「船」を取り囲む世界の無限性、不可知性を象徴している。

問６ 授業で【文章Ⅰ】と【文章Ⅱ】を読んだAさんは、二つの文章の共通点や相違点について考え【ノート】にまとめた。これについて、後の(i)・(ii)の問いに答えよ。

【ノート】

共通点 「どちらも、［ X ］というテーマを有している。」

⇦

相違点(1) テーマの伝え方の違い・ジャンルの違い

【文章Ⅰ】「思考実験を含めた論理的な文章によって［ X ］を論じる評論文」

【文章Ⅱ】「夢の話という虚構の設定によって［ X ］を感得させる掌編小説」

相違点(2) 【文章Ⅱ】にあって【文章Ⅰ】にない内容

「二人の世界に引きこもり、「船に乗っている事さえ忘れている」男女」

⇦

考察 「【文章Ⅱ】の「船に乗っている事さえ忘れている」男女の態度を、【文章Ⅰ】の内容と重ね合わせて解釈するならば、それは「［ Y ］」ということになるのではないか。」

(i) 空欄 X に入る最も適当なものを、次の①～④のうちから一つ選べ。解答番号は 10 。

① 自分や自分を取り巻く世界を意味付けられないことに由来する不安
② 生きる目的を見出せなくても生き続けなければならない人生の不快
③ 何の理由もなく最初からただそこに存在する超越的な存在への畏怖
④ 根本的には分かり合うことができない他者と共に生きることの孤独

(ii) 空欄 Y に入る最も適当なものを、次の①～④のうちから一つ選べ。解答番号は 11 。

① 初めから限界が存在していることを分かっていながら、理性による形而上学的探究に向かう態度
② いつか死んで全て無に帰してしまうのだから、生きている間は存分に楽しみつくそうという態度
③ 享楽的に生きることで、決して論理的に答えられない問いがあるという事実から目を逸らす態度
④ 自己自身の存在理由を見つけるためにも、孤独を分かち合える存在との絆を深めようとする態度

第2問　次の文章は、明治四十三年（一九一〇年）に発表された森鷗外《もりおうがい》の小説『杯《さかずき》』の全文である。これを読んで、後の問い（問1～6）に答えよ。なお、設問の都合で本文の上に行数を付してある。（配点　45）

温泉宿から皷《つづみ》（注1）が滝へ登って行く途中に、清冽《せいれつ》な泉が湧《わ》き出ている。

水は井桁《いげた》（注2）の上に凸面《とつめん》をなして、盛り上げたようになって、余ったのは四方へ流れ落ちるのである。

青い美しい苔《こけ》が井桁の外を掩《おお》うている。

夏の朝である。

泉を繞《めぐ》る木々の梢《こずえ》には、今まで立ち籠《こ》めていた靄《もや》が、まだちぎれちぎれになって残っている。

万斛《ばんこく》（注3）の玉を転ばすような音をさせて流れている谷川に沿うて登る小道を、温泉宿の方から数人の人が登って来るらしい。

賑《にぎ》やかに話しながら近づいて来る。

小鳥が群がって囀《さえず》るような声である。

皆子供に違ない。女の子に違ない。

「早く入《い》らっしゃいよ。いつでもあなたは遅れるのね。早くよ。」

「待って入らっしゃいよ。石がごろごろしていて歩きにくいのですもの。」

後《おく》（注4）れ先立つ娘の子の、同じような洗髪を結んだ、真赤な、幅の広いリボンが、ひらひらと蝶《ちょう》が群れて飛ぶように見えて来る。

これもお揃《そろい》の、藍色の勝った湯帷子《ゆかた》の袖が翻《ひるがえ》る。足に穿《は》いているのも、お揃の、赤い端緒《はなお》の草履である。

「わたし一番よ。」

「あら。ずるいわ。」

先を争うて泉の傍《そば》に寄る。七人である。

年は皆十一二位《くらい》に見える。きょうだいにしては、余り粒が揃っている。皆美しく、稍々《やや》なまめかしい。お友達であろう。

A　この七顆《か》の珊瑚《さんご》の珠《たま》を貫くのは何の緒か。誰《たれ》が連れて温泉宿には来ているのだろう。

漂う白雲の間を漏れて、木々の梢を今一度漏れて、朝日の光が荒い縞《しま》のように泉の畔《ほとり》に差す。

真赤なリボンの幾つかが燃える。

娘の一人が口に銜《ふく》んでいる（注5）丹波《たんば》酸漿《ほおずき》を膨《ふく》らませて出して、泉の真中に投げた。

凸面をなして、盛り上げたようになっている水の上に投げた。

酸漿は二三度くるくると廻《まわ》って、井桁の外へ流れ落ちた。

「あら。直《す》ぐにおっこってしまうのね。わたしどうなるかと思って、楽みにして遣《や》って見たのだわ。」

「そりゃあおっこちるわ。」

「おっこちるということが前から分っていて。」

「分っていてよ。」

「嘘《うそ》ばっかし。」

打《ぶ》つ真似をする。藍染の湯帷子の袖が翻る。

「早く飲みましょう。」

「そうそう。飲みに来たのだったわ。」

「忘れていたの。」

「ええ。」

「まあ、いやだ。」

手《て》ん手《で》に懐《ふところ》を捜《さぐ》って杯を取り出した。

青白い光が七本の手から流れる。

皆銀の杯である。大きな銀の杯である。

日が丁度一ぱいに差して来て、七つの杯はいよいよ耀《かがや》く。七条の銀の蛇《へび》が泉を繞って奔《はし》る。

銀の杯はお揃で、どれにも二字の銘《めい》(注６)がある。

それは自然の二字である。

妙な字体で書いてある。何か拠《よりどころ》があって書いたものか。それとも独創の文字か。

かわるがわる泉を汲《く》んで飲む。

B 濃い紅《くれない》の唇を尖《とが》らせ、桃色の頰を膨らませて飲むのである。

木立《こだち》のところどころで、じいじいという声がする。蝉《せみ》が声を試みるのである。

白い雲が散ってしまって、日盛《ひざか》りになったら、山をゆする声になるのであろう。

この時只《ただ》一人坂道を登って来て、七人の娘の背後に立っている娘がある。

第八の娘である。

背は七人の娘より高い。十四五になっているのであろう。

黄金色の髪を黒いリボンで結んでいる。

琥珀《こはく》(注7)のような顔から、サントオレア(注8)の花のような青い目が覗《のぞ》いている。永遠の驚《おどろき》を以《もっ》て自然を覗いている。

唇丈《だけ》がほのかに赤い。

黒の縁《へり》を取った鼠色《ねずみいろ》の洋服を着ている。

東洋で生れた西洋人の子か。それとも相《あい》の子《こ》(注9)か。

第八の娘は裳《も》(注10)のかくしから杯を出した。

小さい杯である。

どこの陶器か。火の坑《あな》から流れ出た熔巌《ようがん》の冷めたような色をしている。

七人の娘は飲んでしまった。杯を漬《つ》けた迹《あと》のコンサントリック(注11)な圏《わ》が泉の面《おもて》に消えた。

凸面をなして、盛り上げたようになっている泉の面に消えた。

第八の娘は、藍染の湯帷子の袖と袖との間をわけて、井桁の傍に進み寄った。

七人の娘は、この時始《はじめ》てこの平和の破壊者のあるのを知った。

そしてその琥珀いろの手に持っている、黒ずんだ、小さい杯を見た。

思い掛けない事である。

C 七つの濃い紅の唇は開いた儘《まま》で詞《ことば》がない。

蝉はじいじいと鳴いている。

良久《やや》しい間、只蝉の声がするばかりであった。

一人の娘(注12)がようようの事でこう云《い》った。

「お前さんも飲むの。」

声は訝《いぶかり》に少しの嗔《いかり》を帯びていた。

第八の娘は黙って頷《うなず》いた。

今一人の娘がこう云った。

「お前さんの杯は妙な杯ね。一寸《ちょっと》拝見。」

声は訝に少しの侮《あなどり》を帯びていた。

第八の娘は黙って、その熔巌の色をした杯を出した。

小さい杯は琥珀いろの手の、腱《けん》ばかりから出来ているような指を離れて、薄紅《うすべに》のむっくりした、一つの手から他の手に渡った。

「まあ、変にくすんだ色だこと。」

「これでも瀬戸物(注13)でしょうか。」

「石じゃあないの。」

「火事場の灰の中から拾って来たような物なのね。」

「墓の中から掘り出したようだわ。」

「墓の中は好《よ》かったね。」

七つの喉《のど》から銀の鈴を振るような笑声《わらいごえ》が出た。

D 第八の娘は両臂《りょうひじ》を自然の重みで垂れて、サントオレアの花のような目は只じいっと空《くう》を見ている。

一人の娘が又こう云った。

「馬鹿に小さいのね。」

今一人が云った。

「そうね。こんな物じゃあ飲まれはしないわ。」

今一人が云った。

「あたいのを借そうか知《し》ら。」

愍《あわれみ》の声である。

そして自然の銘のある、耀く銀の、大きな杯を、第八の娘の前に出した。

第八の娘の、今まで結んでいた唇が、此時《このとき》始て開かれた。

(注14)"MON. VERRE. N'EST. PAS. GRAND. MAIS. JE. BOIS. DANS. MON. VERRE"

沈んだ、しかも鋭い声であった。

「わたくしの杯は大きくはございません。それでもわたくしはわたくしの杯で戴《いただ》きます。」と云ったのである。

七人の娘は可哀《かわい》らしい、黒い瞳で顔を見合った。

言語が通ぜないのである。

第八の娘の両臂は自然の重みで垂れている。

言語は通ぜないでも好《い》い。

第八の娘の態度は第八の娘の意志を表白して、誤解すべき余地を留《とど》めない。

一人の娘は銀の杯を引っ込めた。

自然の銘のある、耀く銀の、大きな杯を引っ込めた。

今一人の娘は黒い杯を返した。

火の坑から湧き出た熔巌の冷めたような色をした、黒ずんだ、小さい杯を返した。

第八の娘は徐《しず》かに数滴の泉を汲んで、ほのかに赤い唇を潤した。

（注）
1 皷が滝――兵庫県の有馬温泉に近接する景勝地。
2 井桁――井戸の上部の縁を、木で「井」の字の形に組んだもの。
3 万斛の玉――たくさんの宝石。
4 後れ先立つ――後になったり先になったりする。
5 丹波酸漿――ホオズキの一品種。果実が大きい。
6 銘――金属や石に刻みつけた文字や文章。
7 琥珀――樹脂の化石で黄または赤褐色。古くから宝石として珍重されてきた。

8　サントオレア——キク科の植物。セントーレア。

9　相の子——混血児。現在では好ましくない表現とされるが、本作品中においては、「西洋的価値観を深く内面化した日本人」であった作者鷗外の苦悩と誇りとを暗示する表現とも受け取れるため、発表当時の表記に従う。

10　裳のかくし——スカートのポケット。

11　コンサントリックな——同心円状の。

12　ようようの事で——やっとのことで。

13　瀬戸物——陶磁器の通称。

14　MON. VERRE. N'EST. PAS. GRAND. MAIS. JE. BOIS. DANS. MON. VERRE——フランス語。

問１ 傍線部Ａ「この七顆の珊瑚の珠を貫くのは何の緒か。」とあるが、この表現が意味するものとして最も適当なものを、次の①～⑤のうちから一つ選べ。解答番号は 12 。

① 七粒の珊瑚の珠の一つ一つに穴が開いているのはどのような理由によるのか。
② 七粒の珊瑚で身を飾った少女たちにはどのようなつながりがあるのだろうか。
③ 七粒の珊瑚のような粒揃いの少女たちを連れて来たのはいったい誰だろうか。
④ 七粒の珊瑚の珠のように美しい少女たちを結びつける共通項とは何だろうか。
⑤ 七粒の珊瑚の珠のように可憐《かれん》な少女たちの興味の中心はいったい何だろうか。

問2 傍線部B「木立のところどころで、じいじいという声がする。蝉が声を試みるのである。」、および傍線部C「蝉はじいじいと鳴いている。良久しい間、只蝉の声がするばかりであった。」は、それぞれどのようなことを表現しているか。その説明として最も適当なものを、次の①～⑤のうちから一つ選べ。解答番号は 13 。

① 傍線部Bは、娘たちの騒々しいおしゃべりの声に隠されていた大自然の生命力を表現し、傍線部Cは、いつの間にか自分たちの背後に立っていた人物に不意に気づいた娘たちの、唖然とした様子を表現している。

② 傍線部Bは、おしゃべりに興じていた娘たちが泉の水を飲む間に生まれた一時の静けさを表現し、傍線部Cは、見知らぬ人物の存在に気づいた娘たちが不測の事態に驚き言葉を失くしている様子を表現している。

③ 傍線部Bは、作品中の季節が、泉の価値を際立たせる夏の盛りであることを表現し、傍線部Cは、誰もいないと思って油断していた娘たちが、自分たち以外の人間の存在に気づき、警戒する様子を表現している。

④ 傍線部Bは、娘たちの平穏な時間が長くは続かないことを遠回しに表現し、傍線部Cは、自分たちの背後の見慣れぬ人物に気づき、その人物が口を開くのを身を硬くして待っている娘たちの様子を表現している。

⑤ 傍線部Bは、泉の水で乾いた喉を潤すことができた娘たちの喜びを間接的に表現し、傍線部Cは、奇妙な形の杯を持つ人物に興味を抱きつつも何を話せばよいのかわからないという娘たちの当惑を表現している。

問３ 傍線部Ｄ「第八の娘は両臂を自然の重みで垂れて、サントオレアの花のような目は只じいっと空を見ている。」とあるが、このときの「第八の娘」の様子を説明したものとして最も適当なものを、次の①～⑤のうちから一つ選べ。解答番号は 14 。

① 娘たちの用いている言葉の意味が理解できず、手持ち無沙汰な心持ちで自分の杯を返してもらうのを待っている。
② 自分の杯が馬鹿にされ憤りを覚えているが、彼女たちに通ずる言葉で言い返すことができずに途方に暮れている。
③ 自分の杯を馬鹿にされたことに傷つき悲しみながらも、その悲しみを何とか表に出すまいと必死にこらえている。
④ 自分の杯を、娘たちが見下し嘲笑していることを理解しつつも、それに頓着せず、超然とした態度を保っている。
⑤ 自分の杯を、それが娘たちの持つ杯と異なるという理由だけで劣ったものと見なす娘たちの幼稚さに呆《あき》れている。

問4　本文の表現上の特色として**適当でないもの**を、次の①～⑤のうちから一つ選べ。解答番号は 15 。

①　「皆銀の杯である。大きな銀の杯である。」（40行目）のような表現の反復や、短文を連ねていく叙述方法、また改行の多用といった形式を採用することで、作品に詩のようなリズムが生まれている。

②　「小鳥が群がって囀るような声」（9行目）、「ひらひらと蝶が群れて飛ぶように見えて来る。」（13行目）などの比喩表現を用いることで、娘たちの楽しげな様子が具体的にイメージしやすくなっている。

③　「温泉宿の方から数人の人が登って来るらしい。」（6行目）といった表現に見られる、作中人物を外から客観的に捉える視点を設定することで、それぞれの人物像が浮き彫りにされている。

④　娘たちの装いや彼女たちの持つ杯をお揃いのものに設定することで、彼女たちとは異なる装いをし、異なる杯を持った「第八の娘」の異質性が際立つように工夫されている。

⑤　掌編といえるようなごく短い作品であること、また話の筋が単純なものであることが、逆に細部の表現を何かしらの象徴として捉えるような深い読みへと読者を導く効果を上げている。

問５　本文中の波線部について、ＡさんとＢさんは、【資料Ⅰ】を用いつつ教師と一緒に話し合いを通して考えることにした。次に示す【資料Ⅰ】と【話し合いの様子】について、後の(i)～(iii)の問いに答えよ。

【資料Ⅰ】

芸術に主義というものは本来ないと思う。芸術その物が一の大なる主義である。それを傍《はた》から見て、個々別々の主義があるように思うに過ぎない。(注1)Emile Zola なんぞは自家の芸術に自然主義(注2)という名を附《つ》けていた。そうして書いているうちに、次第にその主義というものに縛《ばく》せられてしまって終《つい》に出した二、三部の作は、頗《すこぶ》る窮屈なものになっていた。

森鷗外「文芸の主義」（明治四十四年四月発表）の一部。

（注）１　Emile Zola ―― エミール・ゾラ。一八四〇―一九〇二。フランスの小説家。

２　自然主義 ―― フランスの小説家ゾラなどが提唱。小説は主観的な観察・描写に止まることなく、自然科学にならって実験的、実証的でなければならないという小説理念。これに対して日本における自然主義は、自己の私生活や内面を、醜悪な部分までも含めてありのままに告白しようとするもので、主観的な要素を多分に持つものだった。

【話し合いの様子】

教　師——明治四十三年に発表された『杯』は、当時日本の文壇を席巻していた自然主義文学に対する鷗外自身の立場を表明した作品として解釈することもできます。【資料Ⅰ】の鷗外の芸術観も踏まえると、作品中の、「自然」という銘が彫られたお揃いの銀杯を持つ七人の娘は、［Ⅰ］を表していると考えることもできるでしょう。

Aさん——そうすると、「わたくしの杯は大きくはございません。それでもわたくしはわたくしの杯で戴きます。」という第八の娘の言葉は、［Ⅱ］と見ることもできますね。

Bさん——なるほど。一つの作品をそれ自体で完結したものとして受け取るだけでなく、その作品の書かれた時代背景などの中に置いてみることで解釈の幅が広がるのですね。作品中の「泉」を「文学の源泉たる人の世」と見なすと、「杯」は、それを汲み取る「作者の目」とも言えるかもしれません。

Aさん——だからといって、必ずしもそのように読まなければならないというわけでもないと思います。たとえば、さっきの「わたくしの杯は大きくはございません。それでもわたくしはわたくしの杯で戴きます。」という第八の娘の言葉は、作品の成立事情や書かれた時代背景などとは関係なしに、［Ⅲ］というような、一種の人生訓として受け取ることもできるのではないでしょうか。

教　師——【資料Ⅰ】をきっかけにして、一つの作品の持つ多様な解釈の可能性に触れることができたようですね。

(i) 空欄 Ｉ に入る発言として最も適当なものを、次の①～④のうちから一つ選べ。解答番号は 16 。

① 「自然主義」という枠にとらわれて、自らの個性を失ってしまった日本の文学者たち
② 「自然主義」という枠にとらわれて、芸術より自然を重んじている日本の文学者たち
③ 「自然主義」という枠にとらわれて、他流派への批判に余念がない日本の文学者たち
④ 「自然主義」という枠にとらわれて、自分たちの優越性を疑わない日本の文学者たち

(ii) 空欄 II に入る発言として最も適当なものを、次の①～④のうちから一つ選べ。解答番号は 17 。

① 世間の価値基準に合わせるのでなく、自然体の自分を大切にしたいという鷗外自身の考えを表明したもの
② 文壇の主流をなす文学観に寄り添いつつも、独自の道を模索したいという鷗外自身の意志を表明したもの
③ 他者の批判に屈せずに、自分らしく自然主義の道をまい進するのだという鷗外自身の決意を表明したもの
④ 多数派の考えに迎合せずに、自分は自分の信ずる文学観を貫くのだという鷗外自身の態度を表明したもの

(iii) 空欄 Ⅲ に入る発言として最も適当なものを、次の①～④のうちから一つ選べ。解答番号は 18 。

① 自分の考えや生き方が多数派のそれとは違っていても、自分は自分に誇りを持って生きていくべきだ
② 他の人とはどこか違う自分に悩むことがあっても、そのような自分を受け入れてくれる人は必ずいる
③ 自分が本当に伝えたいことがあるのならば、それを押し殺すのではなく、堂々と相手に伝えるべきだ
④ 他者からの批判にさらされたときに大切なのは、耳を閉ざすことではなく、対話の回路を開くことだ

問6　授業で『杯』を読んだAさんは、**【資料Ⅱ】**を読んで、「第八の娘」の振る舞いを違う角度から捉えることができるように思い、自分の考えを**【ノート】**にまとめた。**【資料Ⅱ】**の内容を踏まえて、空欄 **Ⅳ** に入る最も適当なものを、後の①～④のうちから一つ選べ。解答番号は **19** 。

【資料Ⅱ】

多くの人が指摘しているように、贈与という現象の最大の問題は負債にあります。物をあげるという行為は、同時にもらった側に負債の感覚を与えてしまうのです。

私たちは誰かからプレゼントをもらうと、「やったー！　うれしい！」と感じるだけではなく、お返しをしなければならないという観念にかられる。相手から一方的にもらうばかりでこれがずっとたまってくると、両者のあいだに上下関係のようなものが生まれてくる。与える側ともらう側という、負い目をベースとした上下関係ができてしまう。

（中略）

つまり、一方に負い目と従属が生まれ、もう一方には権力的支配が発生する。かえさなければいけないという義務感が、ある種のヒエラルキーの根拠になってしまう。負債感、あるいは負い目を通じた贈与が持っている非常に残酷な面も、私たちはしっかりとみておかなければなりません。

中島岳志《なかじまたけし》「利他はどこからやってくるのか」の一部。

【ノート】

【資料Ⅱ】で述べられている「負債の感覚」は、形ある物品を「もらう」ときだけでなく、何かを「してもらう」ときにも発生するのではないだろうか。そうだとすると、『杯』における、「あたいのを借そうか知ら。」と一人の娘が差し出した銀の大きな杯を毅然《きぜん》とした態度で拒否した第八の娘の振る舞いは、［Ⅳ］を示すものとして捉えることもできるのではないか。

① 「貸し」を作ることで相手に負債の感覚を負わせ、自分を相手よりも優位な立場に置こうとする姿勢
② 「借り」を作ることで相手に負債の感覚を負わせ、自分を相手よりも優位な立場に置こうとする姿勢
③ 自分を劣位のものとして見なす視線をはねつけ、何かに従属する立場に甘んじることを拒否する姿勢
④ 自分を優位のものとして見なす視線をはねつけ、何かを支配する立場に置かれることを拒否する姿勢

第3問　次の【資料Ⅰ】（文章、図、グラフ1、グラフ2）と【資料Ⅱ】は、近年、日本で頻発している異常気象について調べていたなつきさんが見つけた資料の一部である。これらを読んで、後の問い（問1～3）に答えよ。（配点20）

【資料Ⅰ】

文章　**イベント・アトリビューションによる温暖化影響の検出**

地球温暖化は喫緊の課題であり、私たちの日々の生活にも影響が現れ始めています。日本では、毎年のように甚大な被害を伴う気象災害が発生していますが、地球温暖化の進行とともに極端現象（いわゆる異常気象と呼ばれるかなり稀《まれ》な現象を含む）の発生確率と強さが更に増加することが予測されています。

これまで、個別の気象条件下で生じる極端現象に対する長期的な地球温暖化の影響を科学的に定量化することは困難でした。なぜなら、日本の極端現象の主要因である太平洋高気圧の張り出しや上空ジェット気流の蛇行などは大気が本来持っている「ゆらぎ」が偶然重なった結果発生するため、一つ一つの事例について地球温暖化の影響を分離して定量化することが難しかったからです。

しかし、近年の計算機能力の飛躍的な発展により、起こり得る大気の流れの状態を、大量の気候シミュレーションによって網羅的に計算するという画期的な方法が誕生しました。気候モデルを用いて、温暖化した気候状態と温暖化しなかった気候状態のそれぞれにおいて、大量の計算結果を作り出して比較する手法を「イベント・アトリビューション（EA）」と呼びます。

文部科学省気候変動予測先端研究プログラムでは、世界に先駆けてこの手法を取り入れ、近年の日本の極端現象に適用してきました。例えば、温暖化影響の検出・評価を目的に設計された「地球温暖化対策に資するアンサンブル気候予測データベース（d4PDF）」を用いて、平成30年7月の日本の猛暑の事例に対してEAを実施し、人為起源の地球温暖化がなければこの事例は起こり得なかったことを示しました。

一方で、EAは大量の気候シミュレーションを必要とするため、極端現象発生から結果が出るまでに数か月を要し、社会が求めるタイミングで迅速に情報発信ができないことが最大の課題となっていました。そこで、文部科学省気候変動予測先端研究プログラムの合同研究チームでは、極端現象発生後に迅速にEAを実施するための新しい手法を考案し、日本で発生する極端現象のEAに適用する取り組みを開始しました。

(中略)

予測型の確率的EA手法を令和5年6月から7月上旬の大雨発生期間に適用した結果、人為起源の地球温暖化により日本全国の(注)線状降水帯の総数が約1.5倍に増加していたと見積もられ、特に九州地方で増加が顕著でした。

また、令和5年7月9日から10日に発生した九州北部の大雨を対象に量的EA手法を適用した結果、この時期の総雨量が、地球温暖化がなかったと仮定した場合と比べて16%増加していたことが分かりました。

(文部科学省・気象庁気象研究所「令和5年夏の大雨および記録的な高温に地球温暖化が与えた影響に関する研究に取り組んでいます。―イベント・アトリビューションによる速報―」より抜粋)

(注) 線状降水帯 …… 線状に延びる降水帯。積乱雲が次々と発生し、強雨をもたらす。

図 令和5年梅雨期の大雨をもたらした大規模な大気の流れに関する模式図

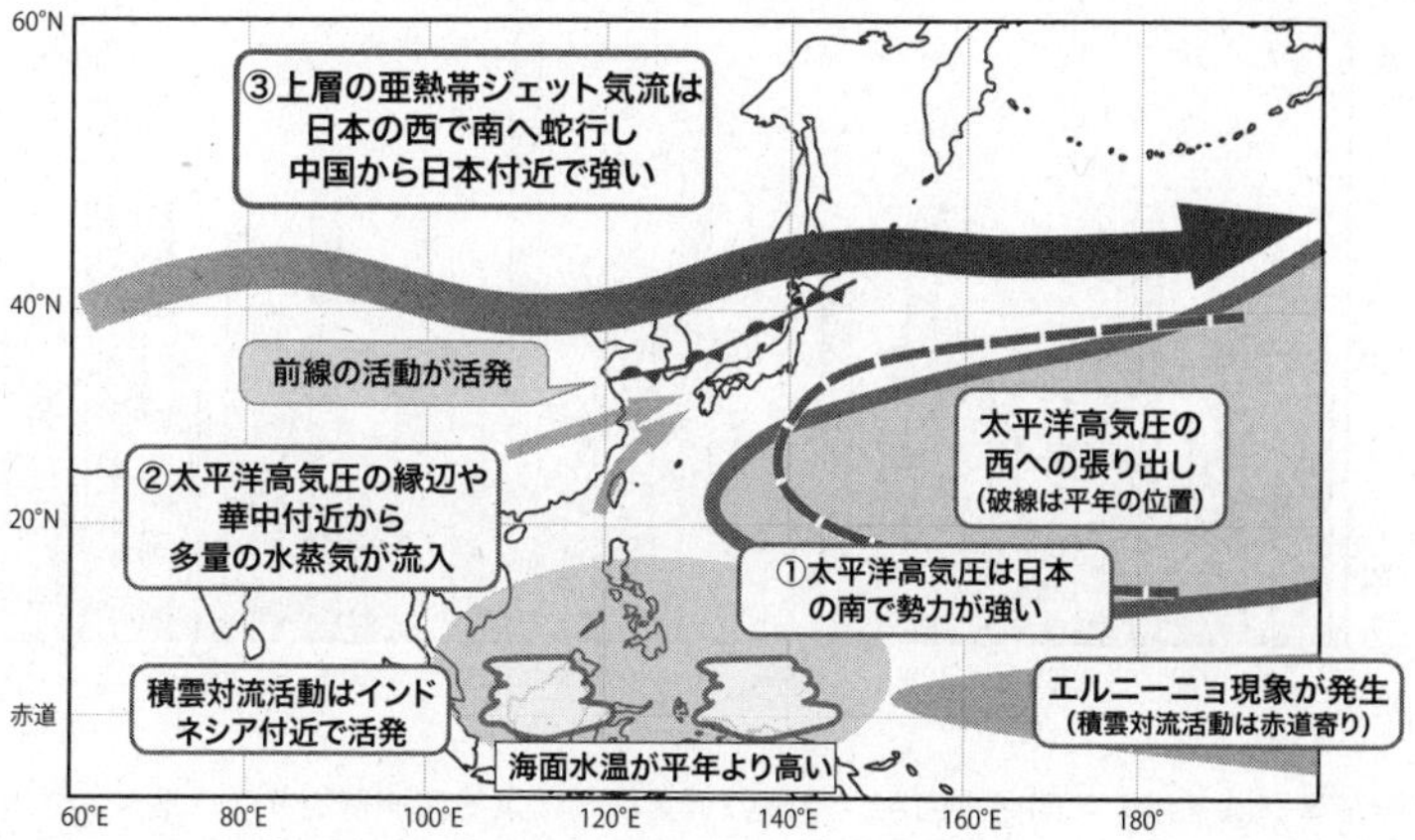

(気象庁「令和5年梅雨期の大雨と7月後半以降の顕著な高温の特徴と要因について」をもとに作成)

(注) エルニーニョ現象 …… 太平洋赤道域の日付変更線付近から南米沿岸にかけて海面水

温が平年より高くなる状態が１年程度続く現象。

グラフ１　大分県日田市日田の観測値（大分県日田市の警報等発表時の降水量）

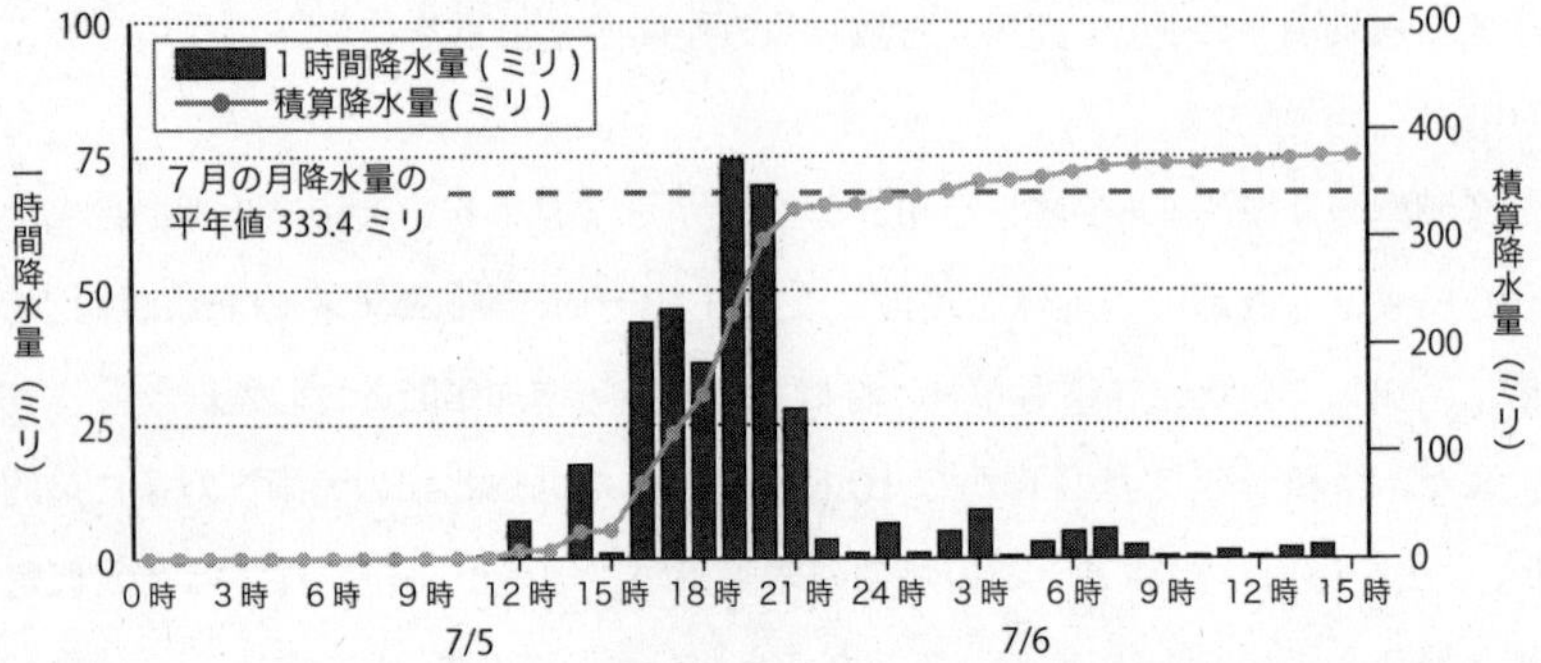

（気象庁「災害時気象報告　平成 29 年７月九州北部豪雨及び ６月７日から７月 27 日までの梅雨前線等による大雨等」をもとに作成）

グラフ２　全国の３時間降水量 100mm 以上の大雨の年間発生回数の経年変化（1976 ～ 2022 年）

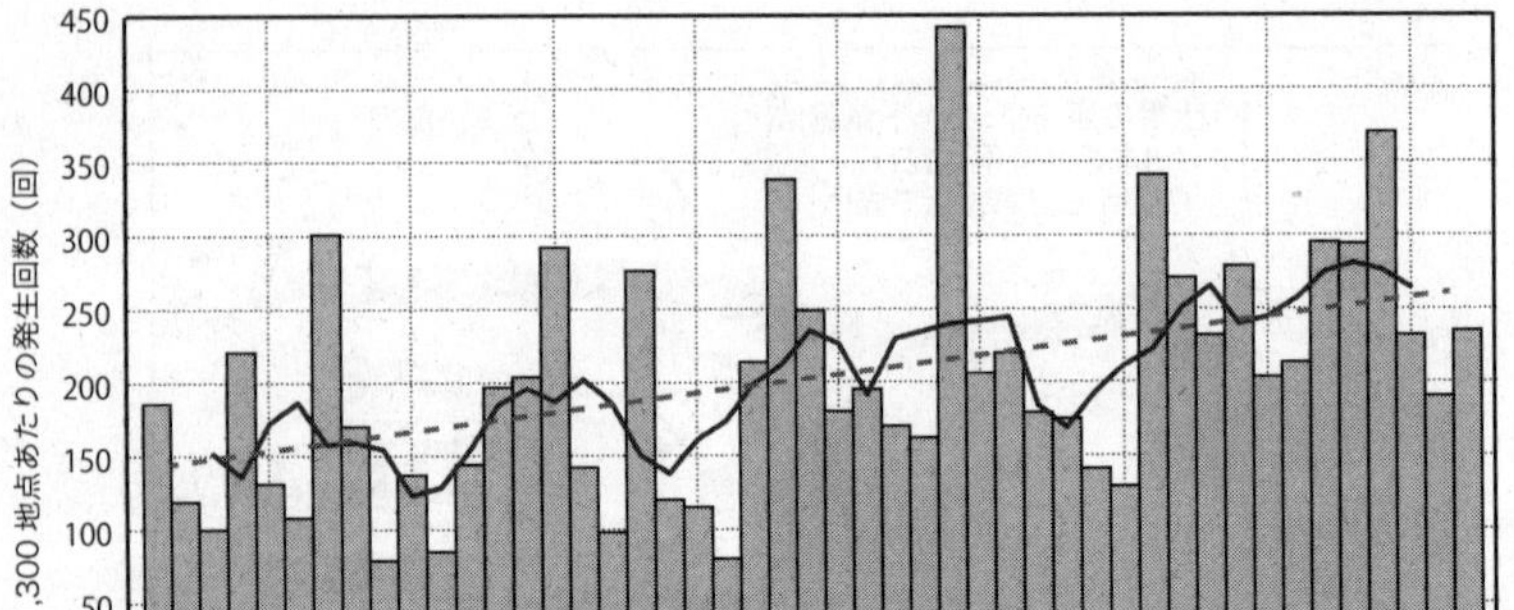

棒グラフは各年の年間発生回数（全国のアメダスによる観測値を 1300 地点あたりに換算した値）、実線は年間発生回数の５年移動平均値、点線は長期変化傾向（この期間の平均的な変化傾向）を示している。

（気象庁「大雨や猛暑日など（極端現象）のこれまでの変化」をもとに作成）

【資料Ⅱ】

温暖化など気候変動問題を解決するための工学的技術は、ジオエンジニアリング（Geo-Engineering）とよばれ、現在活発に研究が行われています。日本語では、気候工学と訳され、人為的に気候に介入し、気候をコントロールすることを意味しています。

現在の地球温暖化を念頭に、太陽放射の制御と二酸化炭素軽減が主な目的であり、例えばエアロゾル（注１）等を大気中に放出して太陽日射をコントロールし、寒冷化させようとする技術や、海中のプランクトンを活性化させ二酸化炭素の吸収を増大させようとする技術などがあります。

ただし、いずれも地球規模での壮大な環境改変事業であり、実施後どのような変化が起こるかは未知な部分が多いため、批判的な見方が多いのが現状です。気候変動のきっかけは「バタフライエフェクト（注２）」といわれるように、ちょっとした要因がきっかけで進行し、一旦動き始めると止めるのは難しいためです。大規模な火山の噴火が起こり、火山灰が成層圏にまで運ばれると、日射量が減少して地球の平均気温は１～２℃低下することが知られています。ジオエンジニアリングの技術で、同様の効果を生み出すことは明日にでも実行可能かもしれません。ただし、このような実験の結果、寒冷化が加速することも十分に考えられます。台風や積乱雲をコントロールして災害が軽減できたとしても、台風や積乱雲がもたらす水は確実に減ります。人工降雨にしても、降って嬉《うれ》しい人とそうでない人の利益相反は必ず生じます。また、降りすぎて災害になった場合の補償はどうするか考えなくてはなりません。

地球相手の壮大な野外実験であるジオエンジニアリングは、試行実験による定量的な効果を確認することが難しく、環境に与える影響を事前に評価することも極めて難しいといわざるを得ません。また、ジオエンジニアリングに関する法整備は進んでいませんから、今後、社会的、倫理的、法的な観点から検討されることが望まれます。

（小林《こばやし》文明《ふみあき》『線状降水帯　ゲリラ豪雨からＪＰＣＺまで豪雨豪雪の謎』による）

（注）１　エアロゾル……大気中に浮かぶ固体もしくは液体の微細（普通１ミクロン以下）

な粒子。霧や雲の粒子、煙霧はこの一種。

2　バタフライエフェクト……初期状態のわずかな差が予想もつかない大きな違いをもたらすこと。

問1 【資料Ⅰ】について、次の(i)・(ii)の問いに答えよ。

(i) 文章の下線部「イベント・アトリビューション」についての説明として**適当でないもの**を、次の①～④のうちから一つ選べ。解答番号は 20 。

① イベント・アトリビューションは、近年の計算機能力の発展によって可能になった画期的な方法である。

② イベント・アトリビューションは結果が出るまでに数か月を要するため、大量の気候シミュレーションを必要とする。

③ イベント・アトリビューションによって、異常気象などの極端現象に対する地球温暖化の影響を検出することが可能になった。

④ イベント・アトリビューションが従来抱えていた課題は、社会が求めるタイミングで迅速に情報発信ができないことであった。

(ii) 文章と、図・グラフ１・グラフ２との関係についての説明として最も適当なものを、次の①～④のうちから一つ選べ。解答番号は 21 。

① 図は文章で説明されているイベント・アトリビューションによるシミュレーションの成果を具体的に示したものである。

② グラフ１は「日本では、毎年のように甚大な被害を伴う気象災害が発生しています」という文章の内容をわかりやすく示している。

③ 文章では令和五年六月から七月上旬の大雨について記されているが、その主要因は太平洋高気圧の張り出しや上空ジェット気流の蛇行などであり、図はそれを模式的に示したものである。

④ 文章で言及されているイベント・アトリビューションによって、グラフ２が示す大雨の年間発生回数の増加が、人為起源の地球温暖化の影響によるものであることが明らかになった。

問2　次のア～エの各文は、なつきさんが【資料Ⅰ】を根拠としてまとめたものである。【凡例】に基づいて各文の内容の正誤を判断したとき、その組合せとして最も適当なものを、後の①～⑤のうちから一つ選べ。解答番号は 22 。

【凡例】
正しい――述べられている内容は、正しい。
誤っている――述べられている内容は、誤っている。
判断できない――述べられている内容の正誤について、【資料Ⅰ】からは判断できない。

ア　近年の大雨に関するデータを見ると、わずか十数時間の間に月降水量の平年値を超える大量の雨が降ったケースもあることが確認できる。
イ　エルニーニョ現象や積雲対流活動に関する観測データを高度利用することが可能になれば、異常気象の予測精度を劇的に向上させることが可能になる。
ウ　一九七六年から二〇二二年の各年の大雨の年間発生回数はかなりのバラつきがあるが、長期変化傾向としては大雨の発生回数は明らかに増加している。
エ　令和五年梅雨期の大雨の要因は、亜熱帯ジェット気流の蛇行や太平洋高気圧の西への張り出しなどであり、地球温暖化とは無関係である。

① ア 正しい　イ 判断できない　ウ 正しい　エ 誤っている

② ア 判断できない　イ 判断できない　ウ 誤っている　エ 正しい

③ ア 正しい　イ 誤っている　ウ 正しい　エ 判断できない

④ ア 誤っている　イ 正しい　ウ 正しい　エ 判断できない

⑤ ア 判断できない　イ 正しい　ウ 判断できない　エ 誤っている

問3　イベント・アトリビューションやジオエンジニアリングといった新しい知見が、気象災害の被害軽減に役立つのではないかと考えたなつきさんは、【資料Ⅰ】と【資料Ⅱ】を踏まえたレポートを書くことにした。次の【目次】は、そのレポートの内容と構成を考えるために作成したものである。これを読んで、後の(i)・(ii)の問いに答えよ。

【目次】

テーマ：異常気象による気象災害の被害軽減のために

はじめに：テーマ設定の理由

第1章　大雨の増加と地球温暖化の関係（【資料Ⅰ】より）
　a 大雨の年間発生回数の増加（グラフ2）
　b イベント・アトリビューションによる地球温暖化の影響の検出（文章）

第2章　ジオエンジニアリングについて（【資料Ⅱ】より）
　a ジオエンジニアリングによる温暖化防止の可能性
　b ジオエンジニアリングの問題点
　　・例 台風や積乱雲のコントロール→想定以上の［ X ］
　　・試行実験による定量的な効果の確認が困難
　　・［ Y ］が困難
　　・批判的な見方が多いのが現状
　　・多様な観点からの検討が必要

第3章　被害軽減の取り組みとして考えられること
　a ライフスタイルの転換や再生可能エネルギーの促進による温暖化防止
　b イベント・アトリビューションを利用した気象災害時の迅速な情報発信
　c 長期的にはジオエンジニアリングにも期待できるかもしれない

おわりに：調査をふりかえって
参考文献

(i) 【資料Ⅱ】を踏まえて、レポートの第2章の構成を考えたとき、【目次】の空欄 X ・ Y に入る内容の組合せとして最も適当なものを、次の①〜⑤のうちから一つ選べ。解答番号は 23 。

① X 寒冷化加速の可能性　　Y 環境に与える影響の事前評価
② X 利益相反の可能性　　Y 事前に高評価を与えること
③ X 利益相反の可能性　　Y 法整備の遅れを取り戻すこと
④ X 降水量減少の可能性　　Y 実施後の環境変化の事前予測
⑤ X 降水量減少の可能性　　Y 社会的・倫理的・法的な観点からの検討

(ii) なつきさんは、級友に【目次】と【資料Ⅰ】・【資料Ⅱ】を示してレポートの内容や構成を説明し、助言をもらった。**助言の内容に誤りがあるもの**を、次の①〜⑤のうちから一つ選べ。解答番号は 24 。

① Aさん　第1章で大雨の年間発生回数の増加を指摘するのはいいと思うけれど、【資料Ⅰ】文章 の記述をもとに、それが甚大な被害を伴う気象災害であるということも示した方が、被害軽減の取り組みについて述べる第3章の話題との関連がわかりやすくなると思うよ。

② Bさん　第1章のaで大雨の年間発生回数の増加を根拠立てるデータとして、【資料Ⅰ】グラフ2 を示す

んだよね。もちろん、それもいいんだけれど、同時に【資料Ⅰ】グラフ1も示したほうが、大雨が増えていることがより実感できるんじゃないかな。

③　Cさん　第2章でジオエンジニアリングの問題点の具体例として、台風や積乱雲をコントロールした場合を挙げているね。たしかにそれは【資料Ⅱ】で言及されていることではあるんだけれど、【目次】に載せる内容ではないように思うな。

④　Dさん　第2章でジオエンジニアリングの問題点に「多様な観点からの検討が必要」を挙げているのは、【資料Ⅱ】の筆者の考えを的確に捉えていると思うけれど、それが必要な理由として、ジオエンジニアリングに関する法整備が進んでいないことも挙げるべきじゃないかな。

⑤　Eさん　第3章だけ資料を踏まえていないことが気になるな。特にc「長期的にはジオエンジニアリングにも期待できるかもしれない」は【目次】の項目としても違和感があるし、それを裏付ける資料がなければ、単に希望的観測を述べているだけと捉えられてしまうと思うよ。

東進　共通テスト実戦問題集

第2回

国語〔現代文〕

（110点）

注意事項

1　解答用紙に，正しく記入・マークされていない場合は，採点できないことがあります。

2　試験中に問題冊子の印刷不鮮明，ページの落丁・乱丁及び解答用紙の汚れ等に気付いた場合は，手を高く挙げて監督者に知らせなさい。

3　解答は，解答用紙の解答欄にマークしなさい。例えば，［10］と表示のある問いに対して③と解答する場合は，次の（例）のように**解答番号１０の解答欄の③にマーク**しなさい。

（例）

解答番号	解答欄
10	① ② ● ④ ⑤ ⑥ ⑦ ⑧ ⑨

4　問題冊子の余白等は適宜利用してよいが，どのページも切り離してはいけません。

5　**不正行為について**

①　不正行為に対しては厳正に対処します。

②　不正行為に見えるような行為が見受けられた場合は，監督者がカードを用いて注意します。

③　不正行為を行った場合は，その時点で受験を取りやめさせ退室させます。

6　試験終了後，問題冊子は持ち帰りなさい。

第1問　次の【文章Ⅰ】【文章Ⅱ】を読んで、後の問い（問1〜6）に答えよ。（配点　45）

【文章Ⅰ】　次の文章は、「自由」や「行為」とは何かを問い直すことで、「道徳的な評価や責任」について考察した文章である。なお、表記を一部改めている。

例えば蟻《あり》が餌《えさ》をはこんでいる。あなたは蟻を自由だと思うだろうか。蟻は、自由を享受している、と。答えはおそらく人によって分かれるだろう。しかし問題は、「蟻は自由なのか」という問いでいったい何が問われているのか、というところにある。問いの趣旨がはっきりしないままに、さらに我が身を振り返って、ではわれわれ人間は、私は、自由なのかと問おう。疲れているのに休むこともままならず働き続けねばならない自分を、とても「自由」などと言いたくはない気分になる人も多いに違いない。だが、もっとささやかな自由を考えてもよい。ささやかな、しかしだからこそ根本的な哲学問題となる自由、それは例えば自由に手をあげる、その自由である。それならば、私は自由だと言えよう（あまり心(ア)オドる自由ではないが）。だが、そんな最小限の自由でさえ、哲学的に考えていくと怪しくなってくるのである。そして、ある人たちは、その自由は虚妄であり、自由に手をあげているというのは幻想にすぎないと主張する。いったいわれわれはどのような意味で「自由」なのか。いや、そもそもわれわれは自由なのだろうか。

問い方を変えよう。蟻が餌をはこんでいる。それは、蟻の「行為」なのだろうか。例えば、おじぎ草の葉は触《さわ》ると、閉じる。だが、少なくとも現代の日本人はそれをおじぎ草の行為だとは考えない。それはたんなる自然現象であり、おじぎ草の為《な》した行為ではない。では、蟻が餌をはこぶのはどうか。それは「たんなる自然現象」なのか、それとも「行為」なのか。そしてわれわれ人間はどうなのか。もちろん、われわれはさまざまな行為をしている。だが、人間も自然の一部にほかならない。「たんなる自然現象」というならば、人間の行動もまた「たんなる自然現象」であると言わねばならないようにも思われる。

こうして、自由と行為を(イ)メグる哲学問題は、「人間とは何か」といういささか要領を得ない曖昧な問いかけに行き着く。人間もまた自然の一部である。では、人間を自然の一部として語り尽くすことはできるのだろうか。それとも、人間はたんなる自然現象としては捉えられない独自の側面をもつのだろうか。

ここにおいて、道徳的な評価や責任の問題が浮上する。われわれは自由な行為の主体のみを道徳的に評価したり、その責任を問うたりする。それゆえわれわれはたんなる自然現象を道徳的に評価したり、責任を追及しようとしたりはしない。台風の被害を(ウ)ナゲくとき、誰も台風の道徳的責任を問うたりはしない。それに対してわれわれはある人の為したことについて「人として許されることではない」と言い、あるいは逆に道徳的に立派だと言いもする。道徳的責任というのは、すぐれて人間固有の事柄であると思われる。しかし、それは人間を自然の一部として語ることと矛盾しないのだろうか。もし人間の為すことのすべてが脳と環境の相互作用の所産であるならば、誰を、なぜ、道徳的に非難したり称賛したりするのだろうか。

Aわれわれは多かれ少なかれ自然科学の世界観に染まっている。自由と行為の問題とは、まさにその世界観のもとで先鋭化してくる問題にほかならない。人間を徹底的に自然現象として捉えようとする態度と、たんなる自然現象を超えた独自性をもつものとして人間と人間社会を捉えようとする態度、この二つがわれわれ自身の中で軋《きし》み合っている。

(門脇俊介《かどわきしゅんすけ》・野矢茂樹《のやしげき》 編・監修『自由と行為の哲学』の野矢茂樹「序論」による)

【文章Ⅱ】 次の文章は、デイヴィッド・イーグルマン『あなたの知らない脳』を参照して、「犯罪的行為をどう評価すべきか」について考察した文章である。なお、一部省略した箇所がある。

責任とは何かという問題は、哲学者にとっては古くからの、そして近年は科学者にとっても重要性を増してきた問題だ。とりわけ脳研究の進歩は、人間の行為が脳活動の産物であることを次第に明らかにし、責任概念の見直しを私たちに迫りつつある。犯罪行為を含めた人間のあらゆる行為が脳によってひき起こされているなら、行為の責任を行為者その人に負わせて非難や処罰をすることには疑問があるのではないか、というかたちで。

神経科学者のデイヴィッド・イーグルマンは、悪事をなした人物が「非難に値する（blameworthy）」かどうかは重要な問題ではない、と述べた。『あなたの知らない脳』の第六章で彼は、「神経科学と法律の境界で、脳損傷が関係する事例が頻繁に出るようになっている」と記し、B印象的な複数の実例を挙げている。

たとえば、二十五歳のある青年は、テキサス大学タワーの展望デッキから銃を乱射して、十三名の死者と三十三名の負傷者を出した。彼は理性的な人物だったが、ある時期から、不合理で異常な衝動に襲われるようになり、自分でも脳の異変を疑っていた。そして、展望デッキで射殺されたあと検視解剖された彼の脳には、直径二センチほどの腫瘍が見つかる――。この検視解剖は、彼自身が遺書で要望したものだった。

あるいは、ある中年男性は、過去には関心を示さなかった児童ポルノに急にのめり込み、他の問題行動も起こすようになったが、脳を検査したところ、大きな腫瘍が発見された。手術で腫瘍を取り除いた結果、問題行動は収まったのだが、この事例で注目すべきなのは、腫瘍と問題行動との相関が再度確かめられたことだ。手術から半年後、この男性はふたたび児童ポルノに関心をもつようになるのだが、改めて脳を調べてみると、前回の手術で取り残されていた腫瘍が大きくなっているのが見つかった（それを取り除くことで、今回も、問題行動は収まった）。

イーグルマンはこのほかにも複数の知見を挙げたうえで、次のような自説を提出する。ただし、これは現在の科学から直接的に導かれたものというより、そこに彼の哲学的思考を加えて得られたものだと言ってよい。

「非難に値するかどうかは後ろ向きの概念であり、人生の軌跡となっている遺伝と環境のがんじがらめのもつれを解きほぐすという、不可能な作業を必要とする。[…]「非難に値する」の代わりに用いるべきなのが「修正可能である」という概念である。この前向きな言葉は問いかける。私たちはこれから何ができるのか？ 更生プログラムを利用できるのか？ […] できない場合、懲役刑は将来の行動を修正するだろうか？ するなら刑務所に送ろう。刑罰が役に立たない場合、報復のためではなく行為能力を制限するために、国の監督下に置こう。」

イーグルマン自身が述べているように、彼はけっして犯罪者を放免すべきだとは考えていない。ただ、遺伝と環境、その結果としての脳の状態をふまえて、「どんな場合も犯罪者は、ほかの行動をとることができなかったものとして扱われるべきである」と主張する。

「後ろ向き（backward-looking）」、「前向き（forward-looking）」との表現について、補足しておいたほうがよいだろう。これらは、いわゆる気の持ちよう（ネガティブ／ポジティブな態度の違い）ではなく——そのように読ませる意図も見えるが——時間への志向性の違いを表現するものとして、まずは理解すべきである。つまり、思案の中心となる対象を、過去に見出すか、未来に見出すかの違いだ。そこで以下では、「後ろ向き」、「前向き」の代わりに、「過去志向的」、「未来志向的」との表現を用いることにする。

イーグルマンの提言は明らかに未来志向的である。これから社会をどうするかに目を向け、犯罪に関して言うのなら、なされた犯罪への非難ではなく、再犯等の予防に力を注ぐからだ。過去のある犯罪について、それが脳の疾患や遺伝的・環境的要因によるものか否かは線引き困難であり、科学がこのまま発展すれば、線引きの基準はどんどん変化する（おそらくは、遺伝的・環境的要因をより重視する方向に）。これはつまり、ある犯罪者が非難に値するか否かは不確定だということであり、それならば、過去ではなく未来を考慮しようとイーグルマンは述べているわけだ。

（中略）

C イーグルマンの提言に、私は必ずしも反対ではない。とりわけ、処罰への私たちの理解が非難の側に傾きすぎているなら、彼の提言から学んで修正の側にバランスを取ることは有益だろう。だが、彼の提言の背景にある科学的根拠を直視したとき、適度なバランス調整のもとで非難の領域を残すのは、欺瞞《ぎまん》や恣意性の入り込みやすい困難な作業である。そして、その一方で、非難と修正のバランスをそれなりに取ることではなく、非難から修正へと完全に移行することがイーグルマンの真意なら、その移行の効果について私は疑念をもっている。

人間の行為が結局のところ環境と遺伝の産物なのであれば、それは悪行・善行問わず、すべての行為について言えることだ。非難だけでなく賞賛についても、私たちは認識を改めねばならず、社会制度の全般にその影響は及ぶだろう。そして、過去の行為については、それがいかなるものであれ、つまり、犯罪者の悪行だけでなく、被害者の激高、裁判官の判決、あるいは科学者の提言などもすべて、そのようでしかありえなかったものと見なされるべきであり、そのことが倫理に与える全面的な影響をイーグルマンは十分に考慮してはいない。

非難を基盤にした倫理がもし科学的認識と相容《あいい》れなくても、その倫理が形作られるまでには進化論的な歴史があり、その歴史の因果関係は科学的事実と整合しうる。D現状の倫理を支えている過去志向的な認識は、たとえそれ自体としては虚偽を含んでいたとしても、人間集団の存続・拡大にとって未来志向的な効果をもちうるからだ。

認識における未来志向性を、効果における未来志向性と混同しないことが重要である。私たちが皆、認識において完全に未来志向的になることは、未来を薔薇《ばら》色にするかもしれないし、しないかもしれない。このいずれであるのかは、認識の正しさだけでなく、ヒトがどのような生物であるか――、つまり、イーグルマンの言う（注）「血に飢えた」倫理なしに集団を存続できるような生物であるかに、強く依存して決まることである。

（青山拓央《あおやまたくお》『心にとって時間とは何か』による）

（注）「血に飢えた」倫理――社会に存在する、（悪事を働いたものに対して）「罪を与えたい」という欲求を、イーグルマンは、その著書の中で「血に飢えた欲求」と表現している。

問１ 傍線部(ア)〜(ウ)に相当する漢字を含むものを、次の各群の①〜④のうちから、それぞれ一つずつ選べ。解答番号は［１］〜［３］。

(ア) オドる ［１］
① 若い身体がヤクドウする
② 日本語にホンヤクする
③ サイヤクに見舞われる
④ キュウヤク聖書を読む

(イ) メグる ［２］
① 規則のジュンシュ
② ジュンタクな予算
③ ジュンボクな人柄
④ 交番にいるジュンサ

(ウ) ナゲく ［３］
① カンタンに説明する
② カンタンの声をあげる
③ カンタン相照らす仲
④ カンダンなく降る雨

問2　傍線部A「われわれは多かれ少なかれ自然科学の世界観に染まっている」とあるが、「自然科学の世界観」とはどのようなものか。その具体例として**適当でないもの**を、次の①～⑤のうちから一つ選べ。解答番号は 4 。

① 人間には、自分の身体を意のままに動かす自由があるとする見方。
② 人間の行動を道徳的に非難・称賛することはできないとする見方。
③ 人間の為すことをすべて脳と環境の相互作用の所産として捉える見方。
④ 蟻が餌をはこぶのは、蟻自身の意志に基づく行為ではないとする見方。
⑤ 台風による被害が生じたときに、台風の道徳的責任を追及しない見方。

問３ 傍線部**B**「印象的な複数の実例を挙げている」とあるが、イーグルマンはそれによってどのようなことを言おうとしているのか。その説明として最も適当なものを、次の①～⑤のうちから一つ選べ。解答番号は［５］。

① 脳の腫瘍という自分では制御できないことが犯罪行為の原因になっているのだから、非難はその人物ではなく、腫瘍そのものに向けるべきである。

② 脳の損傷といった身体の部分的な変化が人格の変化に大きく影響するのだから、過去の人格がどのようなものであったかは重視するべきではない。

③ 悪事をなした人物が非難に値するかどうかということよりも、犯罪行為を引き起こす要因となりうる脳の健康状態にこそ意識を向けるべきである。

④ どんな場合でも犯罪者は自らの意志で罪を犯すが、そのような意志を非難するのではなく、修正可能なものとして前向きに捉えていくべきである。

⑤ 犯罪者はその犯罪を行う以外の選択肢がなかったものとして扱われるべきであり、非難の対象ではなく、修正の対象として捉えられるべきである。

問4　傍線部C「イーグルマンの提言に、私は必ずしも反対ではない」とあるが、筆者はイーグルマンの提言をどのように受け止めているか。その説明として**適当でないもの**を、次の①～⑤のうちから一つ選べ。解答番号は 6 。

① 科学の発展にともなって、過去になされた犯罪が非難に値するかどうかは変化するので、過去志向的な認識に偏った処罰への私たちの理解を是正するうえで、イーグルマンの提言は有益である。

② 過去の犯罪を非難する方向へ私たちの理解が傾いている場合、イーグルマンの提言から学んで全面的に修正の側に移行することは意味のあることだが、実際に移行できるかどうかは疑問である。

③ 人間の行為を環境と遺伝とによって決定されるものと見なしつつ、過去の犯罪行為を非難する領域を残すならば、その領域の画定作業は妥当性を欠いた困難なものになるだろうと危惧している。

④ イーグルマンの提言の真意が、過去の犯罪行為を非難するこれまでのあり方をすべて否定し、いかに修正可能かということのみを考慮するあり方への移行であるなら、その効果は疑わしいと見ている。

⑤ 人間の行為を環境と遺伝の産物と見なすならば、人間の過去の行為のすべても選択の余地のないものであったと見なすべきだが、そのことがもたらす倫理への影響を熟慮していないと考えている。

問５　傍線部Ｄ「現状の倫理を支えている過去志向的な認識は、たとえそれ自体としては虚偽を含んでいたとしても、人間集団の存続・拡大にとって未来志向的な効果をもちうる」とはどういうことか。その説明として最も適当なものを、次の①～⑤のうちから一つ選べ。解答番号は 7 。

① 過去の行為を非難や賞賛の対象とする認識に支えられた現状の倫理は、仮に人間の行為を環境と遺伝とによって規定されたものと見なす科学的認識と相容れないものだとしても、社会の未来に正の効果をもたらしうるものであるということ。

② 過去の行為を非難せずに修正の対象と見なす認識は、たとえ人間の行為を環境と遺伝とによって規定されたものと見なす科学的認識からすれば誤りを含んでいたとしても、今後より良い人間社会を築き上げていく効果をもちうるということ。

③ 過去の行為の責任を行為者その人に負わそうとする現状の倫理は、仮にそれ自体としては進化論的な歴史の因果関係と矛盾する部分があったとしても、人間集団を今後も持続的に維持、発展させていく上で欠かせない役割を持つということ。

④ 過去の行為をそのようでしかありえなかったものと見なす後ろ向きの認識に支えられた倫理は、たとえそれ自体としては現状の科学的認識と異なる認識だったとしても、未来における人間社会の存続・拡大につながりうるものだということ。

⑤ 過去の行為を非難したり称賛したりする後ろ向きの認識を基盤とする倫理は、たとえそれ自体としては実現

不可能な理想論的な要素を含んでいたとしても、そのような理想が現実に影響を与え、より良い未来を築く可能性もあるということ。

問６　授業で【文章Ⅰ】と【文章Ⅱ】を読んだAさんたち三人は、そこで考えたことを互いに話し合った。次に示す【話し合いの様子】を読み、後の(i)・(ii)の問いに答えよ。

【話し合いの様子】

Aさん――【文章Ⅰ】を読んで、私たちが当たり前のように持っていると考えている「自由」というものが、見方によっては幻想にすぎないかもしれないということを突き付けられた気がしたな。

Bさん――たしかに人間を徹底的に自然現象として捉えるなら、人間の行動は［　Ⅰ　］のだから、その責任を追及することもできなくなりそう。

Cさん――でもそうしたら悪事を働いた人の責任を追及することもできなくなってしまうんじゃないかな。

Aさん――そのことについて考察しているのが【文章Ⅱ】だったね。

Bさん――実例として出されていた脳の腫瘍と犯罪行為との関連には驚いたな。もしかしたら、「私の意志」なんていうのも幻想なのかもしれない。

Cさん――だとしたらイーグルマンの言うように、悪事を働いた当人を安易に非難することはできないね。

Aさん――でも、だからといって野放しにするわけにもいかない。

Bさん――［　Ⅱ　］のと同じように、再犯の危険のある人を隔離することも、社会の権利として認められるのではないだろうか。

Cさん――筆者の言うように「非難から修正への完全な移行」は社会制度を根本から揺るがすことだから慎重にな

らないといけないけれど、それについてしっかり考えておくことは大事だね。

(i) 空欄 I に入る発言として最も適当なものを、次の①〜④のうちから一つ選べ。解答番号は 8 。

① 道徳的に評価されるだけのものになってしまう
② 自分の意志で選びとったものだとは言えなくなる
③ そのようでしかありえなかったものとは言えなくなる
④ なかば強制されたものであって自由なものとは言えなくなる

(ii) 空欄 II に入る発言として最も適当なものを、次の①〜④のうちから一つ選べ。解答番号は 9 。

① 公共の利益よりも個人の利益を優先することが正当化される
② 裁判で決められた刑期を終えた受刑者の釈放が正当化される
③ 危険な病原体に感染した人の自由を制限することが正当化される
④ スポーツで故意の反則行為に対して罰則を与えることが正当化される

第2問

次の文章は、永井《ながい》龍男《たつお》『胡桃《くるみ》割り』（一九四八年発表）の一節である。「私」と友人は連れ立って中学以来の仲間である絵かき（節雄）の家を訪ねる。絵かきの奥さんの手料理をご馳走《ちそう》になり、洋間でくつろいでいるところに、奥さんが細長いブランデーの瓶と盆にのせた胡桃を運んでくる。胡桃とは珍しいと驚く「私」たちに、絵かきは胡桃にまつわる思い出を語りはじめる。以下はそれに続く場面である。これを読んで、後の問い（問1～6）に答えよ。なお、設問の都合で本文の上に行数を付してある。（配点　45）

――姉を生んでから五年目に、思いがけず僕を得た母は、そのお産ですっかり体を弱くしてしまった。

しかし、女の子一人と、あきらめ切っているところへ出来た男の子だから両親の喜びは大したものであった。僕は誰からも愛される権利を以《もっ》て生まれ、僕の欲することは、大抵《たいてい》無条件で通された。

――絵かきは、そんな風に話をしはじめた。

僕が小学校三年生の春、ちょっとした風邪で床《とこ》についた母は、それから三年間臥《ね》たままになった。母は三十六か七であった。

（中略）

父は、君たちも御承知の通り、××汽船の調査室に勤めていて、書斎と調査旅行にばかり時間を費やしている人であったが、母の病気が相当進んでいると知ってからの二年間は、ガラリと生活を変え、家庭第一、それも妻の看護に専心した。

病気の性質を考慮して、僕たち姉弟にも、病人との接触を制限するかわり、父は看護に没頭した。雇人にも注意して若い者は遠ざけ、僕が生まれる頃に永くいた婆やを呼び戻して、自分の留守は、この人に病人の一切を委《まか》せたりした。

母の縁者の中には、そういう慎重な父の態度を、情愛がないと蔭口《かげぐち》(注1)をきく者もあった。わがまま一杯に育った子供心に、そのわがままを封じられた不満もあって、Aそんな蔭口が父を疎《うと》んじさせることもあったが、しかし、情愛を心の奥に秘めて、慎重に看護にあたり、自分の体は病人のために犠牲にした父の献身は、僕が成人するにつれて胸に響いた。

母はしかし、三年間患《わずら》いつづけて世を去った。

ちょうど、その前の年、僕が六年生の晩秋の事であった。

中学へ入るための予習が、もう毎日続いていた。暗くなって家へ帰ると、梶棒《かじぼう》(注2)を下ろした俥《くるま》(注3)が二台表にあり、玄関の上がり口に車夫がキセルで煙草《たばこ》をのんでいた。

この二、三日、母の容体の面白くないことは知っていたので、靴を脱ぎながら、僕は気になった。着物に着換え顔を洗って、電気のついた茶の間へ行くと、食事の仕度のしてある食卓の脇に、編物をしながら、姉は僕を待っていた。

「ただ今。――お医者さん、きょうは二人?」

僕はおやつをすぐに頬張りながら聞いた。

「ええ、昨夜からお悪いのよ」

いつもお腹《なか》をへらして帰って来るので、姉はすぐ御飯をよそってくれた。

父と三人で食卓を囲むことは、その頃ほとんどなかった。ムシャムシャ食べ出した僕に、姉も箸《はし》をとりながら、

「節ちゃん、お父さまがね」という。「あさっての遠足ね、この分だと止《や》めてもらうかも知れないッて、そうおっしゃっていてよ」

遠足というのは、六年生だけ一晩泊まりで、修学旅行で日光へ行くことになっていたのだ。

「チェッ」僕は乱暴にそういうと、茶碗《ちゃわん》を姉に突き出した。

「節ちゃんには、ほんとに済まないけど、もしものことがあったら。――お母さんとてもお悪いのよ」

「知らない！」

B 姉は涙ぐんでいる様子であった。それも辛くて、それきり黙りつづけて夕飯をかき込んだ。

「お風呂、すぐ入る？　それとも勉強がすんでから？」

姉には答えず、プッとして座を立った。母が悪いという事と、母が死ぬかも知れぬという事は、僕の心で一つにはならなかった。

生まれて初めて、級友と一泊旅行に出るということが、少年にとってどんなに魅力を持っているか！　級の誰彼との約束や計画が、あざやかに浮かんでくる。両の眼に、涙がいっぱい溢《あふ》れて来た。

父の書斎の扉がなかば開いたまま、廊下へ灯がもれている。そこを通って、突き当たりの階段を上がると、僕の勉強部屋があるのだが、ちょうどその階段を、物干しへ行った誰かが下りて来る様子なので、泣き顔を見られるのが厭《いや》さに、人気《ひとけ》のない父の書斎へ、僕は入ってしまった。

いつも父の坐《すわ》る大ぶりな椅子。そして、ヒョイッと見ると、卓の上には、胡桃を盛った皿が置いてある。胡桃の味

なぞは、子供に縁のないものだ。イライラした気持であった。

どすんと、その椅子へ身を投げ込むと、僕は胡桃を一つ取った。そして、冷たいナット(注4)・クラッカーへ挟んで、片手でハンドルを圧《お》した。小さな掌へ、かろうじて納まったハンドルは、胡桃の固い殻の上をグリグリとこするだけで、手応《てごた》えはない。「どうしても割ってやる」そんな気持で、僕は更《さら》に右手の上を、左手で包み、膝の上で全身の力を籠《こ》めた。しかし、級の中でも小柄で、きゃしゃな自分の力では、ビクともしない。

——この間きいたが、アメリカでは、ナットというと馬鹿な奴ということだそうだね。なるほど、脳髄《のうずい》の型にも似ているし、あの固さには、そんな感じがあるね。

左手の下で握りしめた右の掌の皮が、少しむけて、ヒリヒリする。僕はかんしゃくを起こして、ナット・クラッカーを卓の上へ放り出した。クラッカーは胡桃の皿に激しく当たって、皿は割れた。胡桃が三つ四つ、卓から床へ落ちた。

そうするつもりは、更になかったのだ。ハッとして、椅子を立った。

僕は二階へ駆け上がり、勉強机にもたれてひとりで泣いた。その晩は、母の病室へも見舞いに行かずにしまった。

しかし、幸いなことに、母の病気は翌日から小康を得て、僕は日光へ遠足に行くことが出来た。

襖《ふすま》をはらった宿屋の大広間に、ズラリと蒲団《ふとん》を引きつらねたその夜は、実に賑《にぎ》やかだった。果《は》てしなくはしゃぐ、子供たちの上の電灯は、八時頃に消されたが、それでも、なかなか騒ぎは鎮まらなかった。

いつまでも僕は寝つかれず、東京の家の事が思われてならなかった。やすらかな友達の寝息が耳につき、覆《おお》いをした母の部屋の電灯が、まざまざと眼に浮かんできたりした。C僕は、ひそかに自分の性質を反省した。この反省は、僕の生涯で最初のものであった。

トロリとしたと思うと、もう起き出す子があって、翌朝は早かった。

母には焼き絵の小筥《こばこ》を、姉には焼き絵の糸巻を土産《みやげ》に買ったが、その小筥と糸巻は、それから忘れるほど永い間、僕の家のどこかしらに残っていた。姉がそれへ、タップリと巻いた、紅や鬱金《うこん》の糸の色を、僕はいつまでも忘れないだろう。

静まり返った家の中で、僕の試験勉強は再び続いた。

夜更《ふ》けて、廊下を通ると、父の部屋から胡桃を割る音がよく聞かれた。看護の暇々に、父は書斎で読書をしながら、胡桃をつまむのが癖になったようである。

いま、こうして、僕が紅茶を自分でいれ、ブランデーで体をあたためるのも、実はその頃の父の真似《まね》をして見ているのだ。看護に疲れた時の憩《いこ》いの方法として、父は誰かにすすめられたものかも知れない。

夜更けの廊下で、その音を聞くと、僕はその当座、ビクリとしたものだ。皿を割った事について、父が一言もいわないだけに、一層僕は工合《ぐあい》が悪かった。

――そして、再び僕は胡桃を割って見ようとはしなかった。僕には永久に割ることの出来ない堅さと思われたから。

年があらたまって、僕は二つの中学の入学試験を受けた。（第一志望の学校を落ちた場合のために、そうするのが、その頃の習慣であった）母は、試験が終わって間もなく、不帰の客となった。

僕は第一志望の試験にパスして、君たちと友達になった。新しい世界へ跳《と》び込んだ喜びは強く、僕は直《す》ぐに不幸を忘れた。いつまでも消毒剤の臭いの消えない、キチンと片付いてしまった、亡《な》い母の病室へ入った時のほかは――。

父と姉と僕との生活が始まった。父は、病む母へ向けた慈愛を、そして、母への追慕の情を、二人の上に惜しみなく注いだ。年頃の姉が、婆やを指揮して、一応家の中に新しい光が射すようになると、父の勤めは旧に復して、旅行にも出るようになった。姉の思いやりもあって、亡い人への追慕を、父は仕事と旅にまぎらせた。

母の死後、半年ほどすると、姉に縁談が起こった。姉も好意を持っていた人で、話はすぐきまり、挙式は一周忌がすんでから、ということになった。

自分の姉でしかなかった姉を、僕はあらたまった気持で、見なおすのであった。兄となるべき人も、家へ遊びに来るようになって、三度に一度は、僕を加えた三人で、郊外へ散歩に行ったり、映画を観に出かけることもあった。その人と二人でいる時は、僕はその人に好意を持ったが、姉が加わると、心の底にきっと沸《わ》いてくる、悲しさに似た感情を、僕はどうにも出来ずにいた。

嫁入り道具が、日増しに揃《そろ》って行った。

姉が一時に大人びて映り、まぶしく見えることもあった。まぶしさが別離の日の悲しみや、父と共々この家に取り残される淋《さみ》しさに変わって、激しく胸を打たれる日もあった。

ある日曜日の午後であったと思う、僕は姉と親戚へ行った。その帰り路に、姉が何気《なにげ》ない風にいった。

「節ちゃん、あたしがいなくなっても、さびしくない?」

「――――」

僕はだまっていた。

「お父様だって、お困りになるわね」

しばらく間を置いて、姉は思い切ったように、言葉をつづけた。

「あたし、節ちゃんに相談があるの。――鵠沼《くげぬま》の、桂《かつら》おばさま、ね、知ってるでしょう？」

「知ってるよ」

突然のことで、姉が何をいおうとするのか、僕には分からなかった。桂おばさまというのは、死んだ母の遠縁に当たる、母より三つ四つ若い、美しい人であった。前にもいったが、母が逗子《ずし》で療養している頃、つき切りに看護をしてくれた人だ。結婚して二年ほどで、夫に死に別れた、ということはその頃から聞いていた。

「桂さんに、――あたしの代わりに、家へ来ていただいたらと思ったの。お父様に話したら、節雄が好《よ》ければ、っておっしゃるのよ」

ドキンとした。みんな、自分を可愛がってくれる人は行ってしまって、お体裁に、代わりの人を置いてゆこうとしている。――そんな気もした。

D「僕、嫌だ」

そういえば、桂さんはこの頃、二、三度家へ遊びに来ている。自分には何もいわず、みんなでそんな事を進行させていたに違いない、――そんな風にも想像した。

「このこと、あんまり突然だから、あなたには呑《の》み込めないかも知れないけど、あたしがお嫁に行ってしまったら、お父様だって随分お困りになるし……」

「お父様は、勝手に旅行してればいいさ」

僕はすげなくいい切った。姉は淋しそうに、そのまま黙った。

一周忌が近づくにつれ、姉の仕度や親戚の出入りで、父も忙しそうであった。誰かしら人が来ていて、家は賑やかだった。

「お母さんも、きっと喜んでいらっしゃいますわ」

人々は、申し合わせたようにそういった。

晴れやかな姉の笑い声を聞く時、僕はたった一人の姉を奪われる感じを、もっとも激しく味わった。

「姉弟《きょうだい》なんて、つまらないもんだね」

二、三の友達に、僕はマセたことをいって見たりした。

「そうさ、兄弟は他人の始まり、っていうもの」

そんなことを教えてくれる友達があった。

あれ以来、ひょいッと、桂さんのことを思い出すようになった。桂さんは、もの静かな、にこやかな人で、桂さんについて、僕は何の悪意も持っているのではなかった。

一周忌の前夜、坊さんが来て経をあげた。親戚の人が帰ってしまうと、父の書斎に親子三人が、久しぶりに卓を囲んでいた。

父が、姉にいった。

「どうだ、あの着物、気に入ったか」

「とても。——すばらしいわ」

「ふーん」

父はニコニコした。先日旅行に出た時、京都で注文したのが、今朝届いて来たのだ。

「節雄、そこの戸棚からブランデーを取ってくれ。――信子は胡桃を」

僕はこれと同じの細長いブランデーの瓶を、そして姉は胡桃を、卓の上に置いた。

「一年なんて、たってしまえば早いもんだ。――お父さんも、もう旅行をしないでも済むように、会社へ頼んで来た。これで、お姉さんが嫁に行くと、また当分、ちょっと淋しいな」

父がやさしく僕にいった。父の顔が、老けて見えた。姉はブランデーを注いだ。

「しかし、すぐまた馴《な》れるさ」

父はグラスを口にふくんだ。

どうしたはずみか、桂さんのおもかげが、その時僕の眼に浮かんできた。僕はちょっとあわてた。そして困って、胡桃を一つ摘《つま》むと、クラッカーに挟んで片手で握りしめた。すると、カチンと、快い音がして、胡桃は二つに綺麗《きれい》に割れた。

思いがけない、胸のすくような感触であった。

その時、僕はいった。

E「お父さん。僕、桂さんに家へ来てもらいたいんだけど……」

「――という訳さ。

もちろん、桂さんは第二の母として、亡い母以上に僕を愛してくれた。もう父も桂さんも、この世にはいないが、父の命日には、こうして胡桃を割ることにしているのだ」

なるほど、絵かきは、カチンと、巧みに胡桃を割り、その音をしみじみ懐かしむ。私の割る音とは、どうしても違うのだ。

（注）
1 蔭口――当人のいないところで言う悪口のこと。「陰口」に同じ。
2 梶棒――人力車や荷車などの前に突き出た、引っ張るための長い柄。
3 俥――人力車。
4 ナット・クラッカー――胡桃割り器。ナット（nut）は胡桃を意味する英語。

問１ 傍線部Ａ「そんな蔭口が父を疎んじさせることもあった」とあるが、それはどういうことか。その説明として最も適当なものを、次の①～⑤のうちから一つ選べ。解答番号は 10 。

① 欲することは大抵無条件で通されてきた「僕」にとって、自分のわがままが封じられたことは大きな不満であったが、そのような「僕」の陰口が、父の苛立ちを大きくさせることもあったということ。

② 母の病気の性質を考慮するあまり、身近な人間すら母から遠ざけようとする父の慎重な態度は、母の縁者からの悪評を生んだが、自身に対するそのような評判は父を余計に疲れさせもしたということ。

③ 母子の接触を制限することはあくまでも子供のためを思ってのことだったのに、それを薄情だとする一部の縁者からの陰口は、妻の看護に専心する父の情熱を削いでしまうこともあったということ。

④ 病気の性質を考えて母から子を遠ざける父のやり方を不人情だとする一部の縁者からの陰口が、母との自由な接触を禁じられていた不満と相まって、父への嫌悪を抱かせることもあったということ。

⑤ 病気になった母を独占する父に対する縁者からの陰口は、わがまま一杯に育ってきた「僕」自身の気持ちにも沿うものであり、父をより一層よそよそしい存在に感じさせることもあったということ。

問2　傍線部B「姉は涙ぐんでいる様子であった」とあるが、このときの「姉」の心情はどのようなものだと考えられるか。その説明として最も適当なものを、次の①～⑤のうちから一つ選べ。解答番号は 11 。

① 食事に夢中で母親の病状にほとんど興味を示さない弟の様子を見て、母を喪《うしな》うかもしれない悲しさを弟と共有できないことを寂しく思っている。

② 苛立たしげな態度を取り状況を理解してくれない弟に歯痒《はがゆ》さを感じつつも、それほどに幼い弟が母を喪うかもしれないことを不憫《ふびん》に思っている。

③ 小学六年生にもなって、母の病状を心配するよりも級友との修学旅行という自分の楽しみを奪われまいとするばかりの弟を情けなく思っている。

④ 医者を二人呼ばなければならないほどに母の病状が深刻であることを弟に話しながら、母との別れが近いことを改めて感じ、辛く思っている。

⑤ 母の病状が予断を許さない状況なので遠足に行くのを止めてほしいという頼みを聞き入れようとすらしない弟を見て、苛立たしく思っている。

問３ 傍線部Ｃ「僕は、ひそかに自分の性質を反省した」とあるが、「僕」はどのようなことを反省したのか。その説明として最も適当なものを、次の①～⑤のうちから一つ選べ。解答番号は 12 。

① 初めての外泊でうまく寝つかれず母のいる家を恋しく思う幼稚な自分の性質。

② 病室の母の様子を気にかけずに遠足に出かけてしまう自己本位な自分の性質。

③ 自分のやりたいことを優先する気持ちを抑えられないわがままな自分の性質。

④ 家族の反対を押し切ってまで遠足に参加してしまう独りよがりな自分の性質。

⑤ 消灯後まではしゃぎ続けたあげく眠れなくなるという分別のない自分の性質。

問4　傍線部D「『僕、嫌だ』」とあるが、このときの「僕」の様子はどのようなものか。その説明として最も適当なものを、次の①～⑤のうちから一つ選べ。解答番号は 13 。

① 母がこの世を去って間もないというのに、桂さんを父の再婚相手として迎え入れようという姉の提案は母への裏切りのように思え、諸手《もろて》を挙げて賛成できないでいる。

② 逗子で療養していた母を懇《ねんご》ろに看護してくれた桂さんに対して好意を抱いていたにもかかわらず、姉からの突然の提案に戸惑い、思いとは反対の言葉を口にしている。

③ 他家に嫁ぐ自分の代わりに桂さんにお手伝いさんとして来てもらおうという姉の提案に対し、みな、体裁だけ整えて自分の元を去っていくように感じ、反発している。

④ 仕事一筋だった生活を改め、母を懸命に看護していた父の気持ちを考えると、桂さんを父の再婚相手として迎え入れようという姉の提案に、素直に同意できずにいる。

⑤ 母が世を去り、姉の縁談も決まって、取り残されたような淋しさを感じる中、自分の知らないところで進行していた父の再婚話を、素直には受け止められないでいる。

問５　傍線部Ｅ「『お父さん。僕、桂さんに家へ来てもらいたいんだけど……』」とあるが、この発言についての説明として最も適当なものを、次の①～⑤のうちから一つ選べ。解答番号は 14 。

① 胡桃を割りたいという積年の願いを叶《かな》え、胸につかえていた父への不満が払拭された「僕」の、今度は父の望みを叶えてあげたいという思いが表れている。

② わがまま一杯に育ってきた「僕」が、自分のことばかり考えていた子供時代を脱し、他人のことにも心を配れるような人間へと成長したことを表している。

③ 母や母代わりの姉に愛されて育ってきた「僕」が、他家へ嫁いでいなくなってしまう姉に代わって自分を愛してくれる存在を求めていることを示している。

④ 自分には永久に割れないと思っていた胡桃を割ることができて自信をつけた「僕」が、自分の望みを臆せず父に表明できるようになったことを表している。

⑤ 欲することは大抵無条件で通されるような子供時代を過ごしてきた「僕」の、自分のわがままを自覚して、遠慮がちに希望を述べている様子が表れている。

問6　Aさんは、本文の「胡桃」という言葉や「胡桃を割る」という行為の持つ意味について理解を深めようとした。次に示すのは、Aさんが図書室で見つけたこの作品の解説の一部（【資料】）と、それをもとに自分の考えをまとめたAさんの【ノート】である。これらを読んで、後の(i)・(ii)の問いに答えよ。

【資料】

「絵かき」の友人が「私」に語るナット・クラッカーをめぐる思い出話は、母の死と姉の縁談、そして父の再婚を認めるまでの物語である。ここにはやはり戦争の記憶がみごとに消去されているようにも見えるが、親愛なるものの喪失と異なる存在を家族として受け入れていく心理の変化がたどられる。アメリカでは「ナットというと馬鹿な奴ということだそうだね」と回想の合間に挿入される話者の言葉は、みずからのかたくな「脳髄《のうずい》」をたたき割って、戦後の現実に向き合わなければならない時間の始まりを告げている。

『日本近代短篇小説選　昭和篇2』紅野謙介《こうのけんすけ》による「解説」の一部。

【ノート】

● 「胡桃」の意味

㋐辞書的な意味……くるみ科の落葉高木。秋、堅い殻に覆われた実をつける。実は食用にし、油も取る。

㋑俗語（スラング）としての意味……「馬鹿な奴」。

㋒【資料】の解釈……戦後の現実を受け入れられない、かたくなな「脳髄」。

㋓本文から読み取れる象徴的な意味……[Ⅰ]。

●「胡桃を割る」という行為が示す意味

胡桃を割る「父」	胡桃を割れない「僕」
＝	＝
家族のために身を捧げる存在	自己中心的な存在

●まとめ

75行目の「――そして、再び僕は胡桃を割って見ようとはしなかった。僕には永久に割ることの出来ない堅さと思われたから」という表現と、149行目の「父の命日には、こうして胡桃を割ることにしているのだ」という表現との間に見える変化は、そのまま絵かき（＝「僕」）と「父」との距離の変化を表している。そう考えると、絵かきにとって、胡桃を割ることは、「[Ⅱ]」といえるのではないだろうか。だとすれば、「私の割る音とは、どうしても違う」（151行目）のも当然かもしれない。

(i) 空欄 I に入る最も適当なものを、次の①～④のうちから一つ選べ。解答番号は 15 。

① 大人へと成長するために打ち破らなければならないもの
② 大人へと成長するために手に入れなければならないもの
③ かつての自己中心的な自分を反省する拠り所となるもの
④ かつての非力な自分を懐かしく思い出させてくれるもの

(ii) 空欄 II に入る最も適当なものを、次の①～④のうちから一つ選べ。解答番号は 16 。

① 昔の自分を反省することであり、同時に自分の未来を見つめることである
② 人生の困難を何度も乗り越えてきた自分自身を改めて確認することである
③ 自分の人生を反芻《はんすう》することであり、今は亡き父に思いを寄せることである
④ 父の背中を追いかけ、そして追い越した自分の人生を振り返ることである

第3問

ツバサさんは、「外国人と日本語で交流する際に心がけたいこと」という題で自分の考えを【レポート】にまとめた。【資料Ⅰ】～【資料Ⅲ】は、【レポート】に引用するためにアンケート結果や参考文献の一部を、見出しを付けて整理したものである。これらを読んで、後の問い（問1～4）に答えよ。（配点　20）

【レポート】

近年、日本を訪れる外国人や日本で働く外国人が増加している。私たち日本人が外国人と接する機会は、今後ますます増えていくと考えられる。【資料Ⅰ】から分かるのは、ボディーランゲージ（身振り言語）を除くと、外国人と意思の疎通を図る際の方法に関して、［ X ］ということである。このことを踏まえ、私たち日本人が、日本にいる外国人と日本語で交流する場合にどんなことを心がけるとよいのか、という点について考えていきたい。

【資料Ⅱ】【資料Ⅲ】からは、日本人の考え方や、それに関わる言語表現の特徴が読み取れる。それは［ Y ］ということだ。こうした特徴が、日本の社会や文化になじみの少ない外国人にとっては、不可解な印象を与えるかもしれない。

また、日本語には、「文脈によって意味が変わる言葉」も多い。以下にいくつか例を挙げる。

［ Z ］

このような言葉を、日本語に不慣れな外国人とのコミュニケーションで用いると、誤解が生じる原因になりかねない。

外国人と交流する際、「やさしい日本語で分かりやすく話す」ことを心がけるのは、もちろんよいことだ。しかし、

「やさしい日本語」とは、単に単語が簡単だ、といったようなことだけではない。これまで述べてきたような日本人の言語表現の特徴から考えると、簡単な単語でありながら、外国人にとっては分かりにくい表現になってしまうというケースがありそうだ。したがって、日本人の考え方や、それに関わる言語表現の特徴に由来する、外国人にとっての「分かりにくさ」に目を向け、そこから「外国人にとって分かりやすい日本語」を考えていくことも大切だ。

【資料Ⅰ】 外国人とどのように意思の疎通を図っているか

（全体） 外国人と接する機会が「ある」、「時々ある」と答えた人に、外国人とどのように意思の疎通を図っているかを尋ねた（選択肢の中からいくつでも回答)。結果は、次のグラフのとおり。

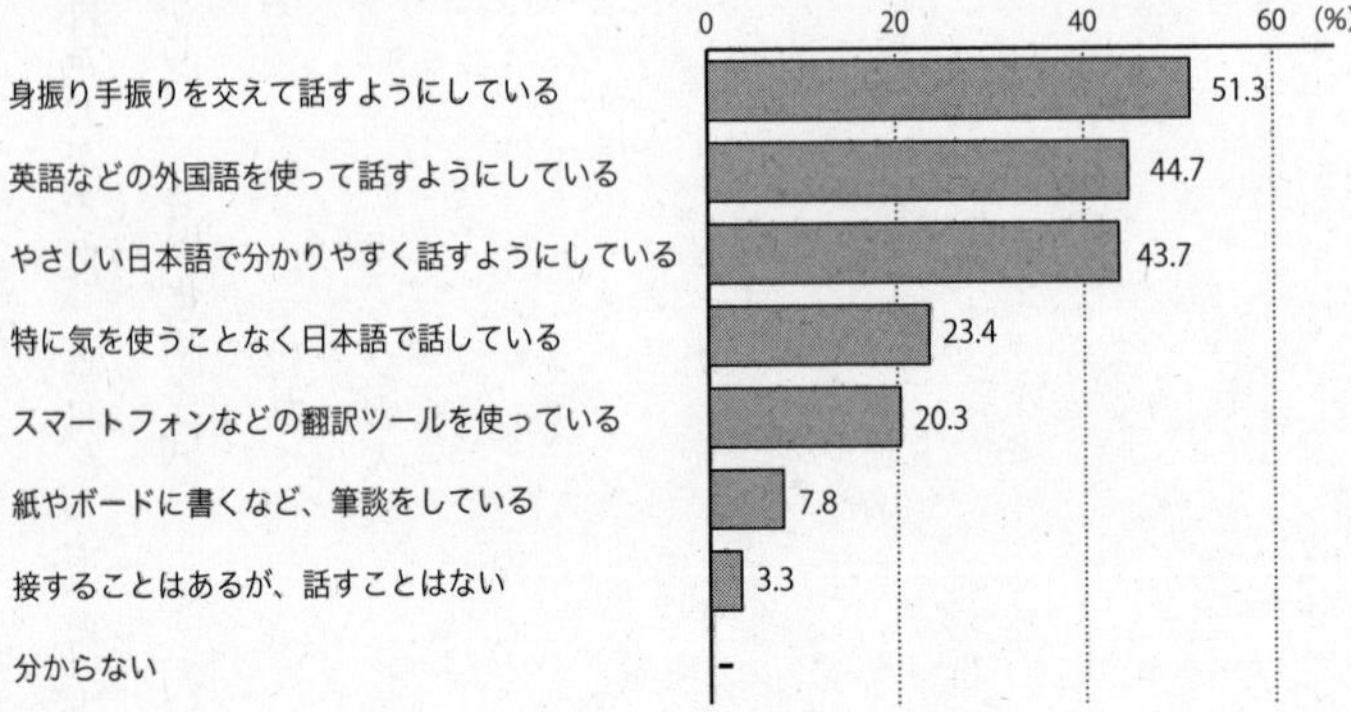

（年齢別）

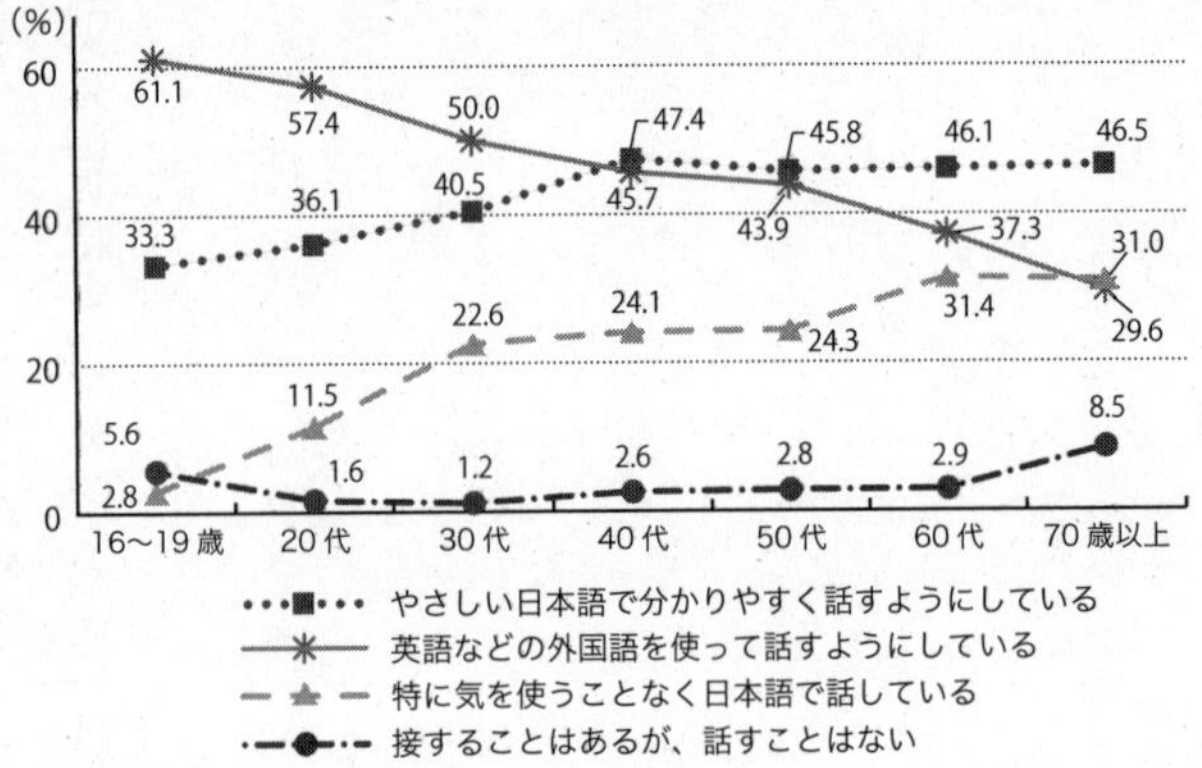

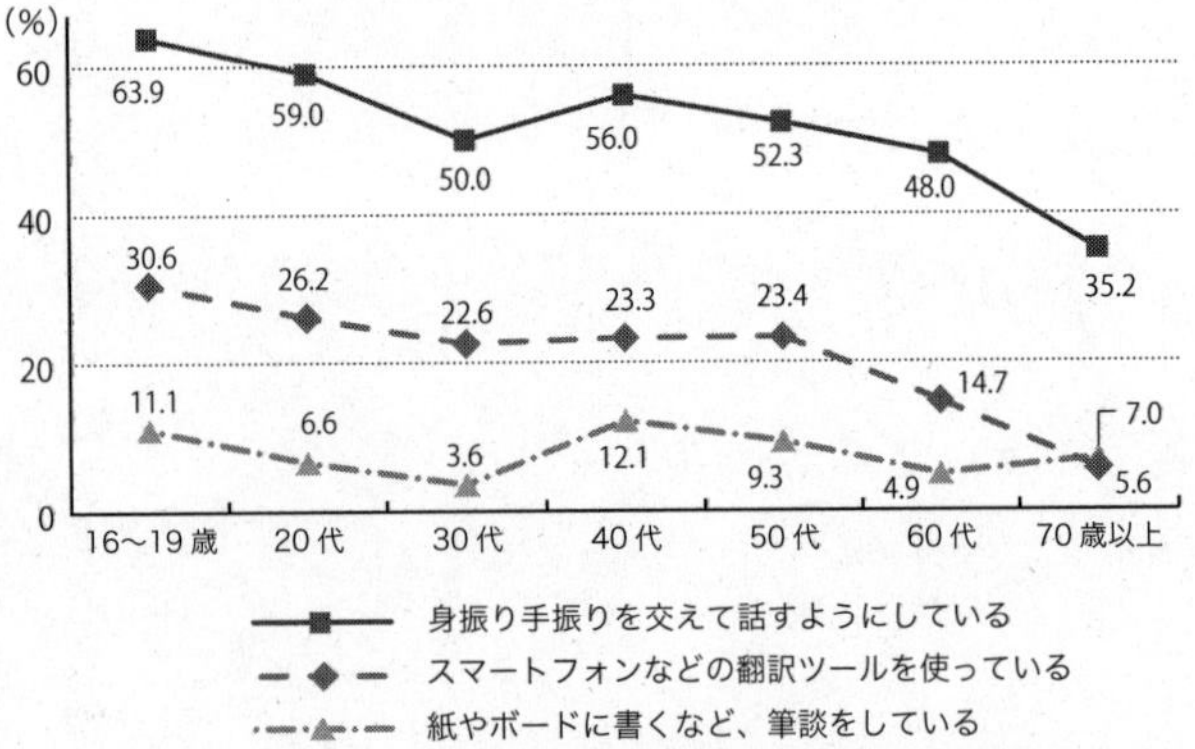

（文化庁「令和元年度『国語に関する世論調査』」をもとに作成）

【資料Ⅱ】　日本人の本音と建前

もともと日本人は本音と建前をうまく共存させてきた。

「表と裏」という表現を好むことに、それがよく現れている。

物事すべてには表だけではなく裏がある。私たち日本人はそう考えているふしがある。

たとえば、野球のイニングの入れ替わりのことを日本人は「一回の表と裏」と言う。

しかし、野球の母国であるアメリカでは、これを「トップ・アンド・ボトム（上と下）」と言う。表でも裏でもないのだ。

あるいはコインを投げたとき、私たち日本人は「裏か表か」と言う。

しかし、英語では「ヘッド・オア・テイル（頭か尻尾か）」となる。

つまり、日本人は、一つのものに表裏があることを自然に受け入れてきた国民といえる。言い換えれば、「清濁併せ呑《の》む」ことを当たり前としてきた国民性だということだ。

もちろん、アメリカにもダブルスタンダードと呼ばれる、似たような感覚はある。

しかし、それをしっかりと認め、楕円の中の本音と建前を使い分けて発言することを、私たちはことさら得意としているのではないだろうか。

元「ザ・フォーク・クルセダーズ」のリーダーで、現在は精神分析医として知られる北山修さんと、以前対談したとき、日本社会を指して「和を大切にする社会」と指摘したうえで「裏返せば相互不信が強く、すぐに村八分になる構造があるため、発言に神経をとがらせている社会だ」と言っていた。私たちがすぐに空気を読み、本音と建前の微妙なトーンコントロールを常日頃使いこなすのは、こうした社会環境がかたちづくったようだ。

ただ本音と建前を持つような考え方は「分かりにくい」ともいえる。

だから、よく海外の人から「白黒はっきりつけろ！」とか「社交辞令ばかりで偽善的だ」と言われることがあるのだろう。

それでも「建前」とは壊していいものではない。社会の秩序を保つ額縁のような役割を果たしている。本音の世界の残酷さや、乱暴さを閉じ込める役割が、建前にはあるのだ。

建前を「不誠実だ」というのは、乱暴だし、子どもっぽいともいえるだろう。

（金田一秀穂《きんだいちひでほ》『日本語のへそ』による。ただし、一部省略した箇所がある）

【資料Ⅲ】日本人の「はい」と「いいえ」

日本人の質問に対する返事のしかたが英語などと違う、ということがよく問題になる。日本語では質問を受けたときの答えに「はい」と「いいえ」の二種類があって、これは英語のイエスとノーに似ているが、違う点がある。英語の yes と no にはそんなことはないけれど、日本語では「はい」の方が好ましい言葉であり、「いいえ」の方は好ましくない言葉だという違いがある。どうしてかと言うと、英語の yes と no は、ただそのセンテンスが肯定の意味であるか、否定の意味であるかの違いだが、日本語の「はい」の方は、あなたのお考えは正しいですという意味があり、「いいえ」の方はあなたのお考えは違います、という意味になる。そのために日本語では「いいえ」という言葉は、使いにくいのである。

例えば人から「コーヒーをお飲みになりませんか」と言われた場合に、「いいえ、私は眠れなくなるといけませんから飲みません」とは言いにくい。そういうことを言うと、何か相手につっかかっているような印象を与える。だから、コーヒーを飲みたくなくても「はい、ありがとうございます」と言って、それから「しかし、ちょっと私は眠れなくなるたちなものですから……」と言っておもむろに断る。これが日本人らしい言い方である。

（中略）

水谷氏《(注)》によると、日本人がふだんの会話で「いいえ」と言うのは、二つの場合ぐらいしかないそうだ。一つは、へりくだりの場合、例えば「あなたは英語がよくおできになりますね」と言うと、「いいえ、とんでもない。私など……」と、このときははっきり「いいえ」と言う。もう一つは、相手を励ましたり慰めたりする場合。相手が「私はやっぱりダメな女なのね」とでも言うと「いいえ、あなたは本当は力があるんですよ」と、こういう場合には力強く「いいえ」という言葉を使うが、ふだんはなかなか「いいえ」とは言いにくいという。いかにも日本人らしい考え方だと思う。

（金田一春彦《きんだいちはるひこ》『日本語を反省してみませんか』による）

（注）水谷氏 —— 水谷修《みずたにおさむ》（一九三二〜二〇一四）。日本の国語学者。元国立国語研究所長。

問１ 【レポート】の空欄 **X** には、【レポート】の展開を踏まえた【資料Ⅰ】の説明が入る。その説明として最も適当なものを、次の①～⑤のうちから一つ選べ。解答番号は 17 。

① 「身振り手振りを交えて話すようにしている」が五割を超え、それに次ぐ「英語などの外国語を使って話すようにしている」と「やさしい日本語で分かりやすく話すようにしている」はともに四割台である

② 「英語などの外国語を使って話すようにしている」の割合が若年層で高く、年齢が上がるにつれてその割合が低くなり、七〇歳以上では「スマートフォンなどの翻訳ツールを使っている」に逆転されている

③ 年齢の違いに関わりなく「英語などの外国語を使って話すようにしている」の割合が高く、「やさしい日本語で分かりやすく話すようにしている」や「特に気を使うことなく日本語で話している」を上回っている

④ スマートフォンなどの翻訳ツールを使う人が若年層で多く、一六～一九歳ではその割合は三割以上となっていて、英語などの外国語や「やさしい日本語」を使う人の割合よりも高くなっている

⑤ 年齢による違いはあるものの、全体としては「英語などの外国語を使って話すようにしている」と「やさしい日本語で分かりやすく話すようにしている」が、どちらも四割台半ば近くでほぼ拮抗している

問2 【レポート】の空欄 Y には、【資料Ⅱ】及び【資料Ⅲ】の要約が入る。その要約として最も適当なものを、次の①～⑤のうちから一つ選べ。解答番号は 18 。

① 一つのものに表裏があることを自然に受け入れてきたために、相手の言葉を額面通りに受け取ることがなく、それが相互不信につながっている

② 表現を曖昧にし、本音と建前を共存させることで社会を維持してきたために、外国人とのコミュニケーションの場で相手を否定することが苦手だ

③ 自分の発した言葉を相手がどう受け止めるかを気にするために、本音と建前を常日頃から使い分け、単刀直入に自分の思いや意見を言うことが少ない

④ 自分の意見を言うことよりも相手を不快にさせないことを重視するために、本音では相手の意見を肯定したくても、建前上否定することが多い

⑤ 和を大切にする社会のなかで、互いに相手を信頼し合ってきたために、本音と建前を微妙に使い分けたコミュニケーションが常態化している

問３ **【レポート】**の空欄 Z には、「文脈によって意味が変わる言葉」の例が入る。その例として**適当でないもの**を、次の①～⑤のうちから一つ選べ。解答番号は 19 。

① 「すみません」（状況によって、謝罪の言葉にも感謝の言葉にも呼びかけの言葉にもなる）
② 「おこる」（物事が生じるという意味で使われたり、腹を立てるという意味で使われたりする）
③ 「やばい」（肯定的な意味で使われることも否定的な意味で使われることもある）
④ 「適当」（ちょうどよいという意味にもなれば、いいかげんという意味にもなる）
⑤ 「結構です」（それで良いという意味で使われるときと、不要だという意味で使われるときがある）

問4　ツバサさんは、自分の書いた【レポート】を読み返してみて、論拠が不十分なことに気づき、補足しようと考えた。その内容として適当なものを、次の①～⑥のうちから二つ選べ。ただし、解答の順序は問わない。解答番号は 20 ・ 21 。

① 「近年、日本を訪れる外国人や日本で働く外国人が増加している」や、「私たち日本人が外国人と接する機会は、今後ますます増えていくと考えられる」という記述の説得力を高めるために、その根拠となるような資料を補足する。

② 建前ばかりを並べて本音を言わない日本人の不誠実さを印象付けるために、【資料Ⅱ】の「よく海外の人から『白黒はっきりつけろ！』とか『社交辞令ばかりで偽善的だ』と言われることがある」という箇所を引用し、補足する。

③ 「簡単な単語でありながら、外国人にとっては分かりにくい表現になってしまうというケース」の実例として、日本語が、ひらがな・カタカナ・漢字という三つの文字種を用いる言語であることを補足する。

④ 「日本人の考え方や、それに関わる言語表現の特徴」について具体的に説明するために、【資料Ⅱ】の「日本人は本音と建前をうまく共存させてきた」という内容や、【資料Ⅲ】で説明されている「いいえ」の意味や使われ方を引用し、補足する。

⑤ 「ありがとう」という言葉の由来が「有り難し（＝めったにない）」であることを例に挙げ、「外国人にとって分かりやすい日本語」のために言葉の語源や由来を教えることが大切だという内容を補足する。

⑥　どの言語でも言葉の意味は文脈によって変わるということを示すために、《A rolling stone gathers no moss.》（転石苔《こけ》を生ぜず）ということわざが、イギリスとアメリカでは正反対の意味で用いられているという具体例を補足する。

第3回

国 語〔現 代 文〕 (110点)

注 意 事 項

1 解答用紙に，正しく記入・マークされていない場合は，採点できないことがあります。

2 試験中に問題冊子の印刷不鮮明，ページの落丁・乱丁及び解答用紙の汚れ等に気付いた場合は，手を高く挙げて監督者に知らせなさい。

3 解答は，解答用紙の解答欄にマークしなさい。例えば，10 と表示のある問いに対して③と解答する場合は，次の（例）のように**解答番号10の解答欄の③にマーク**しなさい。

（例）

解答番号	解 答 欄
10	① ② ● ④ ⑤ ⑥ ⑦ ⑧ ⑨

4 問題冊子の余白等は適宜利用してよいが，どのページも切り離してはいけません。

5 **不正行為について**

① 不正行為に対しては厳正に対処します。

② 不正行為に見えるような行為が見受けられた場合は，監督者がカードを用いて注意します。

③ 不正行為を行った場合は，その時点で受験を取りやめさせ退室させます。

6 試験終了後，問題冊子は持ち帰りなさい。

第1問

次の文章は、森達也《もりたつや》「群れない個が地球を救う」の一節である。文章中で用いられている「メディア・リテラシー」という語について、筆者はこれより前の箇所で「メディアが発信する情報に対して批判的に接すること」と説明している。これを読んで、後の問い（問1～5）に答えよ。なお、設問の都合で本文の段落に 1 ～ 27 の番号を付してある。（配点　45）

1 一八九五年、パリのキャプシーヌ街にあったグランカフェの地下一階で、リュミエール兄弟が発明したシネマトグラフという映写装置によって、世界で初めての映像の有料上映会が行われた。兄弟が経営する工場から仕事を終えた労働者たちが出てくる『工場の出口』など、とても短い（数分の）作品が何本も上映された。駅のプラットホームに機関車がやってくる『ラ・シオタ駅への列車の到着』を上映したときは、突進してくる列車の映像にパニックになった観客は、一人残らず椅子から立ち上がって会場から逃げようとしたとの逸話が残っている。なぜなら世界で初めての映像だ。観客たちに虚と実の区別などつくはずがない。

2 ラジオの誕生は映像から九年後。アメリカのマサチューセッツで最初の通信テストが行われ、一九二〇年にはペンシルヴァニアで商業放送が始まった。

3 二つの新しいメディアはあっというまに広がった。世界で初めての上映会がパリで行われた二年後には大阪で日本初の上映会が行われているし、アメリカで商業放送が始まってから五年後の一九二五年には、社団法人東京放送による日本初のラジオ放送が行われている。

4 もちろん日本が特別なのではない。映画とラジオという二つのメディアは、燎原《りょうげん》の火のように世界中に広がった。

当時の交通事情を考えれば、驚異的な速さといえるだろう。

5 なぜ世界の人々は新しいメディアを歓迎したのか。この理由もとても単純。前述したように、文字の文化は人類の歴史と共にあった。でも文字を読んだり書いたりするためには、読み書きの教育を受けることが必要だ。ところが当時の世界において、文字を読み書きできる階層は圧倒的な少数派だ。だって教育は普及していない。ほとんどの人は識字能力《リテラシー》を持たない。ならば文字は意味をなさない。

6 グーテンベルクが活版印刷を発明したのは十五世紀。これによって、聖書や新聞などが、大量に刷られることが可能になった。でもいくら大量に印刷されたとしても、この時代の印刷物は、マスメディアには決してなれなかった。

7 ところが映像と音のメディアは、識字能力を必要としない。教育など受けていなくても、基本的には誰だって見ることはできるし聞くこともできる。

8 こうして二十世紀初頭、もう少し正確に書けば一九二〇～三〇年代、この世界に初めてのマスメディアが誕生することになる。Aそしてその帰結として、ファシズム（全体主義）が誕生した。

9 あなたは不思議に思ったことはないだろうか。ファシズムという政治形態がスペインやイタリア、そして日本とドイツなど同時多発的に登場するのは、やっぱり一九二〇～三〇年代だ。この時代以前に、ファシズムは歴史に登場していない。

10 誰もが理解できるメディアが誕生したことで、特定の政治的意図のもとに、主義や思想や危機意識などを、大衆に何度も強調して刷り込むことが可能になった。つまり大規模なプロパガンダ(注1)が可能になった。

11 でもそれは人々がメディアを理解していなかった昔の話。それにメディアの側も現在では、さすがにそこまで露骨なプロパガンダを行わないはずだ。もしあなたがそう思うのなら、僕はもうひとつの例を提示しよう。

12 一九九四年、アフリカのルワンダで大虐殺が行われた。フツ族によって殺害されたツチ族の犠牲者の数はおよそ一〇〇万人。国民の一〇人に一人が犠牲になった。テレビがまだ普及していない（しかも識字率も高くない）ルワンダにおいて、ラジオは唯一の国民的な娯楽だった。フツ族向けのラジオ放送局がツチ族の危険性をしきりに煽《あお》り、その帰結として「彼らを殺さないことには自分たちが殺される」との意識が喚起され、最終的に未曽有の虐殺が始まった。あるいは二〇一四年にクリミア併合をめぐって勃発したロシアとウクライナの紛争の際、それぞれの国のメディアはSNSなどの映像を使いながら、自分たちの正当性と相手国の残虐性を自国民に訴えた。こうして高揚した相手国への憎悪は、地域の紛争をさらにエスカレートさせる燃料になった。

13 視聴率や部数を上げるため、メディアは不安や恐怖を刺激する。そしてB人は、この刺激に最も弱い。（中略）

14 樹上生活から地上に降りてきた人類の祖先は、二足歩行を始めるのとほぼ同じころ、単独ではなく群れて生きることを選択した。地上には天敵がたくさんいるからだ。一人では捕食されてしまう。でも集団なら天敵も簡単には近づかない。こうして人は群れる本能を獲得する。群れる動物は人だけではない。イワシにメダカ、スズメやカモ、トナカイにヌー、まだまだたくさんいる。

15 これら群れる動物の共通項は、いつも天敵に脅えていることだ。トラやシャチやワシやタカは群れない。彼らは天敵の存在に脅える必要がないからだ。

16 人は身体的にはきわめて脆弱《ぜいじゃく》な生きものだ。筋肉は衰えたし泳ぎは下手だ。翼はないし鋭い爪や牙も進化の過程で失った。だからこそ人の危機意識は強い。いつも脅えている。まさしく小鹿のように。

17 ところが人は、自由に使えるようになった二本の手を使って道具を作り、やがて火薬を発明し、武器を所持し、いつしかこの地球上で最強の動物になっていた。もう天敵に脅える必要はない。でも群れる本能は遺伝子レベルで残っている。

18 もしも天敵に襲われたとき、群れは一方向に全速力で走る。どんな敵なのか。どれほどに危険なのか。それを考える余裕はない。ただひたすら走る。この状態になったとき、群れにキ(ア)ゾクする個は、自分が全体と同じ行動をとっていることで安心する。だから全体と一緒に必死に走る。つまり、自ら望む同調圧力だ。

19 エーリッヒ・フロムはこの状態を「自由からの逃走」と名づけ、ドイツ国民が民主的な手続きを経ながら強権的なナチスドイツに全権を委任する過程を考察した。人は自由が怖くなる。全体が走れば一匹も走る。そして一匹が走れば全体も走る。つまり個と全体はともに相互作用の同調圧力を持つ。こうなると他の人たちと違う動きはしづらい。群れはひとつの生きもののように動く。

20 野生の生きものは鋭い感覚で全体の動きを察知するが、進化の過程で鋭敏な感覚を失った人類は、代わりに言葉を得た。だからこそ集団化が加速するとき、多くの人は指示や命令が欲しくなる。自由よりも束縛されることを無意識に望む。強い為政者を求め始める。

21 (注2)オウム事件をきっかけにして始まった日本の集団化は、二〇〇一年のアメリカ同時多発テロで世界規模にトレースされた。特にアメリカは、まずは集団の結束を固めるために愛国者法を制定して集団内の異物を排除し、国民の統合を呼びかけるブッシュ大統領の支持率は一気に上昇し、敵を探してこれを殲滅《せんめつ》する（もし可視化できなければ無理やりに設定する）という集団化のプロセスを、まさしくモデルケースのように実践した。ここで(イ)リュウイすべきは、ひとつの集団の結束の高まりは他の集団との分離を(ウ)ソクシンする、ということだ。こうしてナショナリズム(注3)やレイシズム(注4)の衣をまといながら、自分たちと敵対する集団が周囲に増えてくる。

22 これが現在の世界の状況だ。（中略）かつてであれば独裁者に位置づけられていたはずの為政者が、高い支持率を背景にきわめて強権的な政治を行っている。そしてこの(エ)ケイフにおいて日本は、とても先駆的な位置を示している。

23 集団化の過程で人は指示や命令を求める。見つからない場合は無自覚に作りだす。そして仮想の指示や命令に従う。これが組織内における忖度《そんたく》だ。普遍的なアイヒマン(注5)が同時多発的に誕生する。特に日本人は集団と相性がいい。言い換えれば集団化しやすい。一極集中に付和雷同。個が弱い。集団に摩擦なく従属してしまう。

24 こうして群れは暴走《スタンピード》を起こす。高揚した危機意識は敵を可視化しようとする。もしも可視化できなければ無理やりにでも作りだす。なぜなら敵が見えたほうが安心できるからだ。（中略）

25 メディアは今後も進化し続ける。ただし自然トウ(オ)タが環境の諸要因によって決まるのなら、その環境を新たに作り直すことは可能なはずだ。現状においてはメディアの覇者であるテレビは、視聴率でその動きを決める。つまり市場原理だ。ならば市場が変われば、テレビはあっさりとその進化の方向を変えるはずだ。

26 C我々がメディア・リテラシーを身に付けなければいけない理由はここにある。リテラシーの主体は、受け手であるこの社会だ。送り手であるテレビ局や新聞社や出版社ではない。ならば社会（市場）が変われば、メディアも変わるのだ。そして社会が変わるためには、情報を正しく有効に活用しなくてはならない。すなわち正しいリテラシーだ。

27 水や空気と同じように、この世界はメディアをもう手放せない。ならば浄化する方法を考えるべきだ。もしそれが不首尾に終わるのなら、近い将来において人類は、氷河期や宇宙人の襲撃や隕石《いんせき》の衝突などの理由ではなく、メディアによって滅ぶだろう。

（注）1 プロパガンダ――宣伝。特に、政治的意図をもって行われる主義・思想などの宣伝。

2 オウム事件――一九八〇年代末期から一九九〇年代中期にかけてオウム真理教が起こした地下鉄サリン事件などの一連の事件のこと。日本の犯罪史上に残る凶悪事件とされる。

3 ナショナリズム――自国／自民族の自立性、独自性を強く打ち出し、自国／自民族の利益を第一とする考え方。国家主義／民族主義。

4 レイシズム――人種間に根本的な優劣の差異があり、優等人種が劣等人種を支配するのは当然であるという思想。人種主義。

5 アイヒマン――アドルフ・アイヒマン（一九〇六〜一九六二）は、ナチスドイツによるホロコーストにおいて、ユダヤ人移送の中心的な役割を果たした人物。ここでは、「組織における指示や命令に従順な人間」という程の意味。

問１ 傍線部(ア)～(オ)に相当する漢字を含むものを、次の各群の①～④のうちから、それぞれ一つずつ選べ。解答番号は 1 ～ 5 。

(ア) キゾク 1
① ゾクブツに成り下がる
② 物のゾクセイを調べる
③ 正月にシンゾクが集う
④ キンゾク年数を調べる

(イ) リュウイ 2
① リュウコウに乗じる
② 回答をリュウホする
③ ソリュウシの研究者
④ リュウセイを極める

(ウ) ソクシン 3
① ソクセイ栽培を始める
② ソクダン即決を求める
③ 降雪量をソクテイする
④ 無病ソクサイをいのる

(エ) ケイフ 4
① 夏目漱石にケイトウする
② ケイレツ会社に転職する
③ 広く大衆をケイモウする
④ 命にケイチョウなどない

(オ) トウタ 5
① タザンの石から学ぶ
② タヅナをきつく握る
③ タキに渡る職業分野
④ 地獄のサタも金次第

問2　傍線部A「そしてその帰結として、ファシズム（全体主義）が誕生した」とは、どういうことか。それを説明したものとして最も適当なものを、次の①～⑤のうちから一つ選べ。解答番号は 6 。

① 基礎的な教育さえ受けていれば見ることも聞くこともできる映画とラジオの登場によって、虚実の区別がつかない大衆を特定の主義や思想へと誘導できるようになり、ファシズムが誕生した。

② 文字を読み書きできなくても理解できる映画とラジオという二つのメディアの登場によって、ファシズムという政治形態に関する理解が広まったことが、実際にファシズムを誕生させることになった。

③ 権力の側に都合の良い主義や思想や危機意識を大衆に対して繰り返し強調する必要が生じたことで、識字能力を必要としないメディアとして映画とラジオの普及が要請され、ファシズムを生み出した。

④ 大量に印刷することのできなかった活版印刷はマスメディアにはなりえなかったが、映画とラジオはわかりやすい情報を求める人々の欲望に呼応して世界中に広まり、結果としてファシズムにつながっていった。

⑤ 文字メディアとは違い誰もが理解できる映画とラジオという二つの新しいメディアの登場により、大衆に対する大規模なプロパガンダが可能となったことが、大衆の集団化を促し、ファシズムを準備した。

問３ 傍線部**Ｂ**「人は、この刺激に最も弱い」とあるが、なぜか。その理由を説明したものとして最も適当なものを、次の①～⑤のうちから一つ選べ。解答番号は［７］。

① 様々な情報があふれ、メディアの刺激に対して鈍感になっている今でも、敵対関係にある相手の危険性や残虐性を声高に喧伝《けんでん》するメディアには、思わず耳目を惹《ひ》きつけられてしまうから。

② 不安や恐怖を煽るメディアのやり方は視聴率や発行部数を伸ばすための戦略に過ぎないとわかっていても、万一のことを考えると一応知っておいた方が良いという気になってしまうから。

③ 天敵が存在しないために群れを作る必要のない動物と違い、人類は身体能力がきわめて低く、群れを作らなければ天敵に襲われてしまうから。

④ 天敵に脅え、群れを作って生きてきた人類は、地球上で最も強大な力を持つようになってからも、自分を脅かすものに対する危機意識を潜在的に抱いているから。

⑤ 身体的に脆弱なために群れを作ることで生き延びてきた人類は、危機にさらされたとき、周囲の人間と同じ行動をとることで安心することができるから。

問4　傍線部C「我々がメディア・リテラシーを身に付けなければいけない理由はここにある」とあるが、どういうことか。その説明として最も適当なものを、次の①～⑤のうちから一つ選べ。解答番号は 8 。

① メディアの目指す方向は、その受け手である社会によって決められるのだから、人々の不安や恐怖を煽り集団化を推し進めるようなメディアのあり方に対しては、批判的に接していかなければならないということ。

② メディアはなくならないし今後も進化し続けるのだから、メディアの送り手から発信される情報を正しく有効に活用することができるだけの力を、我々一人ひとりが伸ばしていかなければならないということ。

③ テレビを筆頭とするメディアの動きは市場原理に支配されているのだから、その市場を活性化させるためにも、メディアが発信する情報とその内容をきちんと読み取る力を社会全体として身に付けなければならないということ。

④ 近い将来、人類を滅亡させ得るものは集団化を加速させ他の集団との分離を推進するメディアなのだから、メディアを必要としないようなリテラシーを各人が身に付ける必要があるということ。

⑤ リテラシーの主体はあくまでも社会であり、社会が変わればメディアも変わるのだから、社会を構成する我々一人ひとりが、正しく有用な情報を発信する力を身に付けなければならないということ。

問５ この文章を授業で読んだＴさんは、内容をよく理解するために【ノート１】～【ノート３】を作成した。本文の内容とＴさんの学習の過程を踏まえて、(i)～(iii)の問いに答えよ。

(i) Ｔさんは、本文の 1 ～ 27 を【ノート１】のように見出しをつけて整理した。空欄 Ⅰ ・ Ⅱ に入る語句の組合せとして最も適当なものを、後の①～④のうちから一つ選べ。解答番号は 9 。

【ノート１】

● 新しいメディアとファシズム（1 ～ 10）

● 群れる人々とメディア（11 ～ 24）

11 ～ 13 Ⅰ

14 ～ 17 Ⅱ

18 ～ 20 集団化は「自由からの逃走」

21 ～ 24 集団化が進む現在の世界

● メディア・リテラシーの必要性（25 ～ 27）

① Ⅰ 人々がメディアを理解していなかった昔

Ⅱ 天敵に対する危機意識

② Ⅰ 不安や恐怖を煽るメディア
Ⅱ 人間の群れる本能

③ Ⅰ 人間のもつ残虐性
Ⅱ 群れる動物の共通項

④ Ⅰ かつての露骨なプロパガンダ
Ⅱ 自ら望む同調圧力

(ii) 19 段落の波線部の内容に興味を持ったTさんは、図書室でエーリッヒ・フロム『自由からの逃走』を借りて読み、印象的だった一節を【ノート2】に書き写した。空欄 Ⅲ ・ Ⅳ に入る語句の組合せとして最も適当なものを、後の①〜④のうちから一つ選べ。解答番号は 10 。

【ノート2】

幾百万のひとびとにとって、ヒットラーの政府は「ドイツ」と同一のものとなった。ひとたびヒットラーが政府の権力を握った以上、かれに戦いを挑むことはドイツ人の共同体からみずからを閉めだすことを意味した。他の諸政党が廃止され、ナチ党がドイツそのもので「ある」とき、ナチ党にたいする反対はドイツにたいする反対を意味した。より大きな集団と合一していないという感情ほど、一般の人間にとって堪えがたいものはないであろう。ナチズムの諸原理にたいしてどんなに反対していようとも、もしかれが［Ⅲ］と、［Ⅳ］と、どちらか選ばなければならないとすれば、多くのひとびとは後者を選ぶであろう。（『自由からの逃走』より）

① Ⅲ ナチ党と一体化すること
　 Ⅳ ドイツ人の共同体と一体化すること

② Ⅲ ナチ党に反対すること
　 Ⅳ ドイツにたいして反対すること

③ Ⅲ ドイツに属しているという感情をもつこと
　 Ⅳ ナチ党に反対すること

④ Ⅲ 孤独であること
　 Ⅳ ドイツに属しているという感情をもつこと

(iii) 【ノート2】に『自由からの逃走』の一節を書き写したTさんは、ナチズムのような脅威に対抗するためにはどうすればよいかということについて、本文と『自由からの逃走』の内容を参考にして考察し【ノート3】を作成した。空欄 V に入る最も適当なものを、後の①～⑥のうちから一つ選べ。解答番号は 11 。

【ノート3】

この考察から、政治的プロパガンダの問題にとって重要な一つの公理が帰結する。すなわちドイツそのものにたいする攻撃、「ドイツ人」についての誹謗《ひぼう》的プロパガンダは、それがどのようなものであっても、ナチ体制と完全に合一していないひとびとの忠誠心までも増大させるだけであるということである。しかしこの問題は巧妙なプロパガンダによっては、根本的に解決することはできない。それは一つの根本的な真理、すなわち倫理的原理は国家の存在以上のものであり、個人はこれらの原理を固く守ることによって、過去、現在、未来を通じてこの信念をわけあうひとびとの共同体に属するという真理が、すべての国々において勝利をえたとき、はじめて解決できることがらである。(『自由からの逃走』より)

考察　人は危機を感じた時に、孤立を恐れ、メディアの流す一面的な情報を通じて自分を全体と一体化させ、安心を得ようとする。そのことが結果的にナチズムの暴走につながってしまった。必要なことは V 。

① 自己の属する集団における支配的な思想を相対化し、より普遍的な倫理的原則に従おうとすることである。

② 自己を同一化させる対象である国家そのもののあり方を浄化し、より望ましい姿に変化させていくことである。

③ 全体主義的な政治形態に対して断固「否」を突きつけるような政治的プロパガンダを展開することである。

④ メディア・リテラシーを身に付けることで、為政者の求めていることを自ら汲《く》み取れるようにすることである。

⑤ メディアが発信する情報に批判的に接し、孤立を恐れずに一貫した自己の信念に基づいて行動することである。

⑥ 自己にとって望ましくないと思われるメディアを排除することでメディア空間を浄化することである。

（下書き用紙）

国語の試験問題は次に続く。

第2問

次の文章は、辻仁成《つじひとなり》『海峡の光』の一節である。主人公の「私」（斉藤）は、函館《はこだて》の刑務所で看守として働いていたが、ある日、そこに、小学校の同級生だった花井修が受刑者として入所してくる。小学生時代の花井は美少年でクラスメートからの人望も厚かったが、「私」はその花井から陰湿な苛《いじ》めを受けていた。以下はそれに続く場面である。これを読んで、後の問い（問1～6）に答えよ。なお、設問の都合で本文の上に行数を付してある。（配点　45）

夏も近づいたある日、月一度の持ち回りとなっている舎房勤務の順番が回ってきた。木造平屋の獄舎の、体育用具室の空気にも似た、つんと鼻につく黴臭《かびくさ》い匂《にお》いにはいつまで経《た》っても慣れることがなかった。特に夏は風が抜けず、閉鎖的な穴蔵の空気はいよいよ澱《よど》んだ。私の足先は、花井修が収容されている第三寮へと自然に向いた。A日が経つほどに花井はますます私の中で立ち上がり、それは今や四六時中気になって仕方のない存在へと膨らんだ。家族との日常に身を浸している時でさえ、花井は幽霊のようにすうっと現れた。あなたの幼なじみの人、まだあなたのこと気がつかないの？　妻は子供を寝かせつけた後の、話題が無くなった退屈な時間を狙《ねら》ってわざと聞いてきた。私が黙っていると、いいのよ、応《こた》えなくて。刑務所のことは聞かない約束だものね。でもそれを最初に口にしたのはあなたの方なのよ。小学校の同級生が入所した。頭が上がらなかった。なのに今じゃ俺が懲罰を与えることだってできるって。あなた自慢気だったじゃない。妻は毎日の憂《う》さでも晴らすように、私に食い下がった。私を怒らせるこつをよく心得ていた。大声を出そうものなら、いいのね、お母さん起きちゃうわよ、と奥の部屋でここ数年病気で臥《ふ》せている母の方を顎でしゃくった。看病と育児の毎日なんだもん。愚痴言ってるわけじゃないけど、夜に少しぐらい普通の夫婦のように世間話をしたって構わないでしょ。花井の薄笑いを浮かべた涼しい顔が、ふっと心に割り込んでくる。まるであの男が私の日常を、獄舎の中から遠隔操作しているようだった。

夏の休日の日差しが舎房の突き当たりにある格子窓《こうしまど》から斜めに差し込み、幾条もの光の柱を拵《こしら》えた。どこから舞い込んだか蝶《ちょう》が、羽根を弱々しく翻《ひるがえ》らせては宙を彷徨《さまよ》っていた。羽ばたきの、機械仕掛けの玩具《がんぐ》のようなひとかきひとかきや、傷《いた》んだ羽根の表面の模様までもが確認できた。紛れ込んだが抜け出せず、もう長いことここを行き交っている様子で、すっかり生命力も消尽しきってなんとも哀れだった。窓がなく、密閉された舎房の廊下を飛ぶモンシロチョウの静かだが鬼気迫る舞いに、私は束《つか》の間放心状態となり、次第に死へと向かいつつある蝶の美しく危うげな瞬間の一つ一つを目で追いかけては、逆に自分の心が落ちつくのを覚えた。

花井が転校することを知ったのは、一学期の終業式より僅《わず》かに一週間前、夏休みを目前にしたやはり暑気に逆上せる真夏日のこと。B花井の転校を知った時、私はまず大きく安堵《あんど》した。花井さえいなければ悪餓鬼たちの罪のない苛めなど苦でもない。無視してしまえばほとんど次元の低い悪戯《いたずら》として片づけることができた。問題はここに花井の知恵が加わることによって、悪童の罪の無いちょっかいが突然何倍も陰湿な苛めへと凶暴化することにあった。

「協調できないはみ出し者を僕たちが愛情をもって鍛えなおしてやらなきゃ」

彼の一言で私はクラスの不出来な落ちこぼれと決めつけられて、手厳しい攻撃の的となった。正義の名のもとにふるわれる制裁ほど恐ろしいものはない。人を殴りつけておいて、彼らは花井の説いたカタルシスに浸るわけだから、悪いことをしたという意識がまるでなく、そればかりか私を導くと豪語して力加減もない。花井も私を利用し、とかげの尻尾《しっぽ》のように扱うことで、クラスをうまく一つにまとめあげ、自分の確固たる地位を築いていた。花井が転校せず卒業まで学校に残ったなら、私は人間としての尊厳を維持出来たかどうか疑わしい。

花井の出発の日が迫って来ると、私は復讐《ふくしゅう》をしなければと焦るようになった。皆の前で存在を否定された私自身を回復するため、そして父の(注1)侮辱を晴らすために。更には花井がいなくなった後の学校内での自分の居場所を確保するためにも、彼が去る前に決着をつける必要があった。できれば花井修が転校するその日にクラス中が見ている前で彼を力のかぎり叩《たた》きのめし、その誇りと神話を失墜させ、そうすることで私の再生を高らかに全校へ宣言するのだ。終業式を狙ったのは、彼に時間的余裕を与えないためであった。

当日、私は朝からずっと機会を窺《うかが》い、いよいよ復讐の時を迎えようとしていた。ところが、今こそ実行しようと決意したその瞬間、C彼はクラスメート全員の前で突如私への和解を申し出たのである。

「僕がいなくなった後、この斉藤君のことだけが気掛かりなんだ。皆が仲間として彼をきちんと迎え入れてやってくれるなら僕は思い残すことなく新しい学校へ転校できる。決して彼を孤立させないでほしいんだよ」

その提案は、ホームルームの時間を割いて行われた彼のお別れ会の席、挨拶《あいさつ》の冒頭で述べられたものである。意外な展開に私は一斉に向けられたクラスメートたちの視線に敵意のやり場を攪拌《かくはん》され、茫然《ぼうぜん》自失の状態になり、ただ彼の言葉を聞くしかなかった。しかもその(ア)巧言ほど、彼への別れを悲しんでいた女生徒の心を大きく揺り動かすものはなく、涙まで誘って、またしてもそこに偽物《にせもの》の正義をまき散らすことに成功したのだった。

もしもあの時、和解を無視して私が予定通り花井をその場で殴りつけていたなら、私は花井がいなくなった後、全校生徒を残らず敵に回すこととなり、卒業するまで彼の亡霊に支配され続けかねなかった。結局私の最後のチャンスは脆《もろ》くも奪われてしまい、(イ)地団太を踏むしかなかった。焦慮と憤怒《ふんぬ》のせいで血が頭に上りつづけ夜中に風呂場《ふろば》で嘔吐《おうと》した。

ところが私は翌日、自分でも信じられないことに、まるで自らの意思とは違う別の磁力によって、彼を見送るため函館桟橋《さんばし》へと出向いた。

花井はサラリーマンをしている彼の両親に温かく囲まれ、真新しいスーツに身を包んでは、まるで小さな英雄を気取り胸を張っていた。漁師の家で育った私とは見るからに風趣の違う家庭の香りが花井家の周辺からは漂っていた。その清々《すがすが》しい雰囲気を見るだけでも自分の今日がいかに惨《みじ》めなものかが思い知らされ、彼への反発がただの時代錯誤の嫉妬《しっと》による、身分不相応の反乱のような気がして、困惑が底無しに錯綜《さくそう》した。

花井は皆と握手し、清澄《せいちょう》な言葉に一点の曇りもない微笑《ほほえ》みを交えてそこに集まった全《すべ》ての者に投げかけていた。私は、その有終の美とでも言うべき最後の演出に近づけないばかりか、何しにここへ来たのだ、と後悔しながら一段と気後れし、人々から退いてしまう。花井は勿論《もちろん》そこでも作られた偽善を見せつけた。隅の方で小さくなる私の方へ歩み寄って来て、しかもみんなに聞こえるように声を高め、

「君は君らしさを見つけて強くならなければ駄目だ」

と言った。周囲の者たちは花井の演技にまんまと騙《だま》され、同意を口々に漏らしたが、私は彼の手を力一杯握りしめると引き寄せ、心の中で溢《あふ》れ出しそうになっていた感情を一つの言葉に集約し、偽善者、と小声で浴びせたのだった。私の精一杯の声は花井にしか届かなかったが、意外にも彼をうろたえさせた。花井修は二の句が継げず、暫《しばら》く(ウ)挙措を失い、私の顔を見つめたが、ふいに慌《あわ》てて私から視線を逸《そ》らすと、彼の両親の間に逃げるようにして隠れ、そのまま女生徒たちの熱い声援に見送られてタラップを連絡船へと渡ってしまった。

まもなく桟橋にいた旅客担当助役が合図を送り、船の客室係たちによって舷門《げんもん》（注2）が閉じられると、桟橋はゆっくり上昇し、纜《ともづな》（注3）が外された。汽笛が唐突に鳴り響き、スクリューの振動が桟橋にも伝わった。そして私と花井とは以後別々の世界に押し分けられてしまうのだった。

船が徐々に岸壁から離れはじめると、クラスメートたちは自分たちの時代の麒麟児《きりんじ》（注4）が出陣するのをひたすら手を振っては見送り、中には泣き崩れる者までいた。花井は両親に挟まれて、船のデッキから見送る人々を見下ろしていたが、顔つきからは先程の余裕が心なしか消え失《う》せていた。D<u>ぎこちない微笑みは、少なくとも私には空笑いとしか見えなかった。</u>

（注）1　父の侮辱を晴らすために――真面目な漁師だった「私」の父は、「私」が小学四年生のとき、荒れた真冬の海で漁をしていて海に投げ出され水死したのだが、花井は、その父の名誉を汚すような中傷を学校中に広めていた。
2　舷門――船の上甲板（デッキ）の横にある出入口。
3　纜――船をつなぎとめておく綱。
4　麒麟児――才能が優れていて、将来が期待される少年。

問1　傍線部(ア)〜(ウ)の本文中における意味として最も適当なものを、次の各群の①〜⑤のうちから、それぞれ一つずつ選べ。解答番号は［12］〜［14］。

(ア)　巧言　［12］
①　心から出た感謝のことば
②　口先だけのたくみなことば
③　心にもないいつわりのことば
④　相手のことを思いやったことば
⑤　人を惹きつける力を持ったことば

(イ)　地団太を踏む　［13］
①　これまでの自分の考え方を悔い改める
②　自分以外の誰かの助けを期待して待つ
③　仕方のないこととして潔くあきらめる
④　悔しさに身もだえして地を踏みならす
⑤　自分自身のふがいなさを激しく責める

(ウ)　挙措を失い　［14］
①　周囲を気にすることもなく
②　自分のやるべきことを忘れ
③　言うべき言葉が見つからず
④　心の平静を失って取り乱し
⑤　すっかり威厳をそこなって

問２ 傍線部**Ａ**「日が経つほどに花井はますます私の中で立ち上がり、それは今や四六時中気になって仕方のない存在へと膨らんだ」とあるが、この表現からわかる、花井に対する「私」の気持ちはどのようなものか。その説明として最も適当なものを、次の①～⑤のうちから一つ選べ。解答番号は 15 。

① かつて自分をいじめた花井に思いがけない形で再会し、今なら親しくなれるのではないかと期待している。

② かつてはクラスメートからの人望も厚かった花井のその後の人生に何が起きたのか不審に思っている。

③ 過去の出来事を忘れることができず、力関係が逆転した今も、花井の存在に頭を支配されている。

④ 過去に花井から受けたいじめのことが深い傷となって残っており、いまだに脅えを払拭できないでいる。

⑤ 思わぬ形で再会したかつてのいじめっ子に、どのような仕返しをしてやろうかと考えを巡らせている。

問3　傍線部B「花井の転校を知った時、私はまず大きく安堵した」とあるが、それはなぜか。その説明として最も適当なものを、次の①～⑤のうちから一つ選べ。解答番号は 16 。

① 花井さえいなくなれば、悪童たちへの罪のない苛めは、次元の低い悪戯として見逃してもらえると思ったから。

② 悪童たちの暴力を正当化する口実を与える花井の知恵によって、クラスの秩序が崩壊しかかっていたから。

③ クラスの人間関係の頂点に君臨していた花井がいなくなれば、今度は自分が頂点に君臨できるから。

④ 「私」へのいじめを「私」のための行為へとすり替える花井に、ようやく復讐することができると思ったから。

⑤ 「私」を協調性のある真っ当な人間に導くという名目で行われる苛烈な暴力から解放されると思ったから。

問4 傍線部C「彼はクラスメート全員の前で突如私への和解を申し出たのである」とあるが、「私」はそれをどのように受け止めたか。その説明として最も適当なものを、次の①～⑤のうちから一つ選べ。解答番号は 17 。

① 花井のせいで失ったものを取り返すためになんとしても花井に復讐しなければならないと決意を固めていたが、突然花井が「私」を気遣うような提案を皆にしたために、手を出したくても出せない状況に置かれてしまい、どうすればよいのかわからなくなっている。

② 学校内での居場所を再び取り戻し自分だけでなく父親の名誉を回復するためにも花井に復讐しなければならないと決意を固めていたが、突然花井が皆の前で、「私」に直接和解を求めてきたために、呆気《あっけ》にとられ、敵意の向けどころを失っている。

③ 失われた自分の尊厳を取り戻し父の汚名をそそぐためにも花井への復讐を決行する決意を固めていたが、突然花井が皆の前で、「私」のことを心配する胸中を吐露したために、クラスの雰囲気が変わり、もはや復讐をする意味が失われてしまったと拍子抜けしている。

④ 時間的に忙しいために花井も心の余裕を持てないであろうと考えて終業式に復讐を果たす決意を固めていたが、突然花井が皆の前で、「私」への優しさを示すような発言をしたために、このようなときにも他者への配慮を忘れない花井に対して、敵意を向けることができなくなっている。

⑤ 叩きのめしたあとの花井に信頼と誇りを回復する時間を与えないために終業式に復讐を果たす決意を固めていたが、突然花井が「私」に仲直りを求めてきたために、驚きつつも、これまでのことは水に流して気持ちよく

花井を送り出してやろうと思っている。

問５ 傍線部Ｄ「ぎこちない微笑みは、少なくとも私には空笑いとしか見えなかった」とあるが、このときの「私」の心情はどのようなものか。その説明として最も適当なものを、次の①～⑤のうちから一つ選べ。解答番号は 18 。

① 最後まで卑劣な演技で「私」をおとしめようとする花井に対し、「偽善者」という一言を突きつけ、花井をうろたえさせたことで、皆の前で復讐するという当初の目的を果たすことができたと思っている。

② これまで逆らうことができなかった花井に対し、はじめて「私」の感情をまっすぐにぶつけ、それにまごつく花井の姿を見たことで、これくらいのことで動揺するような人間だったのかと花井への興味を失っている。

③ 偽物の正義を振りかざして「私」を苛め抜いてきた花井に対し、花井が予想だにしていなかったであろう反撃を加えたことで、復讐とまではいかずとも、一矢を報いることはできたと思っている。

④ 悪童たちをそそのかして「私」を苛めてきた花井に対し、「偽善者」という痛烈な一言をぶつけ、花井に大きな痛手を与えたことで、「私」を苛めたことを十分に後悔させることができたと思い、満足している。

⑤ つねに正義の仮面をかぶり、誰にも腹の底を見せてこなかった花井に対し、「偽善者」という鋭い一言を突きつけたことで、皆に花井の本性を明かすことができたと思っている。

問6　次に示すのは、本文を読んだ後に教師の話を聞き、【資料】を読んだ六人の生徒が話し合っている場面である。本文と【資料】を踏まえた説明として**適当でない発言**を、後の①～⑥のうちから**二つ**選べ。解答番号は 19 ・ 20 。

教師――この作品は、純文学ジャンルの新人賞である芥川龍之介賞を一九九七年に受賞しました。しかし、選考会では賛否両論噴出し、強く推す選考委員がいた一方で、受賞にふさわしくないという考えを表明した選考委員もいたようです。次に示す【資料】は、選考委員たちの意見の一部です。これを読んで皆さんで自由に意見を出し合ってみてください。

【資料】

宮本輝「一気に読んだ。少年刑務所という舞台設定、そこにおける刑務官と受刑者の心理的キャッチボールは、小説の素材として、かなりの力技を要求されるのだが、辻氏の筆からスタミナは最後まで失われず、不可知な人間の闇を描くことに成功したと思う。〔……〕力あまって、生硬な文章が多用されていて、そこが黙認できないという委員の意見も理解したうえで、なお、私は『海峡の光』の確固たる小説世界を支持した。」

石原慎太郎「氏の作家としての力量を感じさせる幅も奥も深い作品である。人間の心、というよりも体の芯の芯に潜む邪悪なるものの不可知さに正面きって向かい合い厄介な主題をとにかくもこなしている。」

日野啓三「主要登場人物の心理と行動の変化の点で構成上の欠陥がないわけではない。自然に納得し難い飛躍があるのだが、にもかかわらず小器用にまとまった佳作以上の迫力と魅力があることを納得せざるをえない。」
古井由吉「少年のイジメ・イジメラレという、［……］関心事を、人間の『悪』の姿へと立ち上がらせた。そのために、こなしきれぬ言葉まで動員した。しばしば意味のかなり不明な表現も、支柱として打ちこんだ。イジメ・イジメラレの関係から、人間の『悪』をめぐる関係へ至るまでの、表現の距離は長い。遠大な試みとさえ言える。踏破したとは言えない。しかし［……］とにかく立ち上がらせた。出発点である。」

① 生徒Ａ――花井という人間が何を考えているのか全然わからなかったけど、そのことは、**宮本輝**が言うように「不可知な人間の闇を描くことに成功した」というように肯定することもできるんだね。

② 生徒Ｂ――うん、その闇は、**石原慎太郎**の指摘する「体の芯の芯に潜む邪悪なるものの不可知さ」にもつながるよね。そのような難しい主題に取り組んだこと自体も、この作品が評価された一つの理由なんだろうな。

③ 生徒Ｃ――48行目で、あんなに花井を憎んでいた「私」が、花井を見送るために桟橋に出向いたところは、ちょっと強引な気がしたな。**日野啓三**のいう「自然に納得し難い飛躍」の一例だね。

④ 生徒Ｄ――僕は21行目の「暑気に逆上せる真夏日のこと」という表現に違和感を覚えたな。これは**古井由吉**のいう「意味のかなり不明な表現」に含まれるんじゃないかな。

⑤ 生徒Ｅ――32行目の「父の侮辱を晴らすために」も日本語として少し違和感があるな。普通は「屈辱を晴

らす」だよね。**宮本輝**の「生硬な文章が多用されていて、そこが黙認できない」という意見もゆえなきことではないと思うよ。

⑥ 生徒F――ただ、少なくとも**【資料】**を読む限りでは、四人の選考委員が最終的にはこの作品を「表現面での課題を残しつつも否定しきれない魅力を持った佳作」として捉えていることは間違いなさそうだね。

第3問　次の【資料Ⅰ】（文章、グラフ1～グラフ4）と【資料Ⅱ】（文章、図）は、ウッドショックと日本の森林資源について調べていたはるかさんが見つけた資料の一部である。これらを読んで、後の問い（問1～4）に答えよ。（配点 20）

【資料Ⅰ】

文章　ウッドショックについて

近頃日本の建築業界を慌てさせ、我々のマイホーム計画に少なからぬ軌道修正を迫った事件が、［　X　］からはじまった木材価格の高騰である。オイルショック(注1)をもじって、ウッドショックと呼んでいるが、業界用語のようで、あまり一般的なものではない。原因は新型コロナの流行だと言えば、「風が吹けば桶《おけ》屋が儲《もう》かる」のような話だが、風邪が流行れば棟梁《とうりょう》が職に溢《あふ》れる、というのは洒落《しゃれ》にならない。アメリカでは、新型コロナが流行したことで経済活動が停滞して、新設住宅着工戸数が減少するだろうと予想された。実際、当初は建設活動が停滞をはじめた。その変化を見越して、アメリカの製材業界は生産規模の縮小をはじめていたところ、先の大統領が景気刺激策として住宅ローンの金利の引き下げを行い、コロナ禍で在宅勤務が増えて時間に余裕のできたアメリカ市民がこぞって家の新築や増築をはじめた。その結果、アメリカでは未曾有の建設ブームとなり、ⓐ大量の木材が必要となった。

一方、（中略）中国では1998年に大洪水が発生したため、さっそく同年には長江および黄河の上流域の天然林の伐採を全面的に禁止する林業政策の大転換を行った。その結果、ⓑ国内での木材の需給バランスが崩れ、中国は世界各地で木材の買い漁りをはじめた。2019年度の中国の丸太・製材(注2)の輸入量は約一億立方メートルで、日本の総需要量を超えている。ちなみに、中国の針葉樹丸太の輸入量は世界の貿易量の44パーセントを占めている。コロナ禍で世界全体の経済活動が停滞する中、アメリカと同様に、一時中国の輸入量も減少したが、いち早くコロナ禍から抜け出すと、輸入活動も活発になった。

こうして世界中の木材がアメリカと中国によって高値で買い占められて、ⓒ木材の価格が高騰した。木材価格が値上がりするだけなら、出費をどこまで我慢できるかという消費者の裁量にかかるが、輸送するためのコンテナ船も中国が大量に契約してしまって使えなくなったことによる品薄が追い打ちとなって、建設業者は新しい注文を受けられなくなった。

さてここで不思議に思うのは、国土の 67 パーセントを森林が占める世界有数の森林国の日本が、なぜ海外の木材需要の拡大で建築用木材に不足を来すことになったのかということである。このウッドショックはコロナ禍という特別な事情が世界で起こったせいだと考えるのがごく普通である。しかし、ウッドショックは突然事情が変化したための混乱ではなく、日本の木材需給体制の脆弱《ぜいじゃく》さがたまたまコロナ禍でのアメリカ政府の政策で顕在化したに過ぎないのだ。ⓓ 1964 年の木材輸入自由化以来、日本社会が享受してきた安価な木材の便益からのしっぺ返しともいえる。

（吉川賢《よしかわけん》『森林に何が起きているのか』による）

（注）1　オイルショック …… 石油価格の大幅引き上げにより経済各分野への深刻な影響があったこと。1973 年に第一次オイルショック、1979 年に第二次オイルショックがあった。

2　製材 …… ここでは原木や丸太を加工して寸法を調整した木材製品のこと。

グラフ 1　**日本の国土面積に占める森林の割合**

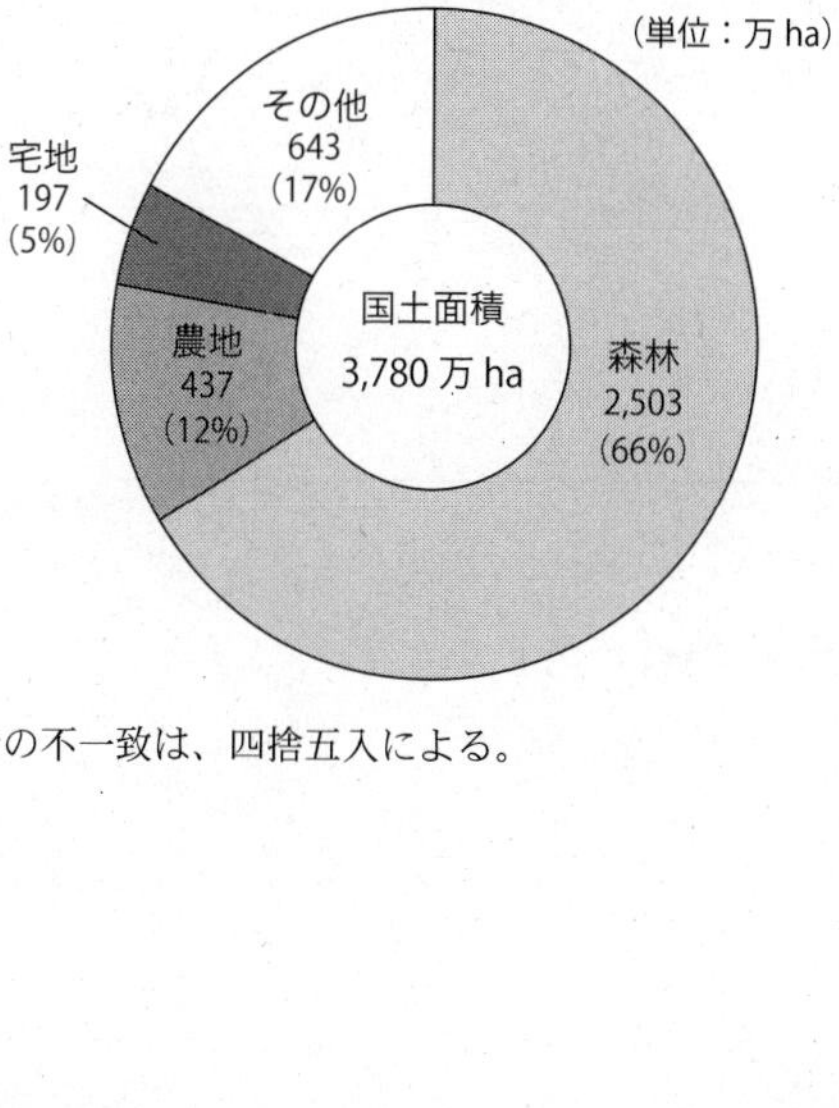

計の不一致は、四捨五入による。

グラフ２　日本の森林蓄積の推移

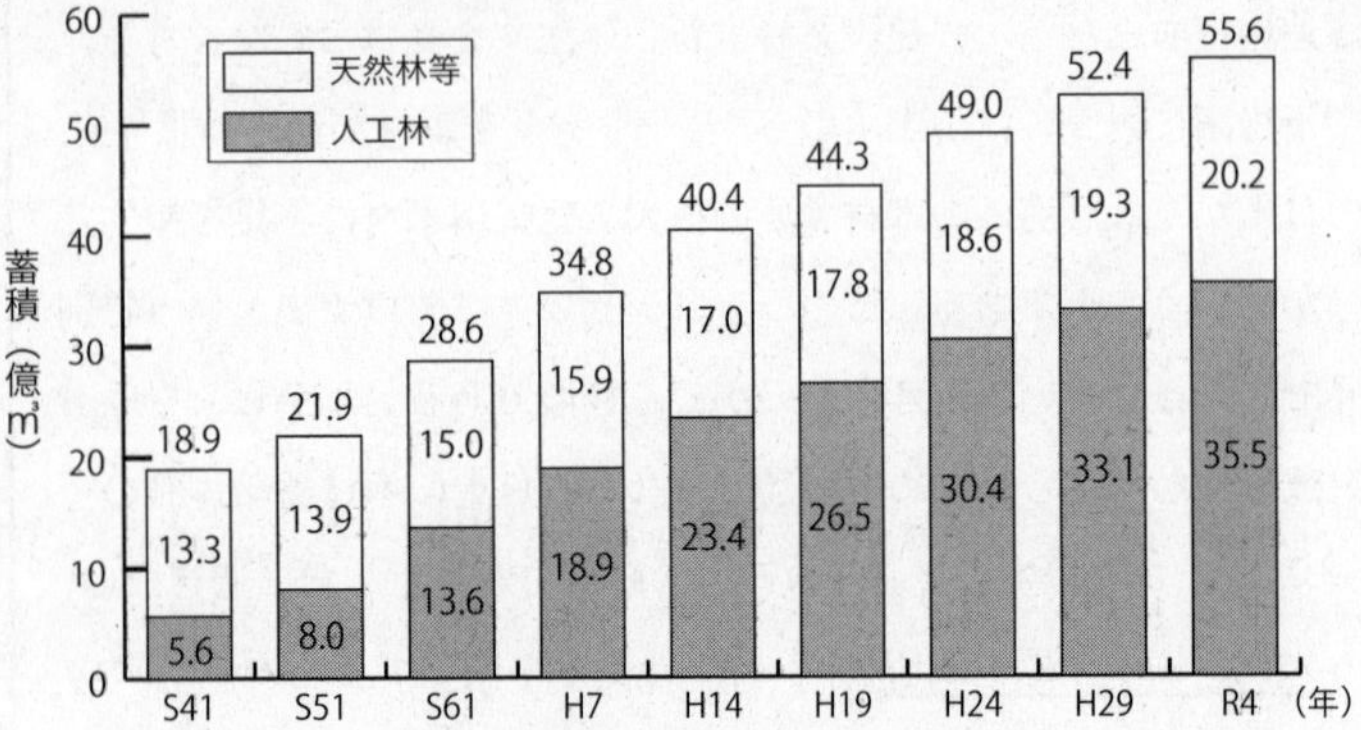

総数と内訳の計の不一致は、単位未満の四捨五入による。

（注）森林蓄積……森林の体積のこと。樹木が成長・太くなるにつれて森林蓄積量は増加するため、森林蓄積量が多い・増加していることは木材として利用できる部分が増えてきていることを示す。

グラフ３　日本における製材の輸入平均単価の推移

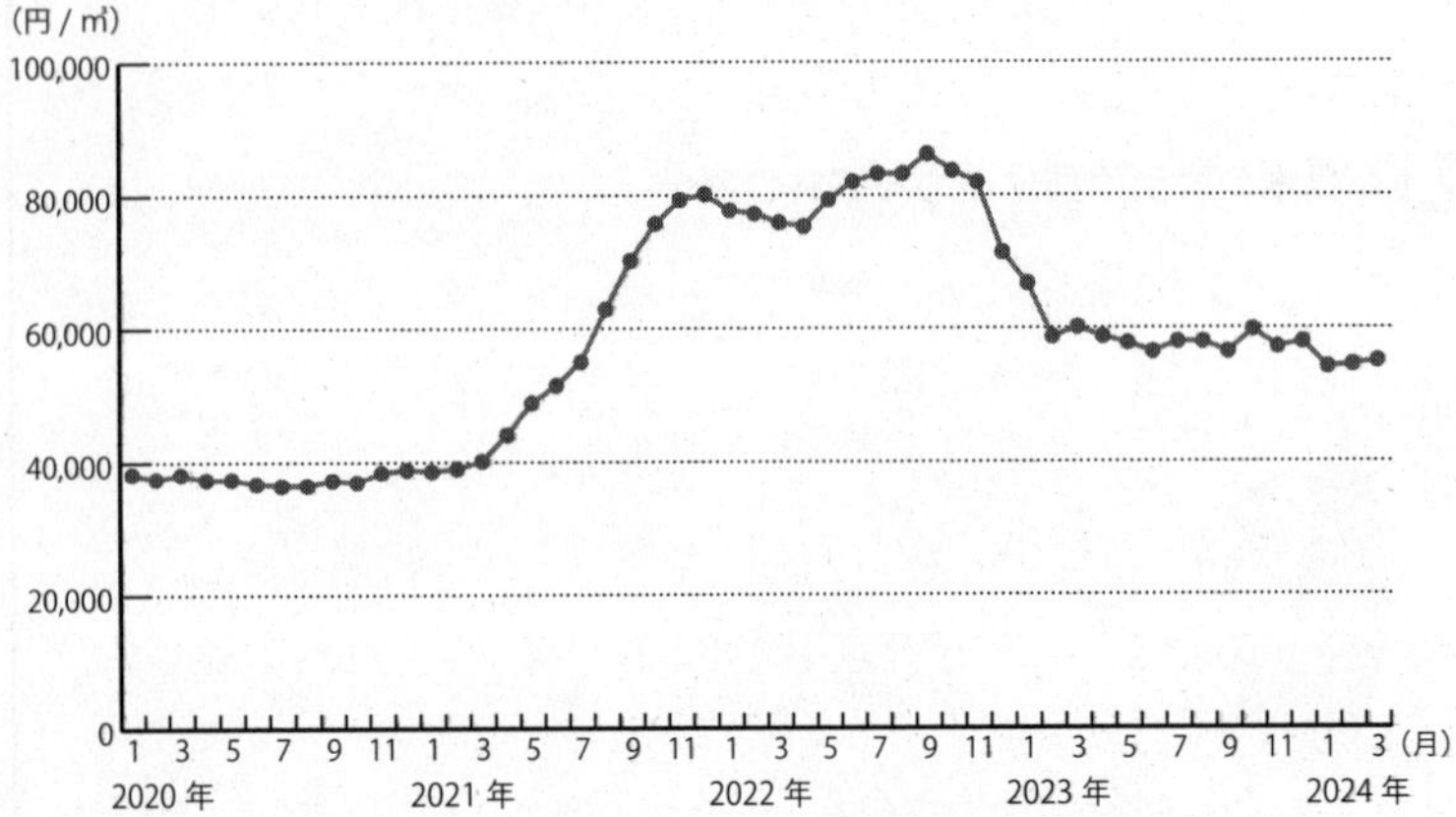

輸入平均単価は、総輸入額を総輸入量で割った値。

グラフ4　日本における木材供給量及び木材自給率の推移

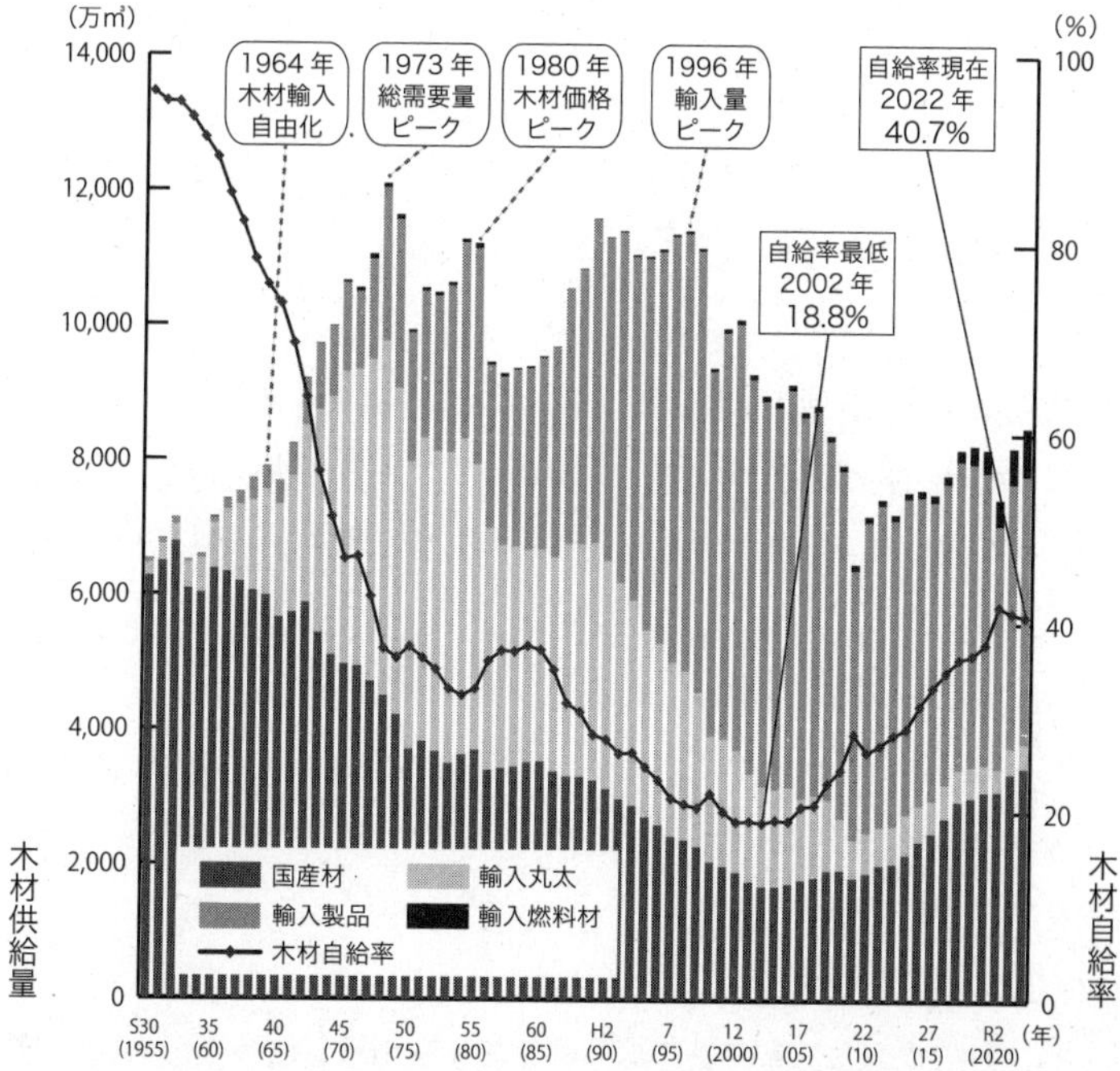

（グラフ1、グラフ2、グラフ4は、林野庁「森林・林業・木材産業の現状と課題（要約版）（令和6年1月）」をもとに作成）
（グラフ3は、林野庁木材貿易対策室「木材輸入の状況について（2024年3月実績）」をもとに作成）

【資料Ⅱ】

文章　森林・林業・木材産業による「グリーン成長」

新たな基本計画では、林業・木材産業が内包する持続性を高めながら成長発展させ、人々が森林の発揮する多面的機能の恩恵を享受できるようにすることを通じて、社会経済生活の向上とカーボンニュートラル(注)に寄与する「グリーン成長」を実現することとし、以下の５つの柱の施策に取り組みます。

○森林資源の適正な管理・利用

森林資源の循環利用を進めつつ、多様で健全な姿へ誘導するため、再造林や複層林化を推進します。併せて、天然生林の保全管理や国土強靱《きょうじん》化に向けた取組を加速させます。

○「新しい林業」に向けた取組の展開

新技術を取り入れ、伐採から再造林・保育に至る収支のプラス転換を可能とする「新しい林業」を展開します。また、「長期にわたる持続的な経営」を実現できる林業経営体を育成します。

○木材産業の競争力の強化

外材等に対抗できる国産材製品の供給体制を整備し、国際競争力を向上します。また、中小地場工場等は、地域における多様なニーズに応える多品目の製品を供給できるようにし、地場競争力を向上します。

○都市等における「第２の森林」づくり

中高層建築物や非住宅分野等での新たな木材需要の獲得を目指します。木材を利用することで、都市に炭素を貯蔵し温暖化防止に寄与します。

○新たな山村価値の創造

山村地域において、森林サービス産業を育成し、関係人口の拡大を目指します。また、集落維持のため、農林地の管理・利用など協働活動を促進します。

（林野庁「森林・林業基本計画（令和３年６月15日）」による）

（注） カーボンニュートラル……二酸化炭素などの温室効果ガスの排出量と吸収量を均衡させ、温室効果ガスの排出量を全体としてゼロにすること。

図 森林・林業・木材産業による「グリーン成長」(イメージ)

(林野庁「森林・林業・木材産業の現状と課題(要約版)(令和6年1月)」をもとに作成)

(注) 木質バイオマス利用……「バイオマス」とは、「再生可能な、生物由来の有機性資源(化石燃料は除く)」のこと。そのなかで、木材からなるバイオマスのことを「木質バイオマス」と呼ぶ。木質バイオマスのエネルギー利用は、大気中の二酸化炭素濃度に影響を与えないというカーボンニュートラルな特性を有しているため、化石燃料の代わりに木材を利用することにより、二酸化炭素の排出の抑制が可能となり、地球温暖化防止に貢献する。

問１ 【資料Ⅰ】文章 の空欄 X に入る語句として最も適当なものを、他の資料の内容も踏まえて、次の①～⑤のうちから一つ選べ。解答番号は 21 。

① １９９８年初頭
② ２０１９年初頭
③ ２０１９年末
④ ２０２１年初頭
⑤ ２０２１年末

問2 【資料Ⅰ】グラフ1・グラフ2から読み取れることの説明として最も適当なものを、次の①～⑤のうちから一つ選べ。解答番号は 22 。

① 日本の国土面積に占める天然林等の割合は、以前は三分の二程度だったが、人工林の割合が増えるにしたがって減少しつつある。

② 現在、日本の国土の三分の二が森林によって占められているが、その森林蓄積の約三割は人工林で構成されている。

③ 天然林等は減少しているが、それを超える人工林の伸びによって日本の森林の総体積は増加し、現在では国土の六割を占めている。

④ 現在、日本の国土面積に占める森林の割合は六割を超えているが、森林蓄積に占める天然林等の割合は二割程度にとどまっている。

⑤ 日本の森林蓄積の量は昭和時代から天然林等、人工林とも順調に増加し続けており、森林面積は国土の約三分の二を占めている。

問３　**【資料Ⅰ】**【文章】の下線部ⓐ～ⓓのうち、他の資料によって**確認できないもの**をすべて選んだ組合せとして最も適当なものを、次の①～⑤のうちから一つ選べ。解答番号は［23］。

① ⓐとⓑ
② ⓐとⓒ
③ ⓑとⓒ
④ ⓑとⓓ
⑤ ⓒとⓓ

問4　ウッドショックや現在の日本の森林資源について知ったはるかさんは、「今後の日本の林業のあるべき姿」をテーマに、**【資料Ⅰ】**と**【資料Ⅱ】**を踏まえたレポートを書くことにした。次の**【構成メモ】**は、はるかさんがレポートの内容と構成を考えるために作成したものである。これを読んで、後の(i)・(ii)の問いに答えよ。

【構成メモ】

第1章　ウッドショック

・ウッドショック＝海外の木材需要の拡大により、日本の建築用木材が不足し、価格が高騰したこと

a 主な要因

・アメリカの住宅ローン金利の引き下げによる家の新築や増築の増加

b ウッドショックの影響

第2章　ウッドショックの教訓を生かした今後の日本の林業のあるべき姿

a 日本は世界有数の森林国

b 近年の日本の状況

・2000年あたりを境に、国産材の供給は回復しつつある

・［　　Y　　］

c 自国の木材の生産・消費を、さらに増やしていくべきだ

d グリーン成長

・グリーン成長＝森林・林業・木材産業がつながり木材を「植える」「育てる」「伐る」「使う」ことによって社会経済生活の向上とカーボンニュートラルに寄与する

第3章　結論

a グリーン成長を目指すべき

b その理由

・自国の林業・木材産業を守るため

・地球温暖化をはじめとした環境問題解決のため

（i）【資料Ⅰ】を踏まえて、レポートの第２章の構成を考えたとき、【構成メモ】の空欄 **Y** に入る内容として最も適当なものを、次の①～⑤のうちから一つ選べ。解答番号は 24 。

① ２００２年には最低を記録した木材自給率はその後徐々に回復し、全木材供給量に国産材が占める割合も約20％となっている

② ２０２１年以降は日本に輸入される製材品の単価が高止まりした状況が続き、木材輸入量も最大時の50％以下に減少している

③ ２００２年には最低だった木材自給率も、その後は回復傾向にあり、国産材供給量も再び３０００万㎥を超えるようになっている

④ ２０２１年以降の輸入製材品の単価上昇は、その後の木材自給率の回復とあいまって国産材の供給量を最低時の２倍にまで押し上げた

⑤ ２００２年を境に木材自給率が回復し始めたことをきっかけに木材輸入量も急激に減少し、最大時のほぼ３分の１になっている

(ii) はるかさんは、級友に**【構成メモ】**と**【資料Ⅰ】・【資料Ⅱ】**を示してレポートの内容や構成を説明し、助言をもらった。**助言の内容に誤りがあるものを**、次の①～⑤のうちから一つ選べ。解答番号は 25 。

① Aさん　ウッドショックが起きた要因として、アメリカの住宅ローン金利の引き下げによる家の新築や増築の増加を挙げているのはいいんだけれど、もう一つの要因として、中国の林業政策の転換と、それに伴う中国の木材輸入活動の活発化も挙げるべきじゃないかな。

② Bさん　第2章の「自国の木材の生産・消費を、さらに増やしていくべきだ」というのは、はるかさん自身の考えだよね。自説を述べるなら、その理由となる自国の木材の生産・消費を増やすことのメリットを挙げるなど、根拠も一緒に説明したほうがいいんじゃないかな。

③ Cさん　グリーン成長は、カーボンニュートラルへの寄与のほかに社会経済生活の向上、つまり経済成長も目指すものなんだよね。だとしたら、経済成長に最も役立つ要素として、森林のエネルギー利用が化石燃料を代替することを挙げたほうがいいと思うよ。

④ Dさん　グリーン成長が目指すカーボンニュートラルに関しても、どんな要素がカーボンニュートラルに役立つのか、具体例を示したほうがいいと思う。たとえば、森林が二酸化炭素を吸収することや、木材が炭素を貯蔵することなどを示すのはどうだろう。

⑤ Eさん　第3章で、グリーン成長を目指す理由として「自国の林業・木材産業を守るため」とあるけど、その先の目的として日本の社会経済生活の向上があるわけだから、「林業・木材産業を守り、自

国の社会経済生活を向上させるため」に改めたほうがいいと思う。

第4回

国語〔現代文〕　（110点）

注意事項

1　解答用紙に，正しく記入・マークされていない場合は，採点できないことがあります。

2　試験中に問題冊子の印刷不鮮明，ページの落丁・乱丁及び解答用紙の汚れ等に気付いた場合は，手を高く挙げて監督者に知らせなさい。

3　解答は，解答用紙の解答欄にマークしなさい。例えば，［10］と表示のある問いに対して③と解答する場合は，次の（例）のように**解答番号10の解答欄の③にマーク**しなさい。

（例）

解答番号	解答欄
10	①　②　●　④　⑤　⑥　⑦　⑧　⑨

4　問題冊子の余白等は適宜利用してよいが，どのページも切り離してはいけません。

5　**不正行為について**

①　不正行為に対しては厳正に対処します。

②　不正行為に見えるような行為が見受けられた場合は，監督者がカードを用いて注意します。

③　不正行為を行った場合は，その時点で受験を取りやめさせ退室させます。

6　試験終了後，問題冊子は持ち帰りなさい。

第1問　次の文章を読んで、後の問い（問1～6）に答えよ。なお、設問の都合で本文の段落に 1 ～ 18 の番号を付してある。（配点　45）

1 「飢えた子どもを前に文学は役に立つか」

2 この問いは(注)ジャン＝ポール・サルトルに由来する。彼は一九六四年四月、『言葉』と題する自伝の刊行を機におこなわれた『ル・モンド』紙のインタヴューにおいて、かつて一世を風靡《ふうび》した自分の代表作である『嘔吐《おうと》』（一九三八年）を回顧しつつ、次のように語った。

私に欠けていたのは現実感覚でした。あれ以来、私は変わりました。現実をゆっくりと学んだのです。私は飢え死にする子どもたちを見てきました。死んでいく子どもを前にして、『嘔吐』は無力です。

3 この発言を踏まえて、まずは問いにたいする三つの回答を想定してみよう。

4 第一の回答は、「文学は現実に餓死する子どもを救うことはできないのだから役に立たない」というもので、サルトルの言葉をそのまま敷衍《ふえん》した答えである。あたりまえのことだが、『嘔吐』に限らず、世に名作と言われているどんな作品であっても――『ハムレット』であろうが『戦争と平和』であろうが――空腹に苦しむ子どもにとっては（いや、飽食した大人にとっても）食べることのできないただの活字の集合体にすぎない。したがってこの立場をつきつめていけば、必然的にごく単純な文学無用論につながることになる。

5 第二の回答は、「確かにどんなにすぐれた文学も飢えた子どもを救うことはできないが、ある作品が人びとの思考や感情に作用を及ぼし、それがめぐりめぐって飢えた子どもを救うことにつながることはありうるのだから、その限りにおいて文学は役に立つ」というものである。これは文学が直接的・現実的な有用性はもたなくても、場合によって間接的有用性をもちうる可能性に賭けるという意味で、いわば希望観測的な文学有用論といえよう。

6 そして第三の回答は、「飢えた子どもを前にして文学はなんの役にも立たないが、それでいいのだ、文学はなにかの役に立つためにあるのではなく、純粋に無償の営みとしてあるのだから」というものである。これは第二の回答のように文学の有用性を主張するのではなく、むしろ現実的には無用であること、無用性に徹すること自体に文学の存在意義を見いだす立場で、逆説的な文学擁護論としてとらえることができる。

7 それでは順番に、A以上三つの回答を検討してみよう。

8 まず第一の回答にたいしては、文学は果たして飢えた子どもを救うため（だけ）にあるのか、と反問することができる。文学には人びとの心を(ア)イヤしたり、魂を昂揚《こうよう》させたり、意識を啓発したりといった、さまざまな役割がある。つまり文学には文学なりの存在意義があるのであって、「飢えた子どもを前に」という条件のつけ方がそもそも間違っているのだ。文学はもっと多様な可能性に向けて開かれているはずであり、餓死する子どもを救えないからといってその存在自体が否定されなければならない理由はない、今日まで文学が消滅していないという事実こそが、文学の必要性を裏付けるなによりの証である——と、おおよそこんな反論が想定される。

9 第二の回答についてはどうだろうか。これは有用性のヨウ(イ)セイそのものは認めながらも、それが即時的かつ直接的な形で満たされる必要はなく、迂遠《うえん》な回路を経た上であってもかまわないという立場で、一見したところもっとも妥当で説得的な回答のように思える。だが、その回路が必ず飢えた子どもの救済につながるという保証はどこにもないし、おそらく実際にそんな夢物語を本気で信じている作者も読者もほとんどいないだろう。結局のところこの種の説明は、文学の根拠を正当化するために無理やりひねりだされた口実にすぎないのではないか、という素朴な疑問はぬぐえない。

10 では、第三の回答はどうか。これは「文学はなにかの役に立たなければならない」という前提そのものを斥《しりぞ》け、文学の内在的価値を擁護する立場であるから、その意味ではきわめて旗幟《きし》鮮明である。しかし、人間のあらゆる営みはなんらかの社会的使命を果たすべきだと考える倫理観の持ち主から見れば、ほとんど開き直りに近い身勝手な自己正当化と映るであろう。サルトルは冒頭の引用の少し後で、「作家はしたがって大多数の側、飢えている二十億人の側に立たなければなりません。もし万人に語りかけ、万人に読まれたいと願うのであれば。そうでなければ、作家は特権階級に奉仕し、特権階級と同じく搾取者になってしまいます」と語っているが、この立場からすれば、無償の営みとしての文学を擁護する人びとは「飢えている二十億人」に敵対する搾取者として断罪されざるをえない。

11 このように、三つの回答にはそれぞれ説得的な部分と反論可能な部分が微妙に混在しているのだが、B作家たちの中には基本的に第三の回答を支持する立場をとる者が多いようだ。たとえば冒頭に引いたサルトルのインタヴュー記事から一カ月あまり後の一九六四年五月二十八日、「ヌーヴォー・ロマン」と呼ばれる新しい傾向の作家、クロード・シモンは、『レクスプレス』誌に「サルトルはいったい誰のために書くのか？」と題する文章を発表し、文学が果たす役割は政治その他のすべてから独立した自律的なものであると主張した。また、同じ雑誌にはシモンより二十歳近く若い新進作家のイヴ・ベルジェも寄稿しており、強い口調でサルトルを批判しつつ、文学と現実は別ものであるという議論を展開した。これらはいずれも、文学を安易に現実的目的に従属させようとする思考法にたいする作家の側からの反撃である。

12 日本の作家では大江健三郎が二十代の頃、こうした論争のケイイ(ウ)を踏まえて「飢えて死ぬ子供の前で文学は有効か?」と題する文章を書いているが、その終わりの部分には「広島の原爆病院前の日盛《ひざか》りの広場、蚊のなくような声で、核兵器の廃止を希望した患者代表が、冬の終りにむなしく絶望して白血病で死んだという記事にふれると、まったく動揺し混乱してしまうのである」という一節がある。餓死する子どもと同様、白血病で死んでいく被爆者を前にしてもなお、文学はおのれの無力さに目をつぶり、自律的価値を主張したり無償の営みとして自己正当化したりすることを許されるのだろうか。「文学はなんのためにあるか? なぜ書くのか? という問いに答える試みほど、作家にとって危険な、割りのあわない冒険はない」と大江は率直に告白する。文学と現実世界の関係は、それほど困難で微妙なものだ。

13 ところで本書の読者の中には、自分は文学になんか興味がないし、ましてや文学者ではないので、このような問いにこだわる意味がまったくわからない、という人も少なくあるまい。だが、「文学」という言葉をみずからがコミットしている活動領域や学問分野に置き換えてみれば、これがいくらでも拡大可能な問いであることがすぐに了解されるだろう。「飢えた子どもを前に音楽は役に立つか」「飢えた子どもを前に哲学は役に立つか」「飢えた子どもを前に物理学は役に立つか」等々——この問いを自分自身のケースに適用してみたとき、あなたならいったいどう答えるだろうか。

14 文学を一分野として含む芸術一般に関しては、サルトルの発言より一世紀以上前に書かれた文章がある。テオフィル・ゴーチエの小説『モーパン嬢』（一八三五年）の序文がそれだ。そこで彼は「人間の生存を支えるのに現実的に有益なものは何か？　日に二度のパン入りスープと一切れの肉、文字どおり厳密な意味で腹を満たすのに必要なものはそれだけだ」と述べた上で、「音楽なんて何になる？　絵画なんて、何の役に立つ？〔……〕真に美しいものは、何の役にも立たないものに限られる。有益なものはすべて醜い」と喝破した。

15 芸術は飢えを満たすにはまったく役に立たないが、現実的に無益であるがゆえに美しいのであって、もしなにか他の目的に奉仕する有益なものであったらそれだけで醜いものになってしまうとするこの立場は、しばしば「芸術のための芸術」という用語で語られるもので、先に挙げた第三の回答を先取りするものとしてとらえることができる。

16 当然のことながら、目の前で死んでいく子どもを救えないのは文学だけではない。音楽も、絵画も、無力であるという点ではなんら変わりはないし、哲学も、数学も、法律学も、物理学も、その意味ではドウ(エ)ダンである。直接役に立つものといえば、つまるところゴーチエの言う「日に二度のパン入りスープと一切れの肉」、すなわち食糧と、これを供給するのに必要な交通手段や経済システム、そして飢えた子どもの健康を回復させる医療技術くらいだろう。少なくともこうした状況で文学・芸術はまったく無益だし、大半の学問もほとんど無用ということになる。

17 この考えを押し進めていくと、最終的には学問不要論に行き着きかねない。とくに昨今は人文科学系の学問にたいする風当たりが強く、大学に人文系の学部は無用であるという議論さえ時折見かけるようになった。こうした流れの中で、C「役に立たない学問」はなお、みずからの存在根拠を主張することができるだろうか。

18 このように、サルトルの問いは文学に限らず、すべての学問にたいして、さらには人間のあらゆる営為にたいして提起されるべきフ(オ)ヘン的な問いなのである。

（石井《いしい》洋二郎《ようじろう》／藤垣裕子《ふじがきゆうこ》『大人になるためのリベラルアーツ　思考演習12題』による）

（注）ジャン＝ポール・サルトル――フランスの作家・哲学者・思想家（一九〇五～一九八〇）。実存主義の主導者として、さまざまな分野で数多くの著作を遺した。

問１ 傍線部(ア)～(オ)に相当する漢字を含むものを、次の各群の①～④のうちから、それぞれ一つずつ選べ。解答番号は 1 ～ 5 。

(ア) イヤす 1
① 小学校のキョウユになる
② 特産品をユシュツする
③ 役所と業者がユチャクする
④ ユエツの情に満たされる

(イ) ヨウセイ 2
① セイチョウを見まもる
② 原油をセイセイする
③ セイキュウに事を運ぶ
④ 代金をセイキュウする

(ウ) ケイイ 3
① 核兵器のキョウイ
② イドの高い地域
③ 神仏へのイフ
④ イシン伝心

(エ) ドウダン 4
① 苦渋のケツダン
② ダンドウミサイル
③ ダンカイの世代
④ 首相のダンワ

(オ) フヘン 5
① 富のヘンザイを是正する
② 時代のヘンレキをたどる
③ ヘンシュウ作業に携わる
④ 時代のヘンカに乗り遅れる

問2　傍線部A「以上三つの回答を検討してみよう」とあるが、その内容として最も適当なものを、次の①～⑤のうちから一つ選べ。解答番号は 6 。

① 第一の回答をつきつめていけば、ごく単純な文学無用論につながるが、それに対しては、人の心に影響を及ぼす文学の力は飢えた子どもの心にも作用するのだから文学は無用ではないという反論が想定される。

② 第二の回答は文学の間接的な有用性を主張するものだが、その有用性は希望観測的なものにすぎず、実際に文学が飢えた子どもの救済につながる保証は何もない以上、その正当性には疑念が残る。

③ 第二の回答は文学の直接的・現実的な有用性を認めないが、人びとの思考や感情に訴えかける作品は迂遠な回路を経て飢えた子どもの救済につながるのだから、その有用性に疑問を挟むことはできない。

④ 第三の回答は、文学は現実的目的のためにあるのではなく、むしろ文学のために現実があるという立場であり、そのような立場の擁護は、飢えた子どもを利用する身勝手な営為との誹《そし》りを免れない。

⑤ 第三の回答はいわば無用の用ともいえる逆説的な文学擁護論だが、人間のあらゆる営みがなんらかの社会的な使命を有している以上、現実的に無用な文学の存在というのは考えにくい。

問３ 傍線部**Ｂ**「作家たちの中には基本的に第三の回答を支持する立場をとる者が多いようだ」とあるが、「第三の回答」を支持する作家たちの立場とはどのようなものだと考えられるか。その説明として最も適当なものを、次の①～⑤のうちから一つ選べ。解答番号は 7 。

① 現実的には無用であること自体に文学の存在意義を見いだし、文学の無用性と他律性を擁護する立場。

② 文学それ自体の内在的価値を認め、文学が他の何かのために奉仕するものになることを懸念する立場。

③ 飢える二十億人の側に立つことで、社会的弱者を搾取する特権階級の側に立つことを厳に戒める立場。

④ 文学を安易に現実的目的に従属させようとする思考法に抗い、文学それ自体の有用性を主張する立場。

⑤ 文学の果たす役割は政治その他のすべての営為から人々を切り離し独立させることであるとする立場。

問4　傍線部C「サルトルの問い」とあるが、筆者はそれをどのようなものとして捉えているか。その説明として最も適当なものを、次の①～⑤のうちから一つ選べ。解答番号は 8 。

① 「飢えた子どもを前に文学は役に立つか」というサルトルの問いは、文学愛好者や文学研究者に向けられた問いであり、その意味で彼ら文学に関わるものに自分の活動に対する反省や再考を促す契機にはなり得るが、それ以外の多くの人にとっては実質的な意味を持たない閉鎖的な問いである。

② 「飢えた子どもを前に文学は役に立つか」というサルトルの問いは、サルトル自身の意図とは別に、文学以外の様々な活動領域や学問分野に置き換えることが可能な問いであり、その問いを自身に向けた一人ひとりに自分の存在価値の無さを痛感させてしまうという意味で実存的な問いである。

③ 「飢えた子どもを前に文学は役に立つか」というサルトルの問いは、文学のみならず、すべての学問にたいして、さらには人間のあらゆる営為にたいして向けることのできる問いであり、その意味で、飢えた子どもを直接的・現実的に救済する営み以外のすべての営みの無用性を暴く批判的な問いである。

④ 「飢えた子どもを前に文学は役に立つか」というサルトルの問いは、サルトル自身の考えとは異なるさまざまな議論を引き出したが、そのような議論が文学・芸術の無用性のみならず、大学に人文科学系の学問は不要であるといった風潮まで生んでしまったという意味では、反知性的な問いである。

⑤ 「飢えた子どもを前に文学は役に立つか」というサルトルの問いは、文学以外のあらゆる学問・芸術、さらには人間のあらゆる営みに拡大可能な問いであり、問いにさらされる営みの存在意義のみならず、「役に立つ」と

はどういうことかといったことにまで目を向けさせる建設的な問いである。

問5　この文章の構成と内容に関する説明として最も適当なものを、次の①～④のうちから一つ選べ。解答番号は［9］。

①　［1］～［2］段落では「飢えた子どもを前に文学は役に立つか」というサルトルの問いと、文学は現実に対して無力であってはならないというサルトル自身の考えが述べられている。

②　［3］～［6］段落では、サルトルの問いに対して想定される三つの回答について、また［7］～［10］段落では、それぞれの回答に違う角度から加えられた検討内容について述べられている。

③　［11］～［12］段落では、それまでに説明されてきた三つの回答のうち、海外でも日本でも作家の多くは基本的には第三の回答を支持すること、及びその理由について述べられている。

④　［13］～［18］段落では、それまでの議論から一転して「飢えた子どもを前に」という限定を取り払い、サルトルの問いが人間のあらゆる営為を包含するものであると述べられている。

問６　この文章を授業で読んだAさんのクラスでは、さらに先生が用意した二つの文章（**【資料Ⅰ】**・**【資料Ⅱ】**）を読んだうえで本文と**【資料】**との関係について話し合った。本文と**【資料Ⅰ】**・**【資料Ⅱ】**の内容を踏まえた意見として適当なものを、後の①～⑥のうちから**二つ**選べ。解答番号は 10 ・ 11 。

【資料Ⅰ】

作家たるもの、今日飢えている二〇億の人間の側に立たねばならず、そのためには文学を一時放棄することも止むを得ない、というサルトルの言葉は、文学という営み――作品を書き、読むという営み――を此岸《しがん》に、アフリカで飢えて死んでいる子どもを彼岸に対置する。しかし不条理な現実のなかで人間が正気を保つために文学を読むのだとすれば、サルトルの提起とは反対に、アフリカで飢えて死んでいく者たち、彼岸の飢えている二〇億の人間たちこそが、ほかの誰にも増して切実に文学を必要としていると言えるのではないか。そうでないなら、文学とは、北の世界の、飢えを免れた者たち、つつがなく安寧に暮らせる者のみが特権的に享受する奢侈品《しゃしひん》ということになりはしないか。

飢えて今にも死にそうな子どもは本など読めないにちがいない。だが、その子が実際問題として文学を読めないという事実は、その子が文学を必要としていない、ということを意味するのだろうか。瀕死《ひんし》の床の中で小説が読めたとして、その子は遠からず死ぬ。だがその子が死ぬことが一〇〇パーセント確実であるとして、だから小説はその子にとって無力である、いま小説を読むことがその子にとって何の意味もないと、なぜ、言えるだろう。

（岡真理《おかまり》『アラブ、祈りとしての文学』より）

【資料Ⅱ】

「物語を拓こう、心を語ろう」。これは少し説明が必要かもしれません。

まず、「心を語る」というのは簡単そうで、そんなに簡単なことじゃありません。僕らがふだん「これは自分の心だ」と考えていることは、僕らの心全体のうちの、ほんの一部分に過ぎないからです。つまり僕らの「意識」というのは、心という池からくみ上げた、バケツ一杯の水みたいなものでしかありません。あとは手つかずで、未知の領域として残されています。でも僕らを本当に動かしていくのは、その残された心の方なんです。意識や論理ではなく、もっと広くて大きい心です。

じゃあ、その「心」という未知の領域を、僕らはどうやって探り当てればいいのか？　自分を動かしているその力の源をどのように見つけていけばいいのか？　その役割を果たしてくれるもののひとつが、「物語」です。物語は僕らの意識がうまく読み取れない心の領域に光を当ててくれます。言葉にならない僕らの心を、フィクションという形に変えて、比喩的に浮かびあがらせる――それが、僕ら小説家がやろうとしていることです。

「それはね、たとえばこういうことなんだよ」――簡単にいえば、それが小説の基本的な語り口です。それは「たとえば」とひとつ置き換えた形でしか表現できないことなんです。回りくどいといえば、回りくどいですね。

だから小説って直接的には、ほとんど社会の役に立たないんです。何かがあってもその即効薬、ワクチンみたいなものにはなれません。しかし小説というものの働きを抜きにしては、社会は健やかに前に進んでいくことはできません。社会にもやはり心はあるからです。意識や論理だけでは掬《すく》いきれないもの、掬い残されてしまうもの、そういうものをしっかりゆっくり掬い取っていくのが小説の、文学の、役目です。心と意識の間の隙間を埋めるもの――それが小説です。

（村上春樹《むらかみはるき》「早稲田大学文学部・文化構想学部入学式における挨拶文」より）

① Aさん――文学は飢えた子どもの前には無力だというサルトルの見解に真っ向から反対する**【資料Ⅰ】**の立場は、本文の三つの回答の中では「第二の回答」に近いのではないだろうか。

② Bさん――そうかな、本文10段落のサルトルの引用では、「作家はしたがって大多数の側、飢えている二十億人の側に立たなければなりません」とあるから、**【資料Ⅰ】**の立場はやっぱり「第一の回答」に近いと思うよ。

③ Cさん――**【資料Ⅰ】**で述べられていることは、飢えた子どもたちにとって文学は現実的な意味を持つということだから、**【資料Ⅰ】**の立場は本文の三つの回答のどれとも違う、いわば第四の立場といえるんじゃないかな。

④ Dさん――本文で紹介されていた作家たちはみな、文学はそもそも何の役にも立たなくてよいという立場だったけれど、文学の社会的な役割を述べている**【資料Ⅱ】**は、どうもそれとは違う立場みたいだね。

⑤ Eさん――本文では、「第二の回答」は「希望観測的な文学有用論」だとしてその有用性に対する疑義が呈されていたけれど、**【資料Ⅱ】**では、社会を健やかに前に進めるものとしての文学の役割が一定の説得力

をもって説明されているよ。

⑥　Ｆさん――ただ、「飢えた子どもを前に」という限定的な状況における文学の役割について述べている本文と、日常的な状況における文学の役割について述べている**【資料Ⅱ】**とでは重なるところがないから、同列には論じられないね。

第2問　次の文章は、辻征夫《つじゆきお》「頭上に毀《こわ》れやすいガラス細工があった頃――詩人から高校生へ」の一節である。これを読んで、後の問い（問1～5）に答えよ。なお、設問の都合で本文の段落に[1]～[15]の番号を付してある。（配点 45）

[1] いま高校生は何を考え、どんな生活をしているのだろう。大雑把な見当はもちろん付くが、それはあくまでも〈大雑把な〉見当にすぎない。高校生もことによったら、ネリリし、キルルし、ハララしているか。

[2] 何？　なんだこれはと、いまおおかたの人は思ったのではないだろうか。そしてごく少数の人が、あれだな、とかつて読んだ詩を思い出して微笑を浮かべる……。

[3] そう、これは谷川俊太郎氏（注1）が十代のときに書いた詩に出てくる。火星語なのである。

火星人は小さな球の上で
何をしてるか　僕は知らない
（或《あるい》はネリリし　キルルし　ハララしているか）
しかしときどき地球に仲間をほしがったりする
それはまったくたしかなことだ

[4] 火星語だから、意味はわからない。ぼくもわからないし谷川さんだってわかって書いたわけではないだろう。な

にしろ火星語なのだから。

5 しかしこれが谷川俊太郎氏が空想した火星語だということを、たとえば高校のクラスの半数が知っていたらどうだろう。さらに大手企業のサラリーマンの十分の一が知っていたら。

6 これは決してありえない事態だとぼくは思うが、しかしもしそうだったら、人間の生活はもう少し余裕のある、生き生きとしたものになっているのではないだろうか。実利には直接結び付かない記憶と思考の回路が人間にはあり、それはわれわれを深くもすれば活力も与えてくれる大事な源泉なのである。(中略)

7 Aいったいどうして、自分が一生をかけてする仕事は詩を書くことなんだなんて、ぼくは決めてしまったのだろう。はっきりとそう思い定めたのは十五歳の頃のことだが、それはあれかこれかと迷った末に決めたのではなく、もうこれしかないという感じだった。中学のときに国語の授業で詩と詩人の存在を知ったのが発端なのだが、ほんきでそれを選び迷わないというのはこれは資質としか言いようがないことなのかも知れない。文学、芸術にかぎらず、少年時代に一生の仕事を決めるというのはべつだん珍しいことではないと思うが、それが詩だということはいささか他とちがっているところがある。画家や音楽家、あるいは小説家とことなり、詩は、いかにいい詩を書いても、また詩人としてどんな存在になっても、それだけでは生活できないということだ。親の脛《すね》を齧《かじ》っているうちはいいが、そのあとは何か他に暮らしの手段をもとめなければならない。さもなければ、文字どおり路頭に迷うのである。

8 こういうことがあらかじめわかっているひとつのジャンルを選び、それに情熱を傾けている高校生というものは特殊な例に属すると思うが、それだけにだれもが経験するB親や学校との対立もまた、曖昧さのない、鮮烈なものだったような気がする。

9 当時、ぼくがたえず言われていたことは、そういうことは趣味として余暇にやれということだった。高校生には高校生としてしなければいけないことが他にある筈《はず》であり、さしあたってそれは受験勉強であろう。大学に入ったら、あるいは大学を出て社会人になったら、仕事の合間に、詩でも歌でも書くがいい。それが一般的な人間の生活の仕方であって、お前のように何もかも放擲《ほうてき》（注２）して頭の中を詩だけでいっぱいにしていたら、ほんとうに落伍者《らくごしゃ》になってしまう……。

10 言われることはぜんぶ身に染みてわかっていたが、ぼくはたいへん焦っていたのでそれらの意見に耳を貸すわけにはいかなかった。まず第一に、生涯に一篇《いっぺん》でいいから優れた詩を残したいのに、最も感受性が鋭敏な時期かも知れない十代の終わりを、他のことにかまけて過ごすことができるだろうか。その年齢の人間にしか書けない詩があるとすれば、それはその年齢のときに書かなければならない。(ア)よしんばそれが少年の焦燥からの思考にすぎないとしても、いったいだれが、ぼくが三十歳まで生きると保証するのか。

11 第二に（これはこの人生で詩を選択する重要な要因になったものだが）、不幸にしてぼくに才能がなくて、結局詩は駄目だとしても――その不幸な自覚は十年二十年と詩にかかわったあと、突然動かしがたい事実として重い石のようにぼくのこころに投げ込まれるのではないだろうか――ぼくはこの管理された社会の中で、単に労働力として存在する人間にはなりたくない。たとえ人生を棒に振っても、ある純粋さを保持した、あるがままの人間でありたい……。

12 昨日のことのように明確に覚えている当時の心情をこうして書いていると、やはりそうとう現実ばなれのした高校生だったなと思う。いま考えればこういう年齢のときはもっとゆったりかまえていてよかったのだが、その頃はそんな余裕はとてもなくて、母の言葉によれば、「頭の上に何だか毀れやすいガラス細工を乗せているようで、危なっかしくて見ていられなかった」この高校生は、三年の秋には突然出奔《しゅっぽん》（注3）するという無謀な事件まで起こし（このことを語ろうとするとぼくはいまでも恥ずかしさのために顔に汗が吹き出てくる）、頭上のガラス細工を一瞬のうちに粉粉に砕いてしまうのである。

13 詩のことはさまざまな角度から、どのようにも語ることができるから、なにもこんな風に若年の日のごたごたを書くこともないと、昨日までのぼくなら思うのだが、ぼくには実は娘が二人いて、そろそろむずかしい年齢になってきたものだから、きみたちの父もまた親や学校と対立したりしてけっこうたいへんだったんだぜと、こんな文章を読むものかどうかわからないが、一度書いておきたくなってしまった。自分の娘に対してさえこんな感じだから、未知の高校生にどう伝わるものかとんと見当がつかない。あるいはこれはあまりに特殊な高校生活かも知れぬと思うが、人間の豊かさあるいは多様さは、どこでどんなやつがどんなことを考えて生きているかわからないというところにもあるものだ。ぼくの内面の彷徨《ほうこう》と生活上のてんやわんやは、高校卒業後ももちろん続くのだが、そんな状況の中でいつのまにか身につけたのは、単純でしかし深いものに、ごく自然に感動するという精神の姿勢だろうか。

14 二十年近く前、妹が結婚するとき、一冊の詩集を贈ったが、同じ詩集の中の一篇を未知の若い人々に贈りたい。

大人になるというのは
(イ)すれっからしになることだと
思い込んでいた少女の頃

立居振舞の美しい
発音の正確な
素敵な女のひとと会いました
そのひとは私の背のびを見すかしたように
なにげない話に言いました

初々しさが大切なの
人に対しても世の中に対しても
人を人とも思わなくなったとき
堕落が始るのね　堕《お》ちてゆくのを
隠そうとしても　隠せなくなった人を何人も見ました

私はどきんとし
そして深く悟りました

大人になっても(ウ)どぎまぎしたっていいんだな
ぎこちない挨拶　醜く赤くなる

失語症　なめらかでないしぐさ
子供の悪態にさえ傷ついてしまう
頼りない生牡蠣《なまがき》のような感受性
…………

15 茨木のり子(注4)さんの作品「汲《く》む」の前半である。ぼくはこの詩に、二十代の半ばにさしかかった頃出会った。この詩はあの「夕鶴」の女優山本安英《やまもとやすえ》さんが、茨木さんにふっと語った言葉がもとになっている作品だが、優れた詩の言葉は、いつどこでだれに働きかけるかわからない。この詩を読んだとき、ぼくはすでにいっぱしの酔っぱらいになっていたが、「人を人とも思わなくなったとき／堕落が始るのね」という茨木さんの優しい語り口は、C一瞬ぼくを粛然《しゅくぜん》とさせたのである。現実とは遠い夢想だが、人間は何歳になっても、「頼りない生牡蠣のような」初々しい感受性を保持できるように、ほんとうは作られているのではないかと、ときどき考えることがある。

（注）1　谷川俊太郎――日本の詩人（一九三一～）。引用されている詩は「二十億光年の孤独」の一節。
2　放擲――うち捨てること。何もしないで放っておくこと。
3　出奔――逃げ出して姿をくらますこと。
4　茨木のり子――日本の詩人（一九二六～二〇〇六）。

問１ 傍線部(ア)～(ウ)の本文中における意味として最も適当なものを、次の各群の①～⑤のうちから、それぞれ一つずつ選べ。解答番号は 12 ～ 14 。

(ア) よしんば 12
① おそらくは
② 悪くいえば
③ もしかりに
④ いつも通り
⑤ 良くいえば

(イ) すれっからし 13
① 中身のない人間を装う人
② いつでも堂々としている人
③ 様々な経験を積んだ悪賢い人
④ 頑固で人の意見を聞かない人
⑤ 他人に対する気配りのできる人

(ウ) どぎまぎ 14
① 期待を寄せる様子
② 緊張している様子
③ 言葉につまる様子
④ 喜びに浮き立つ様子
⑤ うろたえあわてる様子

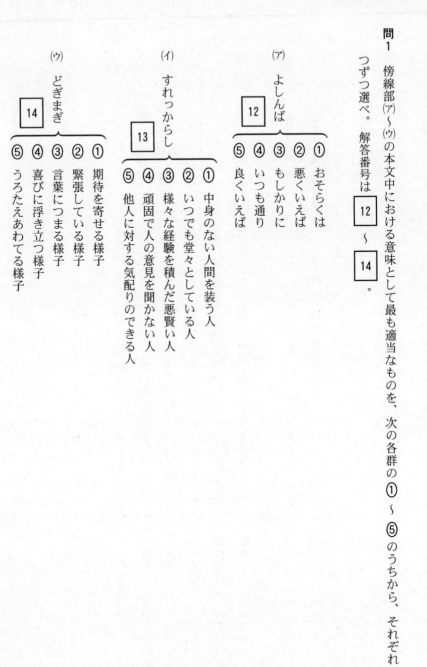

問2　傍線部A「いったいどうして、自分が一生をかけてする仕事は詩を書くことなんだなんて、ぼくは決めてしまったのだろう」とあるが、筆者はその理由をどのように考えているか。その説明として最も適当なものを、次の①～⑤のうちから一つ選べ。解答番号は 15 。

① 中学生のときの国語の授業で詩と詩人に出会い、これしかないと思うと同時にこれなら自分にもできると思ったから。

② どんなに良い作品を書いたとしてもそれだけでは生活できない詩人という生き方に、なにか純粋なものを感じ取ったから。

③ 最も感受性が鋭敏な時期かも知れない十代の終わりを、詩を書く以外のことに時間を使って過ごしたくなかったから。

④ 長く詩にかかわれば、自分には才能がないという不幸な自覚を動かしがたい事実として受け止めることができると思ったから。

⑤ 詩と詩人の存在を知り、濁りない感性を持った人間としてあり続けるには詩人になるしかないと思ったから。

問3 傍線部B「親や学校との対立もまた、曖昧さのない、鮮烈なものだった」とあるが、それはなぜだと筆者は考えているか。その説明として最も適当なものを、次の①～⑤のうちから一つ選べ。解答番号は 16 。

① 筆者が、高校生としてなすべき受験勉強よりも自分の好きなことを優先しようとしていたから。

② 筆者が、自分に才能があるかどうかもわからずに芸術という一般的ではない生き方を選ぼうとしていたから。

③ 筆者が、自分のやりたいことを貫くために親から経済的な支援を引き出そうとしていることは明白だったから。

④ 筆者が、路頭に迷うことがあらかじめわかっているジャンルをあえて選び、それに情熱を傾けようとしていたから。

⑤ 筆者が、それだけでは生計を立てることのできない仕事を選び、大多数の人とは異なる道に進もうとしていたから。

問4　傍線部C「一瞬ぼくを粛然とさせたのである」とあるが、それはどういうことか。その説明として最も適当なものを、次の①～⑤のうちから一つ選べ。解答番号は 17 。

① 他者に対する怖れや不安を感じてうろたえてしまうような初々しさを積極的に肯定する茨木のり子の詩に、我が意を得たりという気持ちになり、感動したということ。

② 人付き合いをいくら重ねてもそれに慣れることができないような初々しさを失うことは人間の堕落であるという茨木のり子の詩に、わが身を省みて、思わず居ずまいを正したということ。

③ 自分が周囲の人間に支えられていることを忘れ他者への感謝の気持ちを失うことは堕落の始まりであるという茨木のり子の詩を、自分に向けられたものだと感じ、反省したということ。

④ 目の前の人間をないがしろにして自分のことばかり考えるようになることは堕落への道であるという茨木のり子の詩に、心が引き締まるような、厳粛な気持ちになったということ。

⑤ 人や世の中に対する繊細な感受性を失うことは人としての品性を失うことだという茨木のり子の詩に、自分はもうすでに手遅れなのではないかと思い、がっかりしたということ。

問５ 本文と関連する次の二つの文章（【資料Ⅰ】・【資料Ⅱ】）を読み、それぞれに付された設問に答えよ。

(i) 【資料Ⅰ】は、本文の筆者である辻征夫が二十歳の時に書いた詩である。本文と【資料Ⅰ】を踏まえた解釈として適当なものを、後の①～⑤のうちから**二つ**選べ。解答番号は 18 ・ 19 。

【資料Ⅰ】

沈黙

いきなり電話が鳴ったので
ぼくは目覚めてしまったのだ

夢の中でぼくは
一冊の詩集を読んでいたのだが
その中の一篇がすばらしかった
思わず
すばらしいとぼくは呟《つぶや》き
夢だなぞとは夢にも思っていなかった

だが　目覚めたとたんに
ぼくは忘れてしまったのだ
どんな詩であったか
だれの詩であったか
みんな　なにもかも
ぼくは忘れてしまったのだ

電話の向うでは
友だちが言っている

もしもし　もしもし
今日　会おうよ
一時に？
二時に？
三時に？　もしもし

一時に　二時に　三時に
ぼくは友だちに会うだろう
そしてぼくらは語るだろう
夢のことでなく
現実のぼくらの生活について
ぼくらの今日と
明日の不安について
とめどもなく
ぼくらは語らねばならぬだろう

そして　語ってもなお
ぼくは思い出せないだろう
あの美しい
幻
いつまでも
ぼくは思い出せないだろう
そして書くこともできないだろう

ぼくは友だちに言う
すばらしいことはみんな夢の中で起った
ぼくらはそれを思い出せないで暮している
一篇の詩
ぼくらの苦しみでは創り出せない詩
それを思い出そうとしてぼくは歩いている
ぼくの沈黙を許したまえ　と

① 本文の[10]段落に書かれている「生涯に一篇でいいから優れた詩を残したい」という願いは、【資料Ⅰ】でも「あの美しい／幻」を思い出そうとする「ぼく」の歩みに重なるものである。

② 本文[13]段落の「むずかしい」「たいへん」といった、子どもに読まれる可能性に配慮したひらがな表記は、【資料Ⅰ】の「ぼく」や「すばらしい」という表現にも見られる。

③ 【資料Ⅰ】に見える、友だちとの語らいよりも「沈黙」を選ぶ「ぼく」の姿勢には、本文の[7]・[8]段落で述べられている、それだけでは生活できない詩の道を選んだ「ぼく」の姿勢に通じるものがある。

④ 【資料Ⅰ】における「夢」と「現実のぼくらの生活」の対比は、本文の[9]段落における「趣味として余暇に」やる詩作と「受験勉強」との対比と重なるものである。

⑤ 【資料Ⅰ】で「友だち」からの執拗《しつよう》な誘いに乗ってしまう「ぼく」は、本文の[12]段落で「頭の上に何だか毀れやすいガラス細工を乗せているよう」と表現されている、誘惑に弱い「ぼく」の姿と重なる。

(ⅱ) 【資料Ⅱ】は、本文の波線部に関連する別の筆者の文章の一節である。本文と【資料Ⅱ】との共通点あるいは相違点の説明として最も適当なものを、後の①～⑤のうちから一つ選べ。解答番号は[20]。

【資料Ⅱ】

僕の「哲学の冒険」は、僕が一五歳になった頃からはじまった。まずはそのときのことから書いておくことにしよう。

その年の夏、僕はひどく憂鬱《ゆううつ》な気持ちになっていた。それは僕が自分の未来のことを考えはじめたときからはじまっていた。そういうことになると、どうして誰もが同じことをいうのだろう。周りの人たちが僕に教えてくれたのはこういうことだった。いまをうまく過ごしておくことが未来の僕の利益につながる……、ただそれだけだった。実際周りの人たちは僕に、うまく受験を乗り切り、うまく就職して、うまく出世していった人たちの話をずいぶんたくさん聞かせてくれた。

しかし、僕はもっと本当のことが知りたかった。君たちがいう利益なんていうものは、将来僕がちょっと他人より優越感をもてる、というだけのことだろう。優越感をもつということは、他人を軽蔑するということだろう。他人を軽蔑できるようになるために努力する、そんなことは僕にはひどく愚かなことに思えてならなかった。君たちが僕に教えてくれたことは、将来僕が他人を軽蔑しながら生きられるように、いま競争に勝て、ということだけだったような気がする。

未来の僕がどんな暮らし方をしているかは、誰にもわからない。ただ僕は大人たちや僕の同級生たちに不信感をもっていたことは確かだった。僕はいつでも小説のなかの主人公たちに憧れていた。小説のなかの主人公たちは、誰にも命令されない自分自身の生き方をもっていた。自分の人生を悩みながら演技していくハ(注1)ムレットは魅力的だった。人生の傍観者のようなホ(注2)レイショウも素敵だった。力で自分の未来を切り拓いていくホーチンブラス（注３）は素晴らしかった。
　未来という言葉を聞くと、僕はいつでも、僕がどんな人間として未来を生きていったらよいのかを考えた。それなのに僕の周りの人たちは、未来の僕の利益ということだけを、何度も何度も僕の周りでささやいていた。これでは僕が鬱陶《うっとう》しくなっていたのも当たり前だ。

（内山節《うちやまたかし》『哲学の冒険　生きることの意味を探して』より）

（注）
1　ハムレット――ウィリアム・シェイクスピアの戯曲『ハムレット』の主人公。
2　ホレイショウ――『ハムレット』の登場人物。
3　ホーチンブラス――『ハムレット』の登場人物。

①　本文の「ぼく」も【資料Ⅱ】の「僕」も、自分の将来の仕事について周囲の理解を得られなかった。
②　本文の「ぼく」も【資料Ⅱ】の「僕」も、感受性の敏感な十代の終わりに文学に触れることを重要視している。
③　本文の「ぼく」も【資料Ⅱ】の「僕」も、一般論に流されることなく、他でもない自分が何をすべきかを考えようとしている。
④　本文の「ぼく」は周囲の意見に一切理解を示さないが、【資料Ⅱ】の「僕」は周囲の意見に一定の理解を示している。

⑤　本文の「ぼく」は未来よりも現在を優先しようとしているが、**【資料Ⅱ】**の「僕」は現在よりも未来を優先しようとしている。

第3問

ユズキさんは、日本人の言葉に対する意識や、日本語の特徴について調べ、「コミュニケーションにおける言語表現」という題で自分の考えを【レポート】にまとめた。【資料Ⅰ】～【資料Ⅲ】は、【レポート】に引用するためにアンケート結果や参考文献の一部を、見出しを付けて整理したものである。これらを読んで、後の問い（問1～4）に答えよ。（配点　20）

【レポート】

私たち日本人のコミュニケーションには、どのような特徴があるのだろうか。そして、適切なコミュニケーションのためには、どのような言語表現が求められるのだろうか。

【資料Ⅰ】によると、「言葉の使い方に気を使っている人」が八〇％を超え、どのように気を使っているかという点に関しては、「改まった場で、ふさわしい言葉遣いをする」や「敬語を適切に使う」などと答えた人が多い。さらに、人とのコミュニケーションにおいて［　X　］ことを考え合わせると、私たち日本人がコミュニケーションにおいて相手との関係をきわめて重く考えていることがわかる。私たち日本人は、まずは人間関係の構築と維持を念頭において、言葉の使い方に気を使っているようだ。では、そのことと日本語の特徴との間に、どのような関係があるのだろうか。

【資料Ⅱ】【資料Ⅲ】を読むと、［　Y　］が分かる。この点について、もう少し細かく見ていこう。

【資料Ⅱ】の筆者は、「である」を使わずに「であろう」を使うことには「相手に対するいたわり、敬意」が含まれている、と述べている。この「相手に対するいたわり、敬意」とは、すなわち相手への配慮であるから、人間関係に配慮した言語表現は、日本語の特徴の一つだといえる。

しかし、現実の仕事や日常生活におけるコミュニケーションにおいては、この相手への配慮がさまざまな誤解を生む原因ともなる。人間関係を壊さないように、相手に配慮して表現を曖昧にぼかすことで、誤解の余地が生じる。**【資料Ⅲ】**には、「ちょっと難しいのですが……。」や「今月中に御提出くださると幸いです。」が、誤解の生じる表現として紹介されているが、ほかにも、**Z**などが、同様の例として挙げられるだろう。

こうした誤解を避けるためには、どうしたらよいのだろうか。「今月中に御提出くださると幸いです。」という例で考えると、依頼する側は、「月末までに必要だ」という自分の考えを、もっと正確に伝える必要があったのである。これは、依頼を受ける側も同様である。言語コミュニケーションの目的を達するためには、自分の考えや意見の趣旨をきちんと伝達しなければならない。

「相手に対するいたわり、敬意」を大切にして表現するという日本語の特徴は、今後も大切にしていきたい。同時に、コミュニケーションにおいて誤解を生まないようにすることも大切である。私たち日本人のコミュニケーションにおける言語表現には、相手に配慮することと、内容を正確に伝えることを両立させるような、絶妙なバランス感覚が求められる。

【資料Ⅰ】 言葉の使い方やコミュニケーションに対する意識（前半）

質問１ あなたは、ふだん、あなた自身の言葉の使い方について、どの程度気を使っていますか。（一つ回答）

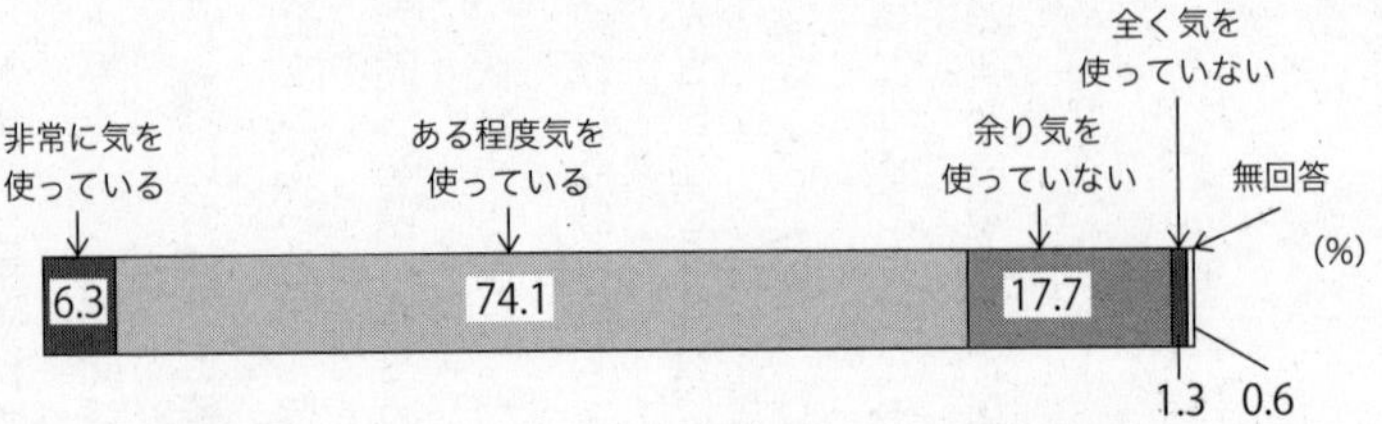

質問２ （**質問１**で「非常に気を使っている」、「ある程度気を使っている」と答えた人（全体の 80.4％）に対して）
ふだん、どのように気を使っていますか。（幾つでも回答）

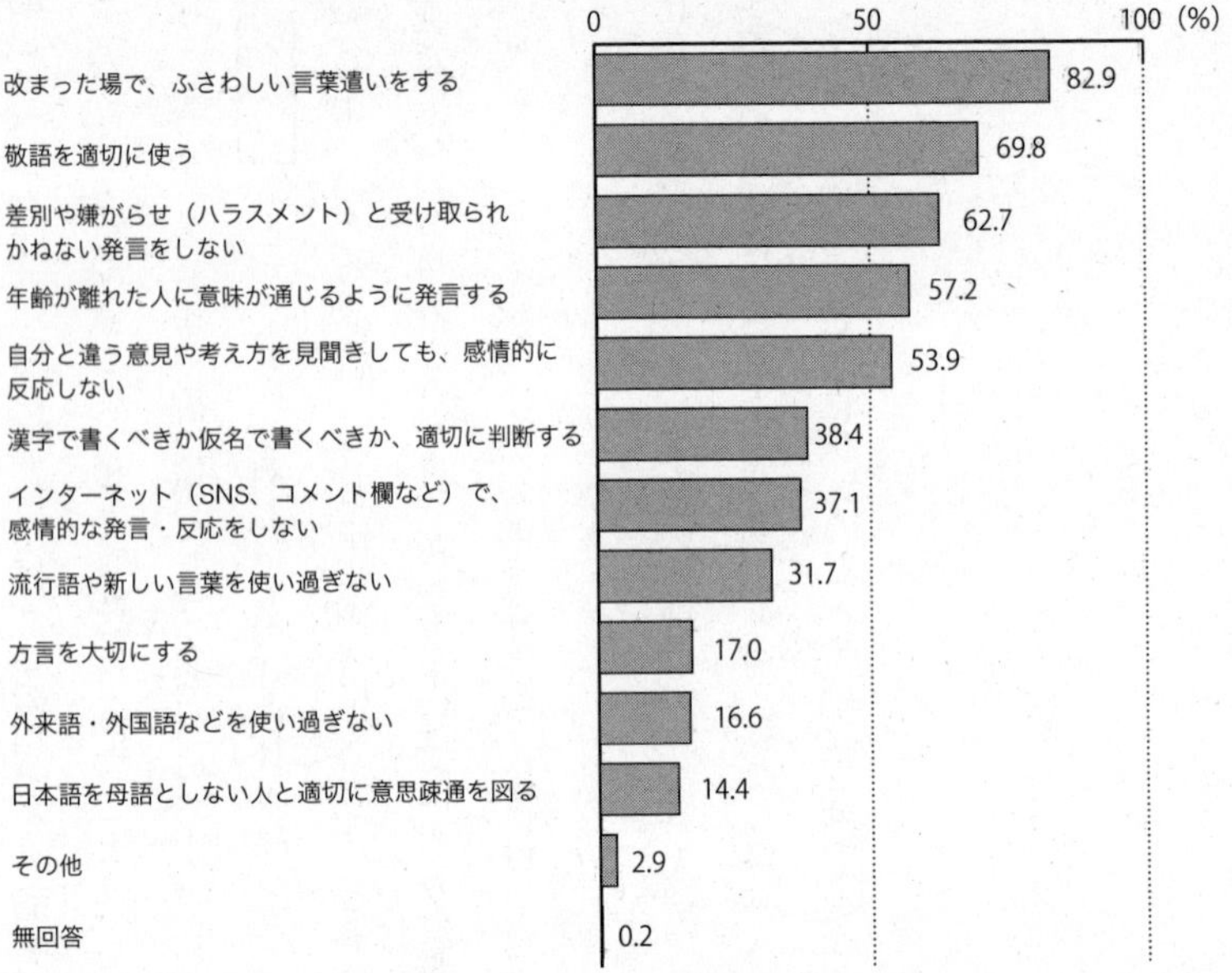

（文化庁「令和４年度『国語に関する世論調査』」をもとに作成）

【資料Ⅰ】 言葉の使い方やコミュニケーションに対する意識（後半）

人とのコミュニケーションにおいて、重視すること

（全体）

人とのコミュニケーションにおいて、「相手との人間関係を作り上げながら伝え合うこと」と「根拠や理由を明確にして論理的に伝え合うこと」のどちらを重視するかを尋ねた。

「相手との人間関係を作り上げながら伝え合うこと」と回答した人が６割台半ば、「根拠や理由を明確にして論理的に伝え合うこと」と回答した人が１割台半ばという結果であった。また、「相手や状況によって異なるので、どちらか一つには絞れない」と回答した人も１割台半ばであった。

- 「相手との人間関係を作り上げながら伝え合うこと」の方を重視する …… 65.1％
- 「根拠や理由を明確にして論理的に伝え合うこと」の方を重視する ……… 15.0％
- 相手や状況によって異なるので、どちらか一つには絞れない …………… 14.9％
- どちらも重視していない ………………………………………………… 3.7％
- 分からない …………………………………………………………………… 1.4％

（年齢別）

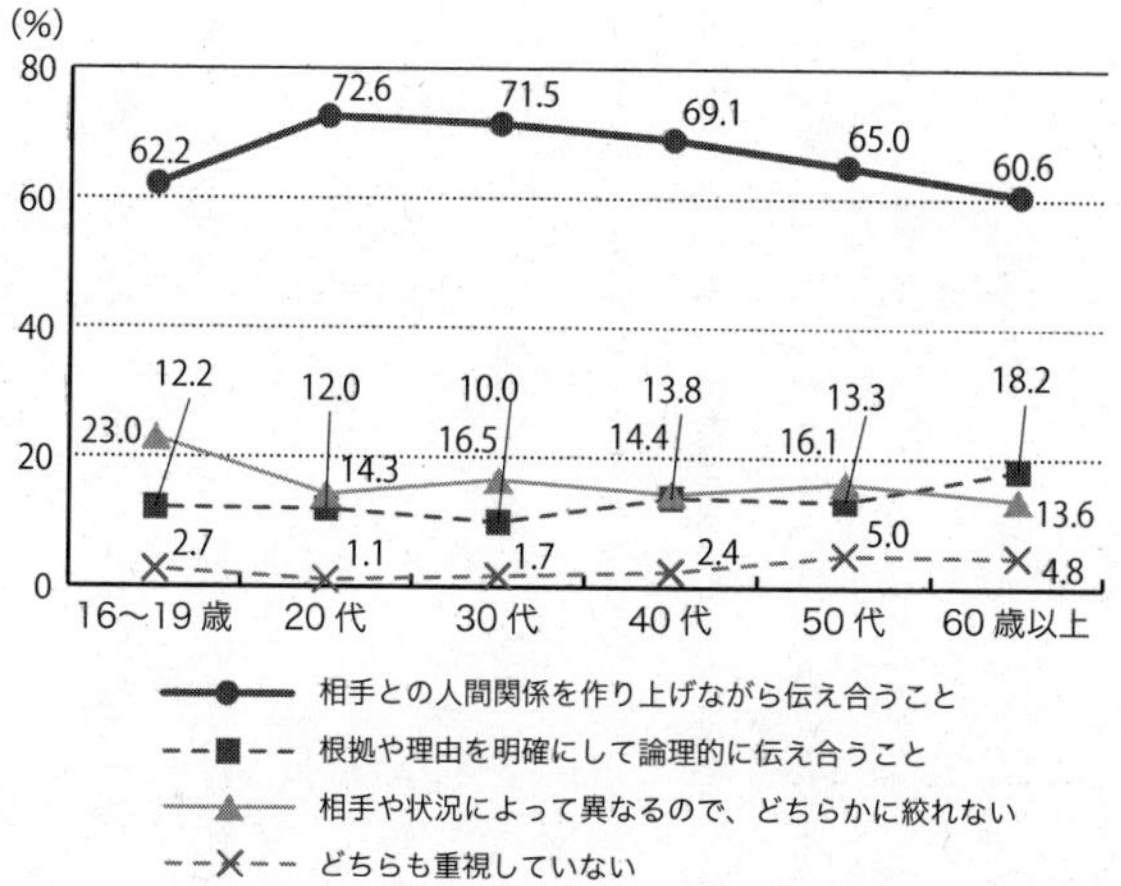

（文化庁文化審議会国語分科会「『国語に関する世論調査』におけるいわゆる『コミュニケーション』に関する問い（抜粋）」をもとに作成）

【資料Ⅱ】 日本語の特徴について

「であろう」と「である」は同義表現である。ただニュアンスが違う。「である」はふんぞり返っている感じであるのに対して、「であろう」は当たりがやわらかく、やさしい。

かつて、あるところで学生の弁論大会があった。学生が選者であったが、そのひとりが、A弁士はむやみと「である」といっていた、自信過剰もいいが、威張っているようで、ききぐるしい、それで選から外す、という講評をした。学生だって、そのくらいのことはわかっているのである。

つまり、「である」ではつよすぎるから、「であろう」とやわらげたまでのことで、けっして、ぼかしたり、あいまいにしているわけではない。日本語には〝はにかむ〟心がはたらいている。「である」を「であろう」とするのは、敬語の心理に通じるものがある。相手に対するいたわり、敬意がかすかにふくまれている。

それに、日本語の文章は、うっかりすると、「である」文の行列のようになるきらいがある。「である」が三つもつづけば、単調で不快になる。もしならなければ、ことばの感覚に欠けるところがあるためだろう。同一表現の反復は日本語にかぎらず、たいていの言語において、避けなくてはいけないことになっている。

「である」文のつぎの文末を、「である」の代わりに「であろう」とするのは、正常なセンスであって改めることはない。英語のように、センテンスが名詞で終わる構造なら、こういうバリエーションで苦労することはないのである。日本語は文末に動詞が来るから、文末のバリエーションが必要になる。

それとは別に、日本語は断定、つよい表現をきらう傾向がある。

（外山《とやま》滋比古《しげひこ》『人に聞けない　大人の言葉づかい』による）

【資料Ⅲ】 言語コミュニケーションにおいて大切なこと

ふだんから私たちは、人間関係を壊さないように、相手に気を使いながら言葉を選んでいます。そうした気遣いのうちの一つに、物事をはっきり言わず、曖昧にぼかす場合があります。

例えば、同窓会を開くことになり、その幹事の一人になるよう依頼されたとします。断りたいと思いますが、「お断りします。」や「私はできません。」などとはっきり言うのははばかられるかもしれません。そんなとき、「ちょっと難しいのですが……。」などといった言い方で断ろうとすることはないでしょうか。「事実上不可能」という意味で「ちょっと難しい」と言っているとしても、「難しいけれど可能」と解釈されることもあり得ない話ではありません。また、語尾をぼやかしていることによって、どちらとも付かない印象になり、期待を持たせてしまうおそれもあるでしょう。

何かを依頼する際にも、遠慮した言い方によって、伝えるべきことが伝わらないことがあります。月末までに必要な書類の提出を求めるときに、「今月中に御提出くださると幸いです。」と書いたとします。強制的な言い方を避け、配慮のつもりで「幸い」という言い方をしたのに、相手はその意図に気付かず、来月に入ってからでもいいのだろうと考えるかもしれません。「有り難い」、「助かる」といった言い方をしたときにも、同様の誤解が生じる場合があります。

断りを入れるときや、相手に必ず果たしてもらう必要のある事柄を伝えるときなどには、その趣旨が相手に伝わり理解されているか、十分に留意する必要があります。正確さを犠牲にして、相手の気持ちに寄り添うことが互いにとって有効に働くことはありますが、言語コミュニケーションの目的を達するためには、自分の考えや意見の趣旨をきちんと表明し、誤解を避ける必要があります。受け取る側に立ったときにも、相手の言おうとしていることがはっきり分からないような場合にはそのまま曖昧にせず、質問したり聞き直したりすべきでしょう。

（文化庁文化審議会国語分科会「分かり合うための言語コミュニケーション（報告）」による）

問1　【レポート】の空欄 X には、【レポート】の展開を踏まえた【資料Ⅰ】の説明が入る。その説明として最も適当なものを、次の①～⑤のうちから一つ選べ。解答番号は 21 。

① 「相手との人間関係を作り上げながら伝え合うこと」を「根拠や理由を明確にして論理的に伝え合うこと」より重視する人の割合は二〇代では七〇％以上であるが、六〇歳以上では六〇％程度にまで低下している

② 「相手との人間関係を作り上げながら伝え合うこと」と「根拠や理由を明確にして論理的に伝え合うこと」のどちらも重視していないと答えた人の割合は三・七％であり、その割合はどの年齢層でもあまり変わらない

③ 「相手との人間関係を作り上げながら伝え合うこと」を重視する人の割合は全体で六五％以上であり、「根拠や理由を明確にして論理的に伝え合うこと」を重視する人の割合の数倍もある

④ 「相手との人間関係を作り上げながら伝え合うこと」と「根拠や理由を明確にして論理的に伝え合うこと」のどちらも重視していないと答えた人の割合は全体で四％未満であり、どの年齢層においても九〇％以上の人がどちらかを重視している

⑤ 「相手との人間関係を作り上げながら伝え合うこと」より「根拠や理由を明確にして論理的に伝え合うこと」を重視する人の割合は全体で一五％しかないが、六〇歳以上の人に限って言えば一八％以上もあり、他の年齢層に比べるとやや高くなっている

問２ 【レポート】の空欄 Y には、【資料Ⅱ】及び【資料Ⅲ】の要約が入る。その要約として最も適当なものを、次の①～⑤のうちから一つ選べ。解答番号は 22 。

① 日本語には断定やつよい表現をきらい、当たりがやわらかくやさしい表現を好む傾向があるが、現実にはそうした相手に配慮した表現によって誤解が生じることもあるということ

② 日本語には、「であろう」と「である」のような同義表現を、相手に対するいたわりや敬意にもとづいて使い分けるという手法があるが、その手法が行きすぎると相手への配慮を欠き、誤解が生じ得るということ

③ 日本語には敬語の心理にもとづいて表現をぼかすという特徴があるため、人間関係に関する誤解が生じやすく、しばしばその誤解を解くための質問や聞き直しが必要となるということ

④ 日本語の文章において「である」を「であろう」とやわらげるのは、同一表現の反復を避けるための処置として容認されているが、誤解を生みやすいので本来は避けた方がいいということ

⑤ 日本語に多いやわらかな言い回しには、相手に対するいたわりや敬意がかすかに含まれており、そうした言い回しは、けっして表現をぼかしたり、曖昧にしたりしているわけではないということ

問3 【レポート】の空欄 Z には、「誤解の生じる表現」の例が入る。その例として**適当でないもの**を、次の①〜⑤のうちから一つ選べ。解答番号は 23 。

① 友人に貸していたものの早急な返却を催促する際の「なるべく早めに返してもらえるとちょっと嬉しいかも。」という言い方

② その日のうちに作業を完了させることを求める際の「できれば今日中に終えてもらうと助かります。」という言い方

③ 今週中の書類の提出は無理だと伝える際の「ご希望に沿いたいとは思いますが、少しお時間をいただけたら……。」という言い方

④ アンケート用紙の回収を求める際の「直接私に手渡しても、会社に郵送しても、どちらでもかまいません。」という言い方

⑤ 懇親会への参加要請を断る際の「時間に余裕があれば、ぜひ参加したいものだと考えてはいますが……。」という言い方

問４　ユズキさんは、【レポート】の主張をより理解してもらうためには論拠が不十分であることに気づき、補足しようと考えた。その内容として適当なものを、次の①～⑥のうちから**二つ**選べ。ただし、解答の順序は問わない。
解答番号は［24］・［25］。

①　第二段落の「私たち日本人は、まずは人間関係の構築と維持を念頭において、言葉の使い方に気を使っている」という主張の根拠として、日本語の構造が英語などのそれとは大きく異なっていることを挙げる。

②　第二段落で提起した問題に対する回答として、第四段落の最後に、日本語の特徴が現代の日本人の、相手との人間関係を作り上げながら伝え合うことを重視する傾向と結びついている、という意味の一文を入れる。

③　「方言を大切にする」「外来語・外国語などを使い過ぎない」と答えた人が一定数いることを指摘して、第四段落の最後に、日本語には伝統的な表現を大切にするという特徴もあることを付言する。

④　第六段落の「自分の考えや意見の趣旨をきちんと伝達しなければならない」という主張に関連して、相手への配慮が自分の考えや意見の趣旨を明確にするのに役立つことを、身近な事例を挙げて示す。

⑤　第六段落の「依頼を受ける側も同様である」という主張に具体性を持たせるため、例えば依頼に応えられない場合には、それが相手に誤解なく伝わるよう明確に告げる必要があるといった内容を補足する。

⑥　最終段落の「相手に配慮することと、内容を正確に伝えることを両立させるような、絶妙なバランス感覚」の例として、日本語の複雑な敬語表現を指摘し、そのような表現によって生じる誤解について説明する。

第5回

国語〔現代文〕　（110点）

注意事項

1　解答用紙に，正しく記入・マークされていない場合は，採点できないことがあります。

2　試験中に問題冊子の印刷不鮮明，ページの落丁・乱丁及び解答用紙の汚れ等に気付いた場合は，手を高く挙げて監督者に知らせなさい。

3　解答は，解答用紙の解答欄にマークしなさい。例えば，［10］と表示のある問いに対して③と解答する場合は，次の（例）のように**解答番号10の解答欄の③にマーク**しなさい。

（例）

解答番号	解答欄
10	①②●④⑤⑥⑦⑧⑨

4　問題冊子の余白等は適宜利用してよいが，どのページも切り離してはいけません。

5　**不正行為について**

①　不正行為に対しては厳正に対処します。

②　不正行為に見えるような行為が見受けられた場合は，監督者がカードを用いて注意します。

③　不正行為を行った場合は，その時点で受験を取りやめさせ退室させます。

6　試験終了後，問題冊子は持ち帰りなさい。

第1問　次の文章は、鷲田清一《わしだきよかず》『摩擦』の意味──知性的であるということについて」の一節である。これを読んで、後の問い（問1〜6）に答えよ。なお、設問の都合で本文の段落に［1］〜［16］の番号を付してある。（配点　45）

［1］「話せばわかる」──。これは、五・一五事件、昭和7年5月15日に海軍青年将校たちによって時の内閣総理大臣、犬養毅《いぬかいつよし》が銃撃されたその直前に口にした言葉として伝えられているものです。こうした言葉がなんの逡巡《しゅんじゅん》もなしに無視されるとき、社会は壊れるのだと思います。

［2］とっさに口をついて出たこの言葉に、言論の力と相互理解の可能性が賭《か》けられていたことは疑いありません。けれども、それを聴き入れる魂をもはやもたない人たちにおいては、犬養が信じた言論の力は肉体の（暴）力に転位し、相互理解の可能性は相互遮断《しゃだん》の現実性へと裏返ってしまっていました。

［3］意見の対立が調停不可能なまでに激化していたこと、そのことに問題があるのではありません。そうではなくて、そういう対立が対立として認められる場所そのものが損ねられたこと、壊れてしまっていたこと、それが問題なのだと思います。理路をつまびらかにする、そういう説得にもはや「耳を貸す」「聞く耳をもつ」ことを拒む人たちが、暗殺といった惨劇を惹《ひ》き起こしました。ここには別の言葉はあっても、そのあいだに公分母は存在しませんでした。

［4］わたしがこれまでとおなじくここでもしようとしているように、「わたしたち」という語を使うということには、つまり、みずからの個人的な主張を（他の人たちにもさまざまの異論がありうることを承知のうえで）「わたしたち」というふうに第一人称複数形で語りだすことには、わたしが「わたしたち」を僭称《せんしょう》する、という面がたしかにあり

ます。あるいは、おもねりやもたれつき、つまりは同意への根拠なき期待といったものがあるにちがいありません。とはいえそこで、「わたしたち」を「わたし」と言い替えたところで、事は変わりません。「わたし」とはそのように語る者のことであるという「話者」の当然の権利を、というか了解を、他者にあたりまえのように求めているからです。この了解を拒むこと、それを「問答無用」と言って拒んだのが、あの狙撃者《そげきしゃ》たちです。その襲撃の場では、「わたし」という第一人称と「きみたち」という第二人称を包括する「わたしたち」が一方的に否認されたのでした。

5 「話してもわからない」ことはもちろんいっぱいあります。そういうときでも「わかりあえないこと」からこそ始めようという姿勢が、メッセージが、「わたしたち」という語には籠《こ》められています。けれども、それがもはや他者に通用しないとき、意味（meaning）として理解できても意味あるもの、significant(注1)なものとしては聴かれないとき、一つの社会、一つの文化が壊れてしまいます。

6 そうした壊れ、崩れには、すくなくとも二つのかたちがあります。一つは、外部の権力による侵襲、あるいは内部の権力による圧制が、その社会の構成員を「難民」としてリ(ア)サンさせるかたちであり、いま一つは、ある社会のなかで格差と分断が修復しがたいまでに昂《こう》じるというかたちです。

7 後者について、T・S・エリオット(注2)はかつて「文化の定義のための覚書」（1848年）のなかで、こんなふうに述べていました——

　文化の解体は二つもしくはそれ以上の社会層が全くかけ離れてしまって、それらが事実上別個の文化と化する場合に現われます。また上層水準の集団における文化が分裂して断片化し、それらの各々が一つの文化的活動のみを代表する場合にも現われます。

（「文化の定義のための覚書」『エリオット全集　5』深瀬基寛訳、中央公論新社、246頁）

8 交通の不能、伝達の不能。そういうかたちでの人びとのあいだの乖離《かいり》によって一つの〈文化〉が崩壊する可能性は、そもそも社会というものが、異なる共同体、異なる文化集団、異なる階層が「統合」されたものとしてある以上は、その社会につねに伏在しています。それは、ここに述べられているように、職能の複雑化や個別化などをとおして、茎に鬆《す》が入るようにそれと気づかれることなく進行することもあれば、社会の異なるセクター、異なる階層、異なる文化集団などの利害が和解不能なほどに対立し、その軋轢《あつれき》がいっきょに激しく噴きだすというふうに起こることもあります。しかしそれらがめったなことでは最終的な解体や崩壊にまで転げ落ちることがないのは、出自や利害や文化的な背景を異にしながらも、それらの差異をある共通の理念で(イ)オオいえてきたからです。国民国家として成形される現代の社会でいえば、〈民主制〉と〈立憲制〉という理念がそれにあたるでしょう。

9 このような理念が共有されないところでは、社会のなかの複数の異なるセクターが他との交通を遮断して、経済的な依存関係とは別に、おのおのが閉鎖された共同性へと収縮したままです。それを超えて、たがいに見知らぬ人びとがそれでも見知らぬまま、国民国家という、一つの擬制的（fictitious）ともいえる政治的共同体を形成するには、共通の理念が、ときにはその「象徴」となる存在が必要となるのです。

10 ただ、ある理念を共有しようというその意志は、一定の権勢をもつ集団による他集団の「同化」というふうに、いわば同心円状にそれを拡大したところに成り立つものであってはなりません。いわゆる西欧発の《近代性》はある面、ヨーロッパというローカルな場所で生まれた社会の構成理念が世界へと同心円状に拡《ひろ》がっていったものと見ることができます。ですが、異なった歴史的時間を刻んできた国々に、伝搬もしくは強行というかたちで(ウ)イショクされたあと、それぞれの国で伝統文化との複雑な軋轢を生みました。《近代性》の諸制度はそれぞれの場所で、希望を育むとともにさまざまの軋《きし》みや傷や歪《ゆが》みを強いてきもしました。そうした経験をへて現在、それぞれの地域でそれぞれに異なる複数の《近代性》があらためて模索されつつあります。《近代性》を「未完のプロジェクト」と呼んだのは(注3)H・ハーバーマスですが、これは理念の完全な実現の途上にあるという意味のみならず、B その理念の具体化には未知の複数のかたちがありうるという意味でも解されるべきだろうと思います。

11 「支配的な思想とは、まさしくある一つの階級を支配階級たらしめる諸関係の観念的表現であり、その階級の支配の思想である」と(注4)K・マルクスが(エ)カンパしたように、この共通の意志もまた、支配的な集団の一つの「信仰」であることは否めません。じじつ、《近代性》という「信仰」は、それ自身がなにより《普遍性》を謳《うた》うものであるのですから、これまでいろいろな場所で目撃されてきたように、これに従わない人たちの存在を事前に否認し、政治という交渉の場所から排除してしまいます。そしてそれゆえにこそ、ある社会を構成する複数文化のその《共存》のありようがきわめて重要になるのです。〈民主制〉と〈立憲制〉を下支えする《寛容》の精神は、他者の自由に対して不寛容な人たちにさえも寛容であることを求めるものであるはずだからです。これは綱渡りのようにきわめて困難な課題をすすんで引き受けようとする精神なのです。

12 エリオットはこの《共存》の可能性を、なにかある「信仰」やイデオロギーの共有にではなく、あくまで社会の諸構成部分のあいだの「摩擦」のなかに見ようとしました。あえて「摩擦」を維持するとは、これもまたなかなか容易《たやす》いことではありませんが、エリオットはこう言っています（傍点は引用者）――

〔一つの社会のなかに階層や地域などの相違が〕多ければ多いほど、あらゆる人間が何等《なんら》かの点において他のあらゆる人間の同盟者となり、他の何等かの点においては敵対者となり、かくしてはじめて単に一種の闘争、嫉視、恐怖のみが他のすべてを支配するという危険から脱却することが可能となるのであります。（同書、２９０頁）

13 C一つの社会の「重大な生命」はこの「摩擦」によって育まれるというのです。社会のそれぞれの階層やセクターはかならず「余分の附加物と補うべき欠陥」とを併せもっているのであって、それゆえに生じる恒常的な「摩擦」によって「刺戟《しげき》が絶えず(オ)ヘンザイしているということが何よりも確実な平和の保障なのであります」とまで、エリオットは言います。というのも、「互いに交錯する分割線が多ければ多いだけ、敵対心を分散させ混乱させることによって一国民の内部の平和というものに有利にはたらく結果を生ずる」からです。

14 こうした「摩擦」を縮減し、消去し、一つの「信仰」へと均《なら》してゆこうとする社会は、「牽引力《けんいんりょく》」と「反撥力《はんぱつりょく》」との緊張をなくし、その「生命」を失ってしまいます。この点についてエリオットはこう言っています。――「一国の文化が繁栄するためには、その国民は統一されすぎてもまた分割されすぎてもいけない。（……）過度の統一は野蛮に起因する場合が多く、それは結局、圧制に導く可能性があり、過度の分割は頽廃《たいはい》に起因する場合が多く、これまた圧制に導く可能性があります」、と。

15 以上の議論は半世紀以上前のものですが、現代においても、というか現代においてよりいっそう、リアルになってきています。権力といえば、わたしたちは長らく、じぶんたちの暮らしを細部まで管理し、一つに糾合しようという、「翼賛」的な権力による《統合の過剰》をひどく警戒してきました。けれども、昨今における格差の異様な肥大、排外主義の止めようのないエスカレーション(注5)などをみれば、わたしたちが憂うべきはむしろその逆、人びとを一つにまとめさせない《分断の深化》(齋藤純一(注6))ではないかと思われます。(中略)

16 「摩擦」を消すのではなく、「摩擦」に耐え、そのことで「圧制」と「頽廃」のいずれをも回避するためには、煩雑さへの耐性というものが人びとに強く求められます。知性は、それを身につければ世界がよりクリスタルクリアに見えてくるというものではありません。むしろ世界を理解するときの補助線、あるいは参照軸が増殖し、世界の複雑性はますますつのっていきます。世界の理解はますます煩雑になってくるのです。わたしたちが生きるこの場、この世界が壊れないためには、煩雑さに耐えることがなにより必要です。そのことがいっそう明確に見えてくるということ、それが知性的ということなのです。世界を理解するうえでのこの煩雑さの増大に耐えきれる知性を身につけていることが、知性的ということなのです。

(注) 1 significant —— 意味のある、重要な。
2 T・S・エリオット —— イギリスの詩人・批評家(一八八八〜一九六五)。
3 H・ハーバーマス —— ドイツの哲学者・社会学者(一九二九〜)。
4 K・マルクス —— ドイツの経済学者・哲学者(一八一八〜一八八三)。
5 エスカレーション —— 段階的に拡大していくこと。度合を激しくすること。

6　齋藤純一――日本の政治学者（一九五八〜）。

問1　傍線部(ア)～(オ)に相当する漢字を含むものを、次の各群の①～④のうちから、それぞれ一つずつ選べ。解答番号は 1 ～ 5 。

(ア)　リサン　1
① 森の小道をサンサクする
② 戦争のサンカを目撃する
③ サンバシで待ち合わせる
④ 問題がサンセキしている

(イ)　オオい　2
① 公共のフクシを図る
② フクサヨウを調べる
③ 遺跡をフクゲンする
④ フクスイ盆に返らず

(ウ)　イショク　3
① ショクサン興業を推進する
② イショク足りて礼節を知る
③ イショクの経歴を持つ作家
④ 観葉ショクブツの種を蒔く

(エ)　カンパ　4
① カンダンの差が激しい
② 名演奏にカンゲキする
③ 病人をカンビョウする
④ カンサンとした住宅街

(オ)　ヘンザイ　5
① 雑誌のヘンシュウ作業
② 読書ヘンレキを語らう
③ ヘンキョウの島国日本
④ フヘン不党を旨とする

問2 傍線部A「ここには別の言葉はあっても、そのあいだに公分母は存在しませんでした」とあるが、どういうことか。その説明として最も適当なものを、次の①～⑤のうちから一つ選べ。解答番号は 6 。

① 「話せばわかる」という言葉をためらいもなく無視し、時の内閣総理大臣を海軍青年将校たちが暗殺したこの事件は、両者の間に共通の価値観がほとんど存在していなかったことを表している。

② 「話せばわかる」という言葉に耳を貸さず、意見を異にする者を暴力によって殺害したこの事件は、多くの人に共有されるべき良識がこの時代に存在していなかったことを表している。

③ 意見の相違は互いに話し合うことで解決可能であるという説得を無視し、暴力によって相互理解の可能性を遮断したこの事件は、合意を導くことが不可能なまでに意見の対立が激化していたことを表している。

④ 言論の力と相互理解の可能性が賭けられた言葉を暴力によって封じたこの事件は、自らと異なる意見も意見であると認め、対立を対立として認める場所そのものが損なわれていたことを表している。

⑤ 言論の力によって意見の対立は乗り越えられると信じていた犬養毅が海軍青年将校たちに殺されたこの事件は、異なる意見のあいだを橋渡しする仲介役の不在を端的に表している。

問3 傍線部B「その理念の具体化には未知の複数のかたちがありうるという意味でも解されるべきだろうと思います」とあるが、筆者がそのように考えるのはなぜか。その説明として最も適当なものを、次の①～⑤のうちから一つ選べ。解答番号は 7 。

① 《近代性》という理念は、ヨーロッパという一つの地域で生まれたものなので、その完成形を一つのかたちに定めてしまうと、異なる歴史をもつ地域がそれを受容するときに様々な問題が生まれてしまうから。

② 《近代性》という理念は、ヨーロッパで生まれた社会の構成理念が世界へと同心円状に拡がったものだが、その拡がり方は、異なった歴史的時間を刻んできた国々への一方的な強制といえるようなものではなかったから。

③ 《近代性》という理念は、出自や利害や文化的な背景を異にする多様な集団を一つにまとめるために必要なものだが、その完全な実現までにはまだ乗り越えなければならない課題も多いから。

④ 《近代性》という理念は、たがいに見知らぬ人々が国民国家という政治的共同体を形成するうえでなくてはならないものなので、それを受け入れることで生まれる軋みや傷や歪みも受け入れなければならないから。

⑤ 《近代性》という理念は、ヨーロッパで生まれ世界に拡がっていく過程でそれを受容するそれぞれの国の伝統文化を吸収し、すでに一つの概念では括れないほどに多様なかたちで具体化されているから。

問４ 傍線部Ｃ「一つの社会の『重大な生命』はこの『摩擦』によって育まれるというのです」とあるが、それはなぜか。その説明として最も適当なものを、次の①～⑤のうちから一つ選べ。解答番号は［８］。

① 「摩擦」とは社会のそれぞれの階層やセクターが不可避的に持つ「余分の附加物と補うべき欠陥」のことであり、そのような「摩擦」によってはじめて敵対心が分散され、一種類の闘争がすべてを支配する危険から免れるから。

② 「摩擦」とは社会のそれぞれの階層やセクターが不可避的に持つ「余分の附加物と補うべき欠陥」のことであり、そのような「摩擦」がもたらす刺激の存在が何よりも確実な平和の保障となるから。

③ 「摩擦」とは一つの社会のなかに存在する階層や地域などの相違のことであり、そのような「摩擦」が多ければ多いほど社会内部の対立や闘争が相対化され、社会を構成する複数文化の共存の可能性が高まるから。

④ 「摩擦」とは一つの社会のなかに存在する階層や地域などの相違のことであり、そのような「摩擦」がつねに存在することで社会の多様性が担保され、社会を構成する複数文化の共存の可能性が高まるから。

⑤ 「摩擦」とは一つの社会のなかに存在する階層や地域などの相違のことであり、そのような「摩擦」が恒常的に生じることで人々の平和を希求する心が維持され、一国民内部の平和に有利に働くことになるから。

問5　この文章のタイトルは『「摩擦」の意味——知性的であるということについて』であるが、本文で筆者は「知性的」ということをどのように理解しているか。その説明として最も適当なものを、次の①～⑤のうちから一つ選べ。解答番号は 9 。

① 野蛮に起因する過度の統一や、頽廃に起因する過度の分割は圧制を導いてしまうので、それらを回避するためには、社会のなかに存在する「摩擦」をできるだけ多く維持する必要がある。そのようにして複雑性を増す世界を単純明快に見通す知性を備えていることが知性的ということである。

② 社会のなかに存在する「摩擦」を縮減し、一つのイデオロギーや「信仰」で社会をまとめ上げていくことは、社会の多様性の喪失につながる。わたしたちがなすべきことはむしろ分断を深化させることであり、そのことで複雑多様になっていく世界をそのまま理解することが知性的ということである。

③ 社会の統合が保たれているのは、出自や利害や文化的な背景を異にしながらも、それらの差異を〈民主制〉や〈立憲制〉といった共通の理念で結びつけることができていたからである。そのような世界を理解するうえでの補助線、参照軸を増殖させ、世界の複雑性をつのらせていくことこそが知性的ということである。

④ わたしたちが生きるこの世界が壊れないためには、自分とは意見を異にする他者の同意を期待せずに、言論の力によって相互理解の可能性を開くことが必要である。そのことは「摩擦」をもたらし、世界の理解を煩雑にするが、その煩雑さに耐えることの必要性を明確に認識することが知性的ということである。

⑤ 異なる共同体、文化集団、階層によって構成されるのが社会である以上、その共存のためには対立を対立と

して認め、そこに生じる「摩擦」に耐える必要がある。それによって複雑性を増す世界を単純化することなく理解し、その煩雑さに耐えること、そのことの必要性を明瞭に把握することが知性的ということである。

問6 この文章を授業で読んだAさんのクラスでは、その内容について互いに意見を出し合った。

(i) 次に示すのは、本文の表現について四人の生徒が意見を述べている場面である。本文の内容を踏まえた意見として**適当でないもの**を、次の①～④のうちから一つ選べ。解答番号は 10 。

① 生徒A――「話せばわかる」という言葉を 1 段落の冒頭に置いたことは、具体的な事例を入り口として読者の注意を惹きつけ、次第に抽象的な内容に導いてくための一つの工夫といえるんじゃないかな。

② 生徒B―― 4 段落の「わたしが『わたしたち』を僭称する」という表現は、みずからの個人的な主張が普遍性を有していることへの自負を比喩的に表しているんだと思う。

③ 生徒C―― 5 段落の「意味(meaning)として理解できても意味あるもの、significant なものとしては聴かれない」は、「言葉の意味は理解できても、自分と関わりがある言葉としては受け取れない」と換言できるね。

④ 生徒D――この文章では、引用の際に必ずその言葉が誰の言葉であるかを明示しているね。 15 段落の「《分断の深化》(齋藤純一)」という表現もその一例だといえるよ。

(ii) 次に示すのは、本文の波線部に関連して教師が提示した【資料】である。この【資料】をもとにAさんたちは、なぜ波線部のようにいえるのかを四人で話し合った。本文および【資料】をもとにした意見として最も適当なものを、後の①～④のうちから一つ選べ。解答番号は 11 。

【資料】

過去の歴史を見ても、我々の周囲に展開される現実を眺めても、寛容が自らを守るために、不寛容を打倒すると称して、不寛容になった実例をしばしば見出すことができる。しかし、それだからと言って、寛容は、自らを守るために不寛容に対して不寛容になってよいというはずはない。割り切れない、有限な人間として、切羽《せっぱ》つまった場合に際し、いかなる寛容人といえども不寛容に対して不寛容にならざるを得ぬようなことがあるであろう。これは、認める。しかし、このような場合は、実に情ない悲しい結末であって、これを原則として是認肯定する気持は僕にないのである。その上、不寛容に報いるに不寛容を以《もっ》てした結果、双方の人間が、逆上し、狂乱して、避けられたかもしれぬ犠牲をも避けられぬことになったり、更にまた、怨恨と猜《さい》疑《ぎ》とが双方の人間の心に深い襞《ひだ》を残して、対立の激化を長引かせたりすることになるのを、僕は、考えまいとしても考えざるを得ない。（中略）

人間を対峙《たいじ》せしめる様々な口実・信念・思想があるわけであるが、そのいずれでも、寛容精神によって克服されないわけはない。そして、不寛容に報いるに不寛容を以てすることは、寛容の自殺であり、不寛容を肥大させるにすぎないのであるし、たとえ不寛容的暴力に圧倒されるかもしれない寛容も、個人の生命を乗り越えて、必ず人間とともに歩み続けるであろう、と僕は思っている。

渡辺一夫《わたなべかずお》「寛容《トレランス》は自らを守るために不寛容《アントレランス》に対して不寛容《アントレラン》になるべきか」の一節。

① 生徒A——波線部のように言える理由を**【資料】**から見出すなら、「いかなる寛容人といえども不寛容に対して不寛容にならざるを得ぬようなことがある」という部分じゃないかな。

② 生徒B——私は「不寛容に報いるに不寛容を以てした結果、……避けられたかもしれぬ犠牲をも避けられぬことになったり、……対立の激化を長引かせたりすることになる」からだと思う。

③ 生徒C——たしかにそうだね。もし、他者の自由に対して不寛容な人たちにさえも寛容であるなら、寛容の精神はいずれ自らを滅ぼすことになって、結果的に不寛容を肥大させてしまう。

④ 生徒D——結局、寛容の精神は、不寛容的暴力によって生命を奪われる危険がある場合を除いて、不寛容に対しても寛容であるべきだ、ということが原則だといえそうだね。

第2問　次の【文章Ⅰ】は、大正八年（一九一九年）に執筆された芥川《あくたがわ》龍《りゅう》之《の》介《すけ》の小説『尾生《びせい》の信《しん》』の全文である（タイトルとなっている「尾生の信」は、故事成語の（注1）「尾生の信」に由来する）。また【文章Ⅱ】は、昭和一七年（一九四二年）に執筆された太宰治《だざいおさむ》の小説『待つ』の全文である。これらを読んで、後の問い（問1〜6）に答えよ。（配点　45）

【文章Ⅰ】

尾生は橋の下に佇《たたず》んで、さっきから女の来るのを待っている。

見上げると、高い石の橋欄《きょうらん》（注2）には蔦蘿《つたかずら》が半ば這《は》いかかって、時々その間を通りすぎる往来の人の白衣《はくい》の裾が、鮮《あざや》かな入日に照らされながら、悠々と風に吹かれて行く。が、女は未《いま》だに来ない。

A 尾生はそっと口笛を鳴らしながら、気軽く橋の下の洲《す》を見渡した。

橋の下の黄泥《こうでい》の洲は、二坪ばかりの広さを剰《あま》して、すぐに水と続いている。水際《みずぎわ》の蘆《あし》の間には、大方蟹《おおかたかに》の棲家《すみか》であろう、いくつも円《まる》い穴があって、そこへ波が当る度に、たぶりと云《い》うかすかな音が聞えた。が、女は未だに来ない。

尾生はやや待遠しそうに水際まで歩《ほ》を移して、舟一艘《いっそう》通らない静《しずか》な川筋を眺めまわした。

川筋には青い蘆が、隙間《すきま》もなくひしひしと生えている。のみならずその蘆の間には、所々《ところどころ》に川楊《かわやなぎ》が、こんもりと円く茂っている。だからその間を縫う水の面《おもて》も、川幅の割には広く見えない。ただ、帯《おび》ほどの澄んだ水が、雲母《きらら》（注3）のような雲の影をたった一つ鍍金《めっき》しながら、ひっそりと蘆の中にうねっている。が、女は未だに来ない。

尾生は水際から歩をめぐらせて、今度は広くもない洲の上を、あちらこちらと歩きながら、(ア)おもむろに暮色を加えて行く、あたりの静かさに耳を傾けた。

橋の上にはしばらくの間、行人《こうじん》(注4)の跡を絶ったのであろう。沓《くつ》の音も、蹄《ひづめ》の音も、あるいはまた車の音も、そこからはもう聞えて来ない。風の音、蘆の音、水の音、――それからどこかでけたたましく、蒼鷺《あおさぎ》の啼《な》く声がした。と思って立止ると、いつか潮がさし出したと見えて、黄泥を洗う水の色が、さっきよりは間近に光っている。が、女は未だに来ない。

尾生は険しく(イ)眉《まゆ》をひそめながら、橋の下のうす暗い洲を、いよいよ足早に歩き始めた。その内に川の水は、一寸ずつ、一尺ずつ、次第に洲の上へ上って来る。同時にまた川から立昇《たちのぼ》る藻《も》の匂《におい》や水の匂も、冷たく肌にまつわり出した。見上げると、もう橋の上には鮮かな入日の光が消えて、ただ、石の橋欄ばかりが、ほのかに青んだ暮方《くれがた》の空を、黒々と正しく切り抜いている。が、女は未だに来ない。

尾生はとうとう(ウ)立ちすくんだ。

川の水はもう沓を濡《ぬら》しながら、鋼鉄よりも冷やかな光を湛《たた》えて、漫々(注5)と橋の下に広がっている。すると、膝《ひざ》も、腹も、胸も、恐らくは頃刻《けいこく》(注6)を出ない内に、この酷薄《こくはく》(注7)な満潮の水に隠されてしまうのに相違あるまい。いや、そう云う内にも水嵩《みずかさ》は益《ますます》高くなって、今ではとうとう両脛《りょうはぎ》さえも、川波の下に没してしまった。が、女は未だに来ない。

尾生は水の中に立ったまま、まだ一縷《いちる》の望《のぞみ》を便りに、何度も橋の空へ眼をやった。

腹を浸《ひた》した水の上には、とうに蒼茫《そうぼう》(注8)たる暮色が立ち罩《こ》めて、遠近《おちこち》に茂った蘆や柳も、寂しい葉ずれの音ばかりを、ぼんやりした靄《もや》の中から送って来る。と、尾生の鼻を掠《かす》めて、鱸《すずき》らしい魚が一匹、ひらりと白い腹を飜《ひるがえ》した。その魚の躍った空にも、疎《まばら》ながらもう星の光が見えて、蔦蘿のからんだ橋欄の形さえ、いち早い宵暗《よいやみ》の中に紛《まぎ》れている。が、女は未だに来ない。……

夜半、月の光が一川《いっせん》の蘆と柳とに溢《あふ》れた時、川の水と微風とは静に囁《ささや》き交しながら、橋の下の尾生の死骸を、やさしく海の方へ運んで行った。が、尾生の魂は、寂しい天心(注9)の月の光に、思い憧《こが》れたせいかも知れない。ひそかに死骸を抜け出すと、ほのかに明るんだ空の向うへ、まるで水の匂や藻の匂が音もなく川から立ち昇るように、うらうらと高く昇ってしまった。……

それから幾千年かを隔てた後《のち》、この魂は(注10)無数の流転《るてん》を閲《けみ》して、また生を人間《じんかん》に託さなければならなくなった。それがこう云う私に宿っている魂なのである。だから私は現代に生れはしたが、何一つ意味のある仕事が出来ない。昼も夜も漫然と夢みがちな生活を送りながら、ただ、何か来《きた》るべき不可思議なものばかりを待っている。ちょうどあの尾生が薄暮《はくぼ》の橋の下で、永久に来ない恋人をいつまでも待ち暮したように。

(注) 1 故事成語の「尾生の信」――中国の春秋時代、魯の国の尾生という男が、一人の女性と橋の下で会う約束を交わしたが、なかなか現れない相手を待つうちに大雨で川が増水し、それでも橋げたにしがみついて女性を待ち続け、ついには水死してしまったという故事から、〈約束を固く守ること〉あるいは〈ばか正直で融通が利かないこと〉のたとえ。

2 橋欄――橋の欄干《らんかん》。

3 雲母――六角板状の結晶をなし、真珠のような光沢をもつ珪酸塩鉱物。花崗岩中に含まれる。「雲母のような雲」とはおそらく「うろこ雲」のことで、雨の前兆とされる。

4 行人――道を行く人。

5 漫々と —— 水の広々として果てないさま。

6 頃刻 —— 少しの間。

7 酷薄な —— はなはだ無慈悲な。

8 蒼茫たる —— あおく広々としたさま。

9 天心 —— 天空の中心。

10 無数の流転を閲して —— 数限りもない変化を経て。

【文章Ⅱ】

（注）省線のその小さい駅に、私は毎日、人をお迎えにまいります。誰とも、わからぬ人を迎えに。

市場で買い物をして、その帰りには、かならず駅に立ち寄って駅の冷たいベンチに腰をおろし、買い物籠《かご》を膝《ひざ》に乗せ、ぼんやり改札口を見ているのです。上り下りの電車がホームに到着する毎に、たくさんの人が電車の戸口から吐き出され、どやどや改札口にやって来て、一様に怒っているような顔をして、パスを出したり、切符を手渡したり、それから、そそくさと脇目も振らず歩いて、私の坐《すわ》っているベンチの前を通り駅前の広場に出て、そうして思い思いの方向に散って行く。私は、ぼんやり坐っています。誰か、ひとり、笑って私に声を掛ける。おお、こわい。ああ、困る。胸が、どきどきする。考えただけでも、背中に冷水をかけられたように、ぞっとして、息がつまる。けれども私は、やっぱり誰かを待っているのです。いったい私は、毎日ここに坐って、誰を待っているのでしょう。どんな人を？　いいえ、私の待っているものは、人間でないかも知れない。私は、人間をきらいです。いいえ、こわいのです。

人と顔を合せて、お変りありませんか、寒くなりました、などと言いたくもない挨拶《あいさつ》を、いい加減に言っていると、なんだか、自分ほどの嘘《うそ》つきが世界中にいないような苦しい気持《きもち》になって、死にたくなります。そうしてまた、相手の人も、むやみに私を警戒して、当らずさわらずのお世辞やら、もったいぶった嘘の感想などを述べて、私はそれを聞いて、相手の人のけちな用心深さが悲しく、いよいよ世の中がいやでいやでたまらなくなります。世の中の人というものは、お互い、こわばった挨拶をして、用心して、そうしてお互いに疲れて、一生を送るものなのでしょうか。私は、人に逢《あ》うのが、いやなのです。だから私は、よほどの事でもない限り、私のほうからお友達の所へ遊びに行く事などは致しませんでした。家にいて、母と二人きりで黙って縫物をしていると、一ばん楽《らく》な気持でした。けれども、いよいよ大戦争がはじまって、周囲がひどく緊張してまいりましてからは、私だけが家で毎日ぼんやりしているのが大変わるい事のような気がして来て、何だか不安で、ちっとも落ちつかなくなりました。身を粉《こ》にして働いて、直接に、お役に立ちたい気持なのです。B私は、私の今までの生活に、自信を失ってしまったのです。

家に黙って坐って居られない思いで、けれども、外に出てみたところで、私には行くところが、どこにもありません。買い物をして、その帰りには、駅に立ち寄って、ぼんやり駅の冷たいベンチに腰かけているのです。どなたか、ひょいと現れたら！という期待と、ああ、現われたら困る、どうしようという恐怖と、でも現われた時には仕方が無い、その人に私のいのちを差し上げよう、私の運がその時きまってしまうのだというような、あきらめに似た覚悟と、その他さまざまのけしからぬ空想などが、異様にからみ合って、胸が一ぱいになり窒息する程くるしくなります。生きているのか、死んでいるのか、わからぬような、白昼の夢をみているような、なんだか頼りない気持になって、眼前の、人の往来の有様も、望遠鏡を逆に覗《のぞ》いたみたいに、小さく遠く思われて、世界がシンとなってしまうのです。

ああ、私は一体、何を待っているのでしょう。ひょっとしたら、私は大変みだらな女なのかも知れない。大戦争がはじまって、何だか不安で、身を粉にして働いて、お役に立ちたいというのは嘘で、本当は、そんな立派そうな口実を設けて、自分の軽はずみな空想を実現しようと、何かしら、よい機会をねらっているのかも知れない。ここに、こうして坐って、ぼんやりした顔をしているけれども、胸の中では、不埒《ふらち》な計画がちろちろ燃えているような気もする。

一体、私は、誰を待っているのだろう。はっきりした形のものは何も無い。ただ、もやもやしている。けれども、私は待っている。大戦争がはじまってからは、毎日、毎日、お買い物の帰りには駅に立ち寄り、この冷たいベンチに腰をかけて、待っている。誰か、ひとり、笑って私に声を掛ける。おお、こわい。ああ、困る。私の待っているのは、あなたでない。それでは一体、私は誰を待っているのだろう。旦那さま。ちがう。恋人。ちがいます。お友達。いやだ。お金。まさか。亡霊。おお、いやだ。

もっとなごやかな、ぱっと明るい、素晴らしいもの。なんだか、わからない。たとえば、春のようなもの。いや、ちがう。青葉。五月。麦畑を流れる清水。やっぱり、ちがう。ああ、けれども私は待っているのです。胸を躍らせて待っているのだ。眼の前を、ぞろぞろ人が通って行く。あれでもない、これでもない。私は買い物籠をかかえて、こまかく震えながら一心に一心に待っているのだ。私を忘れないで下さいませ。毎日、毎日、駅へお迎えに行っては、むなしく家へ帰って来る二十《はたち》の娘を笑わずに、どうか覚えて置いて下さいませ。その小さい駅の名は、わざとお教え申しません。お教えせずとも、あなたは、いつか私を見掛ける。

（注）　省線——鉄道省（旧国鉄）の管轄下にあった鉄道線。省線電車。

問1 傍線部(ア)〜(ウ)の本文中における意味として最も適当なものを、次の各群の①〜⑤のうちから、それぞれ一つずつ選べ。解答番号は 12 〜 14 。

(ア) おもむろに 12
① いきなり
② ゆっくりと
③ なんとなく
④ 前触れもなく
⑤ 思いついたように

(イ) 眉をひそめながら 13
① 不憫に思い、顔を曇らせながら
② 冷静を装い、目線を下げながら
③ 不審に思い、顔をしかめながら
④ 理解を示し、表情を緩めながら
⑤ 辛さを嘆き、顔をゆがめながら

(ウ) 立ちすくんだ 14
① 立ち上がった
② 立てなかった
③ 立ったり座ったりして
④ 立ったまま待っていた
⑤ 立ったまま動けなくなった

問2　傍線部A「尾生はそっと口笛を鳴しながら、気軽く橋の下の洲を見渡した」とあるが、ここでの尾生の心情を説明したものとして最も適当なものを、次の①～⑤のうちから一つ選べ。解答番号は 15 。

① 女が来るか来ないかということよりも、周囲の景色に気を取られている。
② 女が来ないことをそれほど深刻には捉えずに、落ち着いた気持ちで待っている。
③ 女が来ないかもしれないという疑いが強まり、落ち着かない気持ちになっている。
④ 女がなかなか約束の場所に現れないことに焦りを感じつつも、無理に平静を装っている。
⑤ 女がなかなか約束の場所に現れないことに強い苛立ちと落胆を感じている。

問３ 【文章Ⅰ】の表現の特徴についての説明として**適当でないもの**を、次の①～⑤のうちから一つ選べ。解答番号は 16 。

① 「たぶり」という擬音語や「雲母のような」という直喩などの修辞法を用いて、尾生の置かれている状況を具体的に描いている。

② 時刻を直接的に表す表現は用いられていないが、光の明暗や空の色などの情景描写によって、時の経過を間接的に表現している。

③ 「尾生の鼻を掠めて、鱸らしい魚が一匹、ひらりと白い腹を飜した」という表現には、川の水位の上昇を読者に間接的に示す効果がある。

④ 「尾生は～」という文と、「が、女は未だに来ない」という文の照応が何度も反復されることで、来ぬ人を待つ尾生の心情の推移が印象的に示されている。

⑤ 空白行を挟んだ後半部で、作者自身と解釈することのできる「私」を登場させることで、恋愛にかまけて満足のいく仕事ができない作者自身の現況が暗示されている。

問4　傍線部B「私は、私の今までの生活に、自信を失ってしまったのです」とあるが、なぜか。その理由の説明として最も適当なものを、次の①～⑤のうちから一つ選べ。解答番号は 17 。

① 人間が嫌いだと口では言いながら、毎日のように駅のベンチに腰をおろして、自分の結婚相手となる人を品定めしている自分に嫌気が差したから。

② 戦争がはじまってみると、家でのんびりと母と暮らしていたこれまでの生活がいかにも生産性のないものに思えてきて、自分自身の未来に期待できなくなったから。

③ 大きな戦争がはじまり、今は人々が一致団結しなければならない時局だというのに、人間が嫌いだ、人に逢うのがいやだなどと言って極力人を避けてきた自分の生活を情けなく思ったから。

④ 戦争がはじまり世の中の緊張が高まるにつれて、戦争前には何とも思わなかった、社会の役に立つようなことをほとんどしていない自分の生活に意義を見出せなくなったから。

⑤ 市場での買い物の帰りに、駅のベンチに腰をおろして、駅から出てくる人の波をただぼんやりと眺めているだけの自分の生活に意味を感じられなくなったから。

問５ 次に示すのは、**【文章Ⅱ】**を読んだ後に、六人の生徒が話し合っている場面である。それぞれの発言の中で、本文の表現と内容の説明として**適当でないもの**を、次の①～⑥のうちから**二つ**選べ。解答番号は 18 ・ 19 。

教師――この作品は、ある新聞のために太平洋戦争中に執筆されましたが、時局に合わないという理由で掲載が拒否されたという背景を持っています。様々な解釈を与えることができる作品ですが、みなさんはどのようにこの作品を読みましたか。自由に発言してみてください。

① 生徒Ａ――まず印象的だったのは、自分自身に問いを投げかけ、その問いに自分で答えるという自問自答のスタイルです。それによって次第に「私」が正しい答えに近づいていく過程を興味深く読みました。

② 生徒Ｂ――「誰を待っているのだろう」という表現だけでなく、「何を待っているのでしょう」という表現も見られることから、「私」の待っているものが、「私」自身にもはっきりわからない漠然としたものだということが言えると思います。

③ 生徒Ｃ――「私」が駅のベンチに腰かけて待つことをはじめたのは、大戦争がはじまって自分の生活に自信を失ってからなので、「私」が待っていたのは「私」に存在意義を与えてくれる何かであるという解釈も成り立つと思います。

④ 生徒Ｄ――駅の冷たいベンチに座って、駅から吐き出されてくる人々をぼんやり眺めている「私」の姿からは、社会に順応して生きているように見える多くの人々と自分との間に隔たりを感じる「私」の疎外感が読み取

れると思いました。

⑤ 生徒Ｅ――「望遠鏡を逆に覗いたみたいに」という比喩表現によって、目の前を行き過ぎる人々よりも、自分自身の内面に意識を向ける「私」の孤独なありようがよく描かれていると思いました。

⑥ 生徒Ｆ――小説の末尾の「あなたは、いつか私を見掛ける」という表現には、戦争にまい進する社会に疎外感を覚える「私」のような人間はあらゆるところにいるはずだという作者のメッセージが込められているように思います。

問６ **【文章Ⅰ】**と**【文章Ⅱ】**の共通点あるいは相違点を述べたものとして**適当でないもの**を、次の①～⑥のうちから**二つ**選べ。解答番号は 20 ・ 21 。

① どちらの文章にも、「待つ」と言う行為の受動的とも能動的ともいえるあり方によってもたらされる、作中人物の期待と不安とが描かれている。

② どちらの文章も、「ありふれた」とは形容できない特殊な人物、特殊な状況を描きつつ、広く共感を呼びうる普遍性を具《そな》えている。

③ 【文章Ⅰ】の尾生が待っているのも、【文章Ⅱ】の「私」が待っているのも、どちらも永久に来るはずのないものであるという点では共通している。

④ 【文章Ⅰ】では、次第に変化していく尾生の心情が時間の経過に沿って表現されているが、【文章Ⅱ】では、語り手の「私」の現在の心情が過去の心情と比較される形で表現されている。

⑤ 【文章Ⅰ】では、敬語は一切用いられず、文体が常体で統一されているが、【文章Ⅱ】では、「～です」などの敬体と「～のだ」などの常体が混在し、文章に独特のリズムが生まれている。

⑥ 【文章Ⅰ】で尾生が待っているのは一人の特定の人間だが、【文章Ⅱ】で「私」が待っているのは複数の不特定の人間である。

（下書き用紙）

国語の試験問題は次に続く。

第3問

カズミさんは、「インターネット上で情報を扱う際に注意すべきこと」という題で自分の考えを【レポート】にまとめた。【資料Ⅰ】～【資料Ⅲ】は、【レポート】をまとめるにあたってカズミさんが参考にした調査結果や文章である。これらを読んで、後の問い（問1～4）に答えよ。（配点　20）

【レポート】

近年、インターネットの発達と、それを活用したSNS等のプラットフォームサービスの拡大が著しい。私たちは、インターネット上で情報を扱う際に、どんなことに注意するべきだろうか。

調べていくと、消費者のプラットフォームサービスの利用の仕方は国によって違うことに気が付く。【資料Ⅰ】を見ると、「ニュースサイト・アプリから自分へおすすめされる情報をみる」を選択した日本人の割合が全体平均を上回っていることから、日本の消費者が情報に対して受け身であることがわかる。また、主体的に複数の情報を得て比較検討し、情報の確度などを確認するといったことに積極的でないことがわかる。さらに、［　X　］は、情報の真偽を検証するという行為が日本の消費者にあまり広まっていないことを示している。そして、インターネットには、一度ある情報に接すると、似たような情報ばかりが「おすすめ」に出てくるという性質があるため、日本の消費者の場合、いわゆるエコーチェンバー[注1]やフィルターバブル[注2]による偏った情報収集に陥ってしまう可能性が高いといえるだろう。

次に、【資料Ⅱ】【資料Ⅲ】を通じて、現在のインターネットの世界で危惧されていることを見てみよう。【資料Ⅱ】では、インターネットの世界において［　Y1　］が指摘され、【資料Ⅲ】では、「フェイクニュース」という言葉を知ることで、人々がニュースや情報の真偽を見分けることができるようになるのではなく、むしろ［Y2］が指摘されている。

こうした状況において、私たちはどのようなことに注意すればよいのだろうか。ファクトチェックに関心の低い日本の消費者は、前述したエコーチェンバーやフィルターバブルといった問題に加え、偽情報や誤情報の受容や拡散に対して無自覚であることが心配される。そこで、まずはインターネット上には誤った情報やフェイクニュースなどが存在するということを知るべきだ。しかしそれをメディア全般への不信につなげてしまってはいけない。そうではなく、広い視点で複数の情報を比較検討して、公平な目で真実性を判断していくべきである。具体的には、［Z］などが求められる。情報とのそうした向き合い方は、情報の真偽の適切な判断や誤情報の拡散防止につながるだろう。漫然と情報に触れるのではなく、常に自分自身のメディアリテラシーを高めようという意識を持つことが重要である。

（注）　1　エコーチェンバー――ソーシャルメディアなどで意見を発信すると、自分と似た意見が多く返ってくるという状況。

2　フィルターバブル――自分の見たい情報が優先的に表示され、他の情報から隔離されることで、自分の考え方や価値観の「バブル（泡）」の中に孤立するというインターネット上の情報環境。

【資料Ⅰ】 オンライン上（インターネット上）の情報に関する消費者の意識調査

グラフ１　オンライン上で最新のニュースを知りたいときの行動

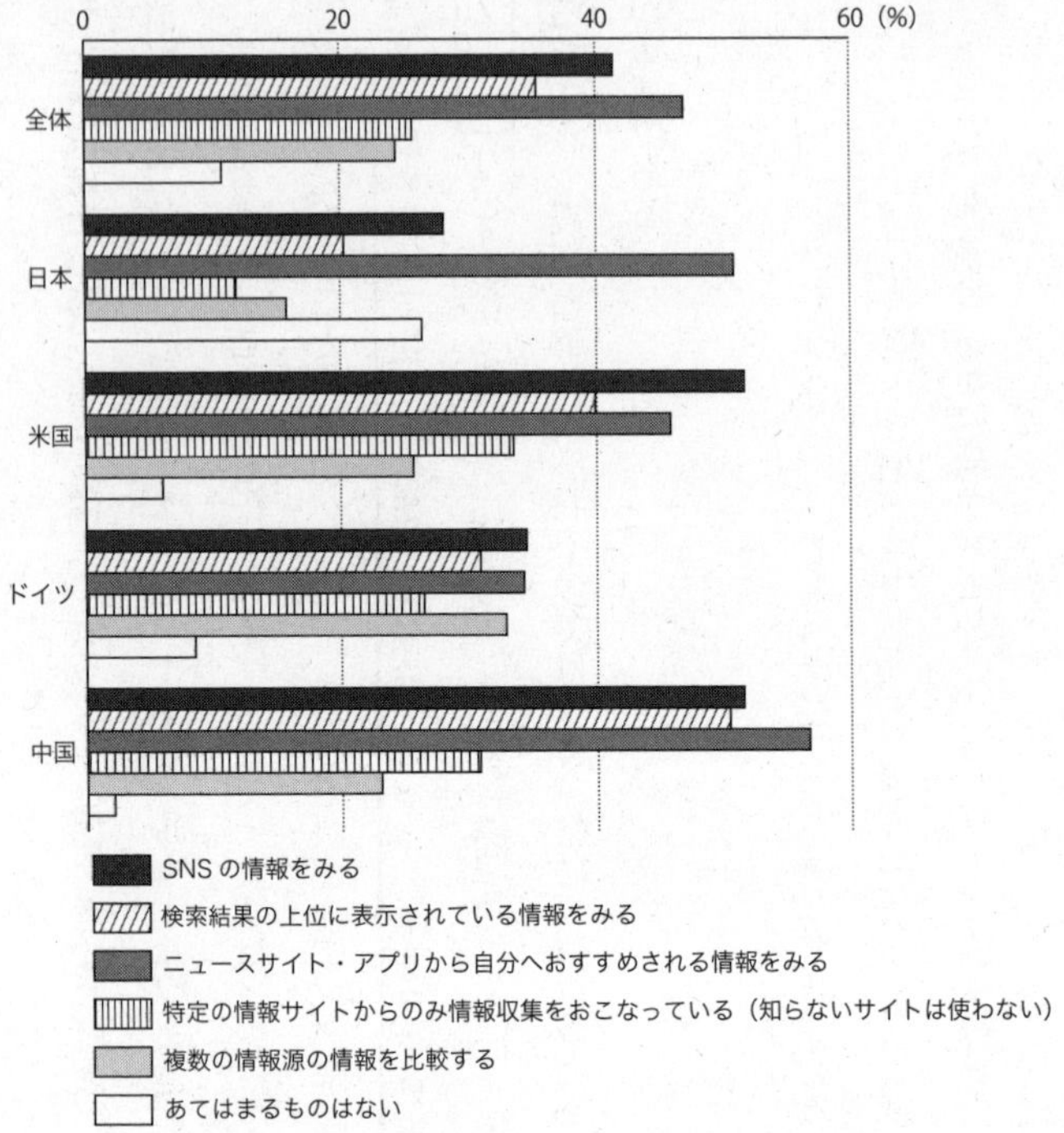

グラフ２　ファクトチェックの認知度

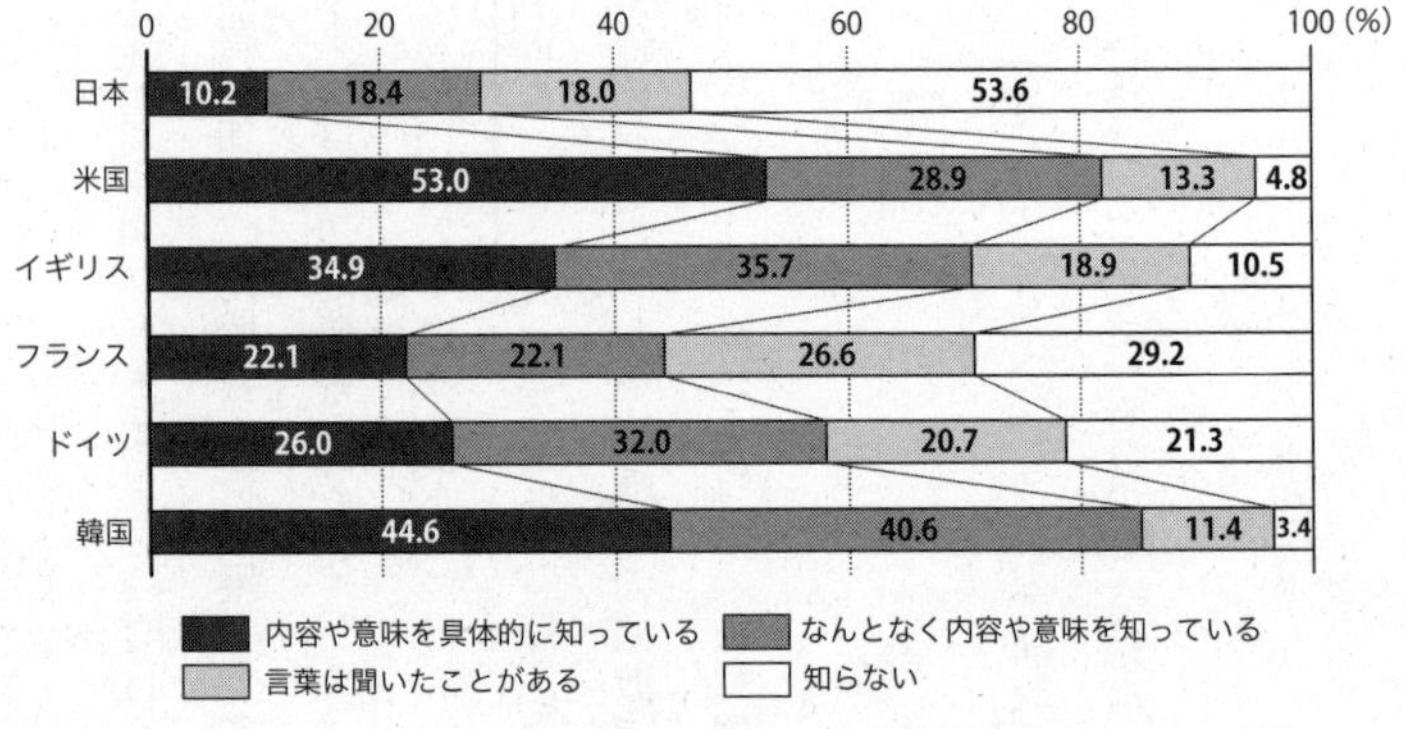

（注） ファクトチェック …… 情報の真偽を検証する活動。

（総務省編「令和５年版情報通信白書」をもとに作成）

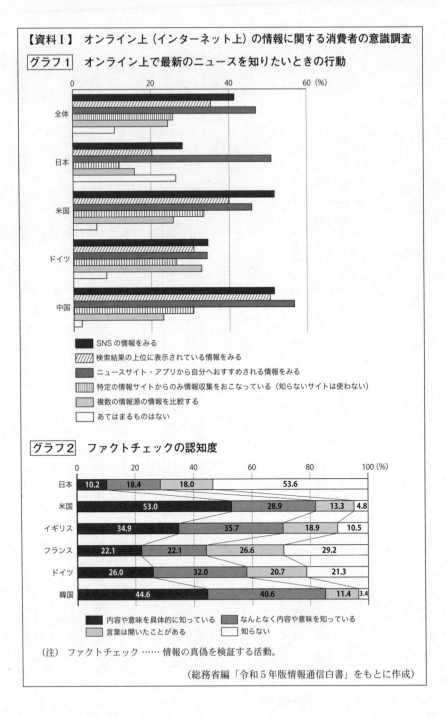

【資料Ⅱ】　ネットの世界の問題点

物心ついたころからスマホを手に育ってきた世代が、世の中の主流となったとき、言葉の無断引用や偽装に対する社会の意識が変化しているかもしれません。ネットという世界における新しい言葉の技術が、いまの私たちには考えられないような常識やモラルの変化をもたらすということが起こりそうです。

こういった見方には反論もあるでしょう。「肝心なのは事実だ。現実はネットより強い」たしかにその通りです。しかしこう考えることもできます。たとえば臨床データ偽造が行われたとする。それはいわば架空のデジタル・データですが、内部告発でもないかぎり表に出ることはない。それが治療や新薬となって現実世界につながっていく。その場合、私たちの現実が架空のデータによって変えられたということになります。

学術論文の不正が示したのは、デジタル技術でいとも簡単に偽の情報、画像や文字情報が創作できるということです。

現代ではその偽の情報が、SNSなどのネットを通して瞬間的に拡散していきます。論文という狭い枠の中に止まってはいません。SNSの普及はフェイクがニュース化して世界中に広がる世界をつくりあげてしまいました。

さらに厄介なのはネット世界には、現実と仮想が渾然《こんぜん》と入り乱れていることです。嘘《うそ》と真実が同居していて、それを見分けるのはきわめて困難になっています。

（藤原智美《ふじわらともみ》『スマホ断食　コロナ禍のネットの功罪』による）

第5回　実戦問題

【資料Ⅲ】「フェイクニュース」という言葉がもたらす悪影響

メディアリテラシー教育者や研究者らは、フェイクニュースという言葉が安易に用いられることで、ユーザーは事実に基づいた報道やニュース記事さえを疑い、すべての情報に対してシニカルな態度を取るようになってしまう傾向があると指摘している。世界でおこなわれているいくつかの研究では、フェイクニュースという言葉の使用や、情報区分を明確にしないままの議論が、メディアへの信頼や情報の真偽を判断するスキルに悪影響を与えることを示している。

アメリカのテキサス大学オースティン校でデジタルメディアの研究をおこなうエミリー・ヴァンダインらによると、ジャーナリストや政治家などによるフェイクニュースという言葉を含んだ「Twitter」(注)投稿にふれたユーザーは、政治に関する知識やイデオロギーとは関係なく、事実に基づいたニュースとそうでないニュースを判断する能力が低下し、メディアへの信頼性も低くなる傾向がみられた。また、アメリカの研究機関であるプロジェクト・インフォメーション・リテラシーがアメリカでおこなった調査では、対象になった学生らの三六％がフェイクニュースの脅威によってあらゆるニュースの信頼性を疑うようになったと回答している。また、イギリスでも同様に、フェイクニュースが社会問題化して以降、若者の間でニュース全般への信頼度が下がっていることが明らかになっている。

（藤代裕之《ふじしろひろゆき》編『フェイクニュースの生態系』所収　耳塚佳代《みみづかかよ》「フェイクニュースとは何か」による）

（注）Twitter ―― ソーシャル・ネットワーキング・サービス（ＳＮＳ）の一つ。二〇二三年「X」へ名称を変更した。

問1 【レポート】の空欄 X には、【レポート】の展開を踏まえた【資料Ⅰ】の説明が入る。その説明として最も適当なものを、次の①～⑤のうちから一つ選べ。解答番号は 22 。

① ファクトチェックについて「言葉は聞いたことがある」と答えた人の割合が二割弱で、米国や韓国よりも高いこと
② 最新のニュースを知りたいときに「SNSの情報をみる」と答えた人の割合がほぼ三割で、他国と比較するとかなり低いこと
③ ファクトチェックについて「内容や意味を具体的に知っている」と答えた人の割合は他国より低いが、「なんとなく内容や意味を知っている」と答えた人の割合は高いこと
④ 最新のニュースを知りたいときに「特定の情報サイトからのみ情報収集をおこなっている」と答えた人の割合が他国よりも低いこと
⑤ ファクトチェックについて「知らない」と答えた人の割合が五割を超えていて、他国と比較するときわめて高いこと

問2 【レポート】の空欄 Y1 と Y2 には、【資料Ⅱ】と【資料Ⅲ】の内容を踏まえた語句が入る。その語句の組合せとして最も適当なものを、次の①～⑤のうちから一つ選べ。解答番号は 23 。

① Y1 新しい言葉の技術が発展する必然性と、それに合わせた常識やモラルの変化
　 Y2 特定のニュースやメディアに対する信頼度を低下させるようになるということ

② Y1 虚偽の情報が瞬間的に拡散する危険性と、虚偽と真実を見分けることの困難さ
　 Y2 すべてのニュースやメディアの信頼性を疑うようになるということ

③ Y1 事実や現実が有する重要性と、その重要性をおびやかす偽情報の拡散
　 Y2 政治に関する知識やイデオロギーへの信頼度を低下させるということ

④ Y1 偽の情報が拡散する危うさと、それに対抗するために必要な常識やモラルの変化
　 Y2 メディアやニュースに対して批判的になり、真偽の区別に敏感になるということ

⑤ Y1 架空のデータが現実とつながる恐ろしさと、嘘と真実を見分けることの難しさ
　 Y2 フェイクニュースを発信したメディアや政治家などを信頼しなくなるということ

問3 **【レポート】**の空欄 Z には、**【レポート】**の傍線部「広い視点で複数の情報を比較検討して、公平な目で真実性を判断していく」ことの例が入る。その例として**適当でないもの**を、次の①～⑤のうちから一つ選べ。解答番号は 24 。

① ある政党の経済政策について賛同しているニュースや情報に接して共感を抱いたとしても、それで終わりにするのではなく、その政策を批判したり、欠点を指摘したりしているニュースや情報にも触れて、その根拠などについてさらに調べたり考えたりしてみること

② あるプロ野球チームの監督が退任したことを報じたインターネットのニュースでは、退任理由を監督の健康問題としていたが、インターネットで検索して同じ出来事について報じた他のニュースも閲覧し、退任理由としてどんなことが記されているか確認してみること

③ 文学作品に対して一般読者が星印の数で評価し、感想を書き込むことのできるインターネットの掲示板で、自分の好きな作家の作品に多くの星印をつけて高く評価した人の感想だけを読むのではなく、低く評価した人の批判的な感想も読んでその内容について検討すること

④ 野球が好きだからといって、野球の試合結果を報じるニュースや、野球に関する情報ばかりに接するのではなく、ニュースサイト・アプリからおすすめされた場合には、サッカーや水泳、卓球など他のスポーツのニュースや情報にも積極的に触れるようにすること

⑤ ある新聞で、企業と消費者が争っている裁判に関して企業側の対応を批判する社説を読んだが、消費者側の

意見ばかりを重んじているのではないかと感じたため、他の新聞や雑誌、インターネットのニュースサイトなどを調べて、企業側の意見を詳しく紹介した記事を探すこと問4　カズミさんは、【レポート】の主張をより理解してもらうためには論拠が不十分であることに気づき、補足しようと考えた。その内容として適当なものを、次の①～⑥のうちから**二つ**選べ。ただし、解答の順序は問わない。
解答番号は 25 ・ 26 。

① 「フェイクニュース」という言葉の安易な使用がニュース全般に対する信頼度を低下させるという研究結果を提示し、そのことと、日本の消費者のニュースサイト・アプリからのおすすめに依存する傾向との間に関連があることを示す。

② 日本の消費者が主体的に複数の情報を得て比較検討し、情報の確度などを確認するといったことに積極的でないことの根拠として、【資料Ⅰ】で「複数の情報源の情報を比較する」と回答した人の割合が他国より低いことを挙げる。

③ 【資料Ⅲ】のアメリカの研究機関であるプロジェクト・インフォメーション・リテラシーによる調査結果を示して、ファクトチェックに対する関心の低さが、日本の消費者だけでなく、アメリカの消費者の間にも広がっていることを補足する。

④ 【資料Ⅱ】の「デジタル技術でいとも簡単に偽の情報、画像や文字情報が創作できる」に関連して、実際に創作された偽の画像や文字情報などを添付し、インターネット上には誤った情報やフェイクニュースなどが存在するという内容に説得力を持たせる。

⑤ 「フェイクニュース」という言葉を知ることで、人々がニュースや情報の真偽を見分けることができるように

なるわけではないことの根拠として、**【資料Ⅱ】**にある、「フェイクがニュース化して世界中に広がっている現状を紹介する。

⑥「常に自分自身のメディアリテラシーを高めようという意識」に関連して、**【資料Ⅰ】**で「特定の情報サイトからのみ情報収集をおこなっている」と答えた人の割合が他国より大きい米国の消費者を、メディアリテラシーの高い人々の例として挙げる。

(キリトリ線)

東進　共通テスト実戦問題集　国語　　解答用紙

マーク例

良い例	悪い例
●	⊙ ◓ ○ ⊗

受験番号を記入し，その下のマーク欄にマークしなさい。

受験番号欄				
千位	百位	十位	一位	英字
－	⓪	⓪	⓪	Ⓐ
①	①	①	①	Ⓑ
②	②	②	②	Ⓒ
③	③	③	③	Ⓗ
④	④	④	④	Ⓚ
⑤	⑤	⑤	⑤	Ⓜ
⑥	⑥	⑥	⑥	Ⓡ
⑦	⑦	⑦	⑦	Ⓤ
⑧	⑧	⑧	⑧	Ⓧ
⑨	⑨	⑨	⑨	Ⓨ
－	－	－	－	Ⓩ

氏名・フリガナ，試験場コードを記入しなさい。

フリガナ						
氏名						
試験場コード	十万位	万位	千位	百位	十位	一位

注意事項

1　訂正は，消しゴムできれいに消し，消しくずを残してはいけません。
2　所定欄以外にはマークしたり，記入したりしてはいけません。
3　汚したり，折りまげたりしてはいけません。

解答番号	解答欄 1	2	3	4	5	6	7	8	9	解答番号	解答欄 1	2	3	4	5	6	7	8	9	解答番号	解答欄 1	2	3	4	5	6	7	8	9	解答番号	解答欄 1	2	3	4	5	6	7	8	9
1	①	②	③	④	⑤	⑥	⑦	⑧	⑨	11	①	②	③	④	⑤	⑥	⑦	⑧	⑨	21	①	②	③	④	⑤	⑥	⑦	⑧	⑨	31	①	②	③	④	⑤	⑥	⑦	⑧	⑨
2	①	②	③	④	⑤	⑥	⑦	⑧	⑨	12	①	②	③	④	⑤	⑥	⑦	⑧	⑨	22	①	②	③	④	⑤	⑥	⑦	⑧	⑨	32	①	②	③	④	⑤	⑥	⑦	⑧	⑨
3	①	②	③	④	⑤	⑥	⑦	⑧	⑨	13	①	②	③	④	⑤	⑥	⑦	⑧	⑨	23	①	②	③	④	⑤	⑥	⑦	⑧	⑨	33	①	②	③	④	⑤	⑥	⑦	⑧	⑨
4	①	②	③	④	⑤	⑥	⑦	⑧	⑨	14	①	②	③	④	⑤	⑥	⑦	⑧	⑨	24	①	②	③	④	⑤	⑥	⑦	⑧	⑨	34	①	②	③	④	⑤	⑥	⑦	⑧	⑨
5	①	②	③	④	⑤	⑥	⑦	⑧	⑨	15	①	②	③	④	⑤	⑥	⑦	⑧	⑨	25	①	②	③	④	⑤	⑥	⑦	⑧	⑨	35	①	②	③	④	⑤	⑥	⑦	⑧	⑨
6	①	②	③	④	⑤	⑥	⑦	⑧	⑨	16	①	②	③	④	⑤	⑥	⑦	⑧	⑨	26	①	②	③	④	⑤	⑥	⑦	⑧	⑨	36	①	②	③	④	⑤	⑥	⑦	⑧	⑨
7	①	②	③	④	⑤	⑥	⑦	⑧	⑨	17	①	②	③	④	⑤	⑥	⑦	⑧	⑨	27	①	②	③	④	⑤	⑥	⑦	⑧	⑨	37	①	②	③	④	⑤	⑥	⑦	⑧	⑨
8	①	②	③	④	⑤	⑥	⑦	⑧	⑨	18	①	②	③	④	⑤	⑥	⑦	⑧	⑨	28	①	②	③	④	⑤	⑥	⑦	⑧	⑨	38	①	②	③	④	⑤	⑥	⑦	⑧	⑨
9	①	②	③	④	⑤	⑥	⑦	⑧	⑨	19	①	②	③	④	⑤	⑥	⑦	⑧	⑨	29	①	②	③	④	⑤	⑥	⑦	⑧	⑨	39	①	②	③	④	⑤	⑥	⑦	⑧	⑨
10	①	②	③	④	⑤	⑥	⑦	⑧	⑨	20	①	②	③	④	⑤	⑥	⑦	⑧	⑨	30	①	②	③	④	⑤	⑥	⑦	⑧	⑨	40	①	②	③	④	⑤	⑥	⑦	⑧	⑨

※大学入学共通テスト「国語」の解答番号数は全部でおよそ38ですが，本書「現代文」では解答番号1～26をご使用ください（複数回使用する場合は複写してご利用ください）。

東進

共通テスト実戦問題集
国語〔現代文〕
〈3訂版〉

解答解説編
Answer / Explanation

JAPANESE

東進ハイスクール・東進衛星予備校 講師
輿水 淳一
KOSHIMIZU Junichi

東進ブックス

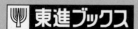

はじめに

◆現代文の本質的な力を身につける

「先生、共通テスト現代文の勉強って何をすれば良いですか？　あんまり過去問もないし、傾向とかもよくわからないし……」。このところ、受験生からよく寄せられる声だ。そして、そのような声に応えるべく書かれたのが本書だ。本書に真正面から取り組むことで、**「形式の変化にとらわれない本質的な力」**を身につけ、自信を持って本番に臨んでほしい。

本書の特色は、以下の三つだ。

①一貫した解き方の提示
②圧倒的にわかりやすく、充実した解説
③精選された題材

第一に、一貫した解き方の提示。大学入学共通テスト（以下、共通テスト）は今後当分の間、選択式の設問形式で実施される見込みだが、みなさんは、選択式の設問の正しい解き方を身につけているだろうか？　本書では、自分の頭の中に**【正解のイメージ】**を持ち、それに合う選択肢を選ぶ解き方（積極法）と、選択肢と本文や資料の内容を照らし合わせて矛盾のない選択肢を選ぶ解き方（消去法）という二つの解き方を提示する。本書で演習を積み、解説を読み込むことによって、**制限時間内に高得点を獲得することを可能にする**これらの解き方を、体に覚え込ませてほしい。

第二に、圧倒的にわかりやすく、充実した解説。「なぜそこが根拠になるのか」「なぜその選択肢が正解になるのか」「なぜこの選択肢は誤りなのか」。本書では、なるべく読者に疑問を残さない解説を心がけた。ＱＲコードを使った解説動画も存分に活用してほしい。

第三に、精選された題材。**現代文を得意科目とするには「読む」と「考える」の循環が不可欠だ**。読むことがものを考えるきっかけになる、普段からものを考えているから読める。本書では、読者の「考えるきっかけ」となるような題材を精選した。

◆勉強に向かうモチベーション

我々が何かを行う動機付け（モチベーション）には二種類ある。内発的動機付けと外発的動機付けだ。内発的動機付けとは、当人の内側から生まれるモチベーション、つまり、やりたいからやる、あるいは好きだから、楽しいからやる、というものだ。それに対して、外発的動機付けとは、それを行う理由が外にある状態、たとえば、やらなければ怒られるからやる、あるいはやると報酬が得られるからやるというものだ。

　多くの受験生にとって、受験勉強とは志望校合格を勝ち取るためにするものであり、その意味でそれは外発的動機付けに支えられたものであろう。しかし、もし、そこに勉強自体の面白さを見いだすことができるなら、つまり内発的動機付けにも支えられた受験勉強というものがありえるならば、それは非常に強い勉強のモチベーションとなり、勉強を続けることが苦ではなくなるはずだ。そして自ら能動的に楽しんで行うものは上達も早い。

「なるほどなぁ……」「なんでだろう?」「たしかにそうだなぁ……」ぜひ、自分の頭と心を動かして、楽しみながら本書に取り組んでほしい。

　ある文章と出会い、それを理解するということは、単に知識を得るということにとどまらず、その文章との出会いによって自分が変化するということでもある。本書が、共通テスト現代文を解くために必要な知識やノウハウを授けるものにとどまらず、読者が自ら考え、自分の思考を創造し、自分の精神世界を深めていく、そのきっかけともなれば幸いである。

二〇二四年　七月

輿水淳一

この画像をスマートフォン等で読み取ると、ワンポイント解説動画が視聴できます。（以下同）

解説動画

本書の特長

❶ 実戦力が身につく問題集

本書制作にあたっては、二〇二二年に公表された「試作問題」と共通テストの過去問を徹底的に分析。本番と同様の形式・レベルのオリジナル問題を収録した。

共通テストは時間の制約が厳しい試験だ。限られた時間内で初見の文章を理解し、確実に正解にたどり着かなくてはならない。そのためには、何度も問題演習を繰り返し、多様なジャンルの文章に触れると同時に、一貫した解き方を身につける必要がある。その訓練に最適な問題集が本書だ。実際の共通テストの傾向を踏まえた、それぞれにタイプの異なるオリジナル問題の演習を通じて、どんな問題にも対応できる力を身につけよう。

『東進 共通テスト実戦問題集』シリーズ「国語」ラインアップ

■**現代文**……**五回分収録（オリジナル問題五回）**
□古文……五回分収録（オリジナル問題五回）
□漢文……五回分収録（オリジナル問題五回）

❷ 東進実力講師によるワンポイント解説動画

「はじめに」と各回の解答解説冒頭（扉《とびら》）に、解説動画のQRコードを掲載。スマートフォンなどで読み取れば、ワンポイント解説動画が視聴できる仕組みになっている。

解説動画	解説内容
はじめに	正答へのプロセス
第1回	文章を読むということ
第2回	消去法のパターン
第3回	表現上の特色を問う問題
第4回	文学的文章読解のポイント
第5回	実用的文章読解のポイント

❸ 詳しくわかりやすい解説

本書では、入試問題を解くための知識やノウハウが習得できるよう、様々な工夫を凝らしている。

【解説の構成】

❶配点表…正解と配点の一覧表。各回の扉に掲載。マークシートの答案を見ながら、自己採点欄に採点結果を記入しよう（7ページ参照）。

❷出　典…問題文や**【資料】**の出典と、著者や作者の情報を記載。題材への理解とともに、著者や作者への理解を深めよう。

❸読　解…問題文の要約。要点や段落構成の把握のため、しっかり読み込もう。普段から自分で要約する練習をしておくとよい。

▼出典／読解

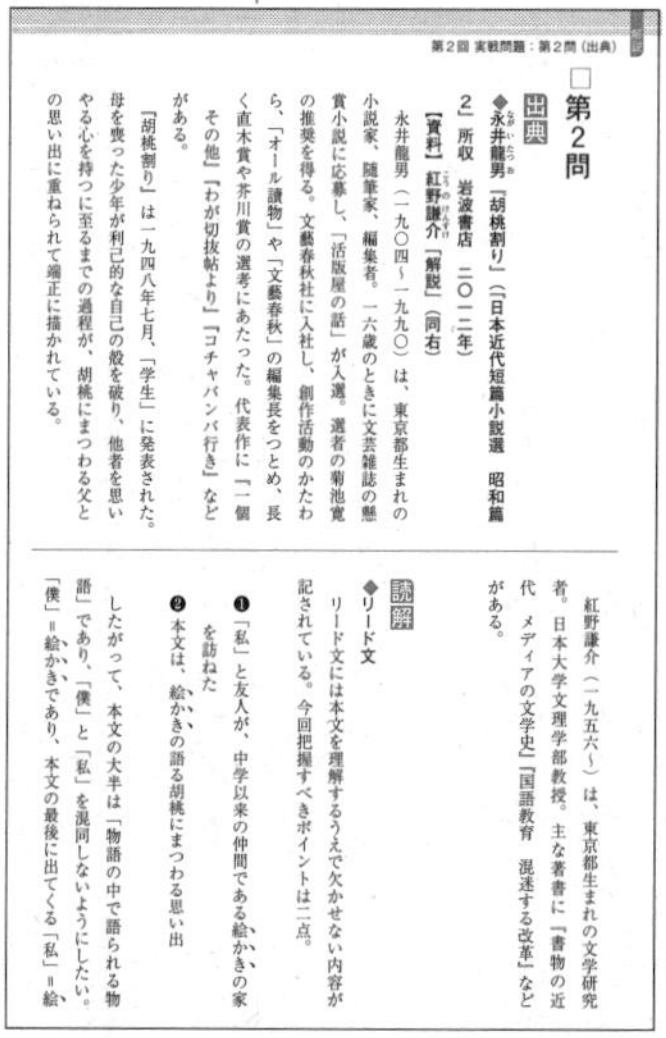
第2回 実戦問題：第2問（出典）

□第2問

出典

◆永井龍男《ながいたつお》「胡桃割り」（『日本近代短篇小説選　昭和篇2』所収　岩波書店　二〇一二年）

【資料】紅野謙介《こうのけんすけ》「解説」（同右）

永井龍男（一九〇四～一九九〇）は、東京都生まれの小説家、随筆家、編集者。一六歳のときに文芸雑誌の懸賞小説に応募し、「活版屋の話」が入選。選者の菊池寛の推奨を得る。文藝春秋社に入社し、創作活動のかたわら、「オール讀物」や「文藝春秋」の編集長をつとめ、長く直木賞や芥川賞の選考にあたった。代表作に「一個その他」「わが切抜帖より」「コチャバンバ行き」などがある。

「胡桃割り」は一九四八年七月、「学生」に発表された。母を喪った少年が利己的な自己の殻を破り、他者を思いやる心を持つに至るまでの過程が、胡桃にまつわる父との思い出に重ねられて端正に描かれている。

紅野謙介（一九五六～）は、東京都生まれの文学研究者。日本大学文理学部教授。主な著書に『書物の近代　メディアの文学史』『国語教育　混迷する改革』などがある。

読解

◆リード文

リード文には本文を理解するうえで欠かせない内容が記されている。今回把握すべきポイントは二点。

❶「私」と友人が、中学以来の仲間である絵かきの家を訪ねた

❷本文は、絵かきの語る胡桃にまつわる思い出

したがって、本文の大半は「物語の中で語られる物語」であり、「僕」と「私」を混同しないようにしたい。「僕」＝絵かきであり、本文の最後に出てくる「私」＝絵

❹解　説…設問文の把握、解答の根拠の提示、各選択肢の正誤を記載。復習の際は、間違えた問題だけでなく正解した問題も解説を熟読し、自分の解答を導くプロセスや根拠が正しかったかどうか、必ず確認しよう。

❺語彙リスト…問題に登場した重要語彙をピックアップ。語彙力は読解力にも直結するため、しっかりと意味をおさえておこう。

▼語彙リスト

第2回 実戦問題：語彙リスト

語彙リスト

□躍動《やくどう》	いきいきと踊るように動くこと。
□肝胆相照らす《かんたんあいてらす》	互いに心の底まで打ち明けて親しくつきあう。
□間断《かんだん》	とぎれること。たえま。
□享受《きょうじゅ》	受け取って自分のものにすること。また、受け入れて味わい楽しむこと。
□虚妄《きょもう》	事実でないこと。うそいつわり。
□所産《しょさん》	ある事の結果、生み出されたもの。
□先鋭化《せんえいか》	思想や行動が過激化すること。
□知見《ちけん》	実際に見聞して得た知識。
□放免《ほうめん》	体の拘束を解いて自由にすること。刑期を終えた者や、無罪とわかった被疑者・被告人を釈放すること。
□志向性《しこうせい》	意識や思考がある対象に向かう性質。
□提言《ていげん》	自分の意見や考えを、多くの人の前に提出すること。また、その意見・考え。
□欺瞞《ぎまん》	あざむき、だますこと。

□恣意性《しいせい》	何らかのルールに従うのではなく、勝手気ままに物事を行うさま。
□激高《げきこう》	感情が激しく高ぶること。
□情愛《じょうあい》	深く愛する心。愛情。いつくしみ。
□小康を得る《しょうこうをえる》	悪化の方向にあった病状が治まり安定した状態になること。
□まざまざと	まるで目の前にあるかのようにはっきりとしているさま。ありありと。
□不帰の客《ふきのきゃく》	「不帰の客となった」＝死んだ。
□慈愛《じあい》	親が子どもをいつくしみ、かわいがるような、深い愛情。
□追慕《ついぼ》	死んだ人や遠く去って二度と会えない人を思い出して、恋しく思うこと。
□すげなく	冷淡にそっけなく。
□胸のすく《むねのすく》	胸のつかえがとれてさわやかになる。
□諸手を挙げて《もろてをあげて》	心から喜んで。すっかり納得して無条件に。

本書の使い方

別冊

本書は、別冊に問題、本冊に解答解説が掲載されている。まずは、別冊の問題を解くところから始めよう。

❶ 注意事項を読む

問題編各回の扉に、問題を解くにあたっての注意事項を掲載。本番同様、問題を解く前にしっかりと読もう。

▼問題編 扉

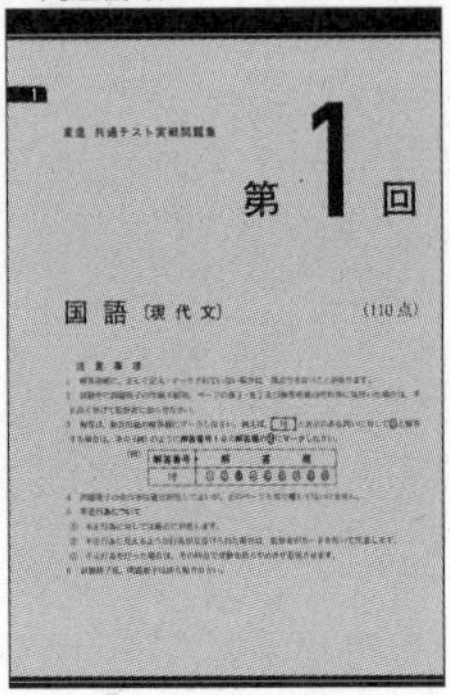

❷ 問題を解く

❶時間配分

はじめは時間よりも正答率を重視し、慣れてきたら自分の決めた制限時間内に解く練習をしよう（現・古・漢利用の場合、現代文は大問三つで五十五〜六〇分以内が目安）。

問題編

❷問題構成の把握

どのように問題が構成されているのか、出題形式を確認しながら解き進めよう。漫然と解くのではなく、受験時に自分はどのように感じるのかなど心の動きを冷静に観察しながら臨んでほしい。

❸マークシートの活用

解答は本番と同じように、付属のマークシートに記入するようにしよう。複数回実施するときはコピーして使おう。

▼問題文（全5回収録）

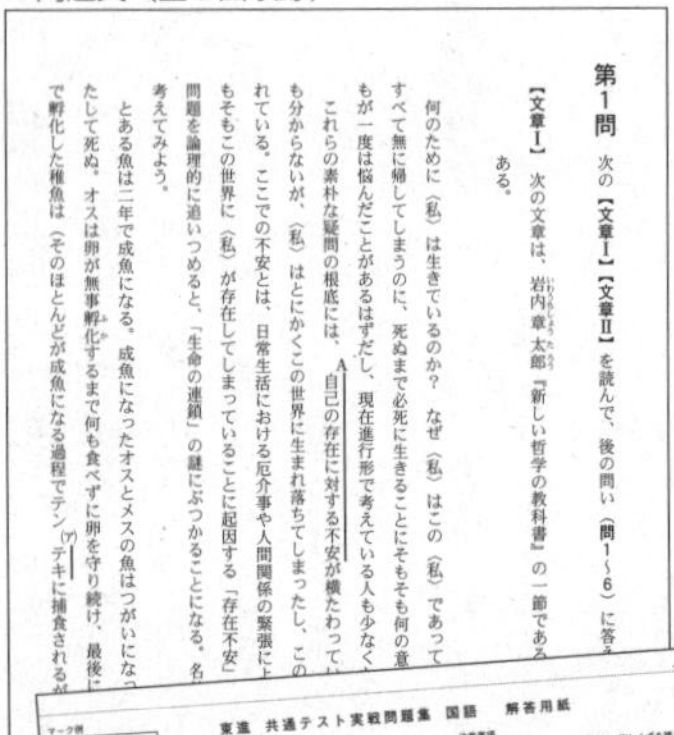

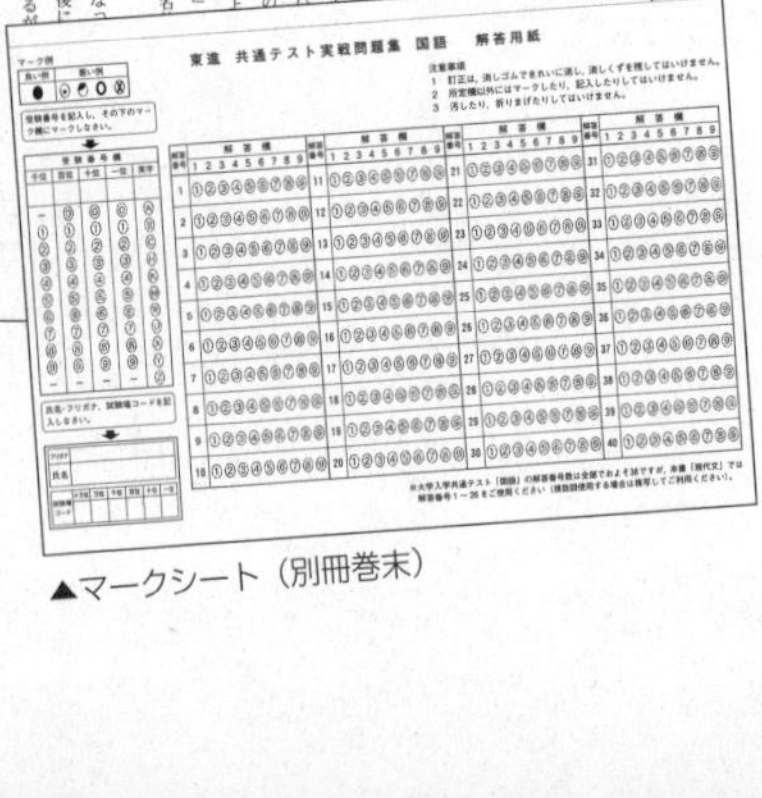

▲マークシート（別冊巻末）

本冊

❶ 採点をする

解答解説編各回の扉には、正解と配点の一覧表が掲載されている。問題を解き終わったら、正解と配点を見て採点しよう。

❷ 解説を読む

❶ワンポイント解説動画の視聴

「はじめに」と各回の扉に解説動画のQRコードがついている。QRコードを読み取ると、著者によるワンポイント解説の動画を見ることができる。文章では伝わりにくい内容の理解を動画で深めよう。

▼はじめに

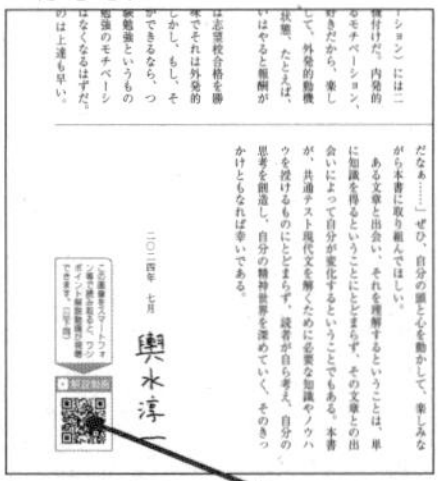

QRコード

▼解答解説編 扉

配点表

解答解説編

❷解説の熟読

わからなかったり知識が曖昧《あいまい》だったりした問題は、たとえまぐれで正解したとしても必ず解説を熟読し、解説中の知識や解き方の技能を身につけよう。また、「出題者は何を問うために設問を作ったのか」という視点で問題を見直そう。

▼解説

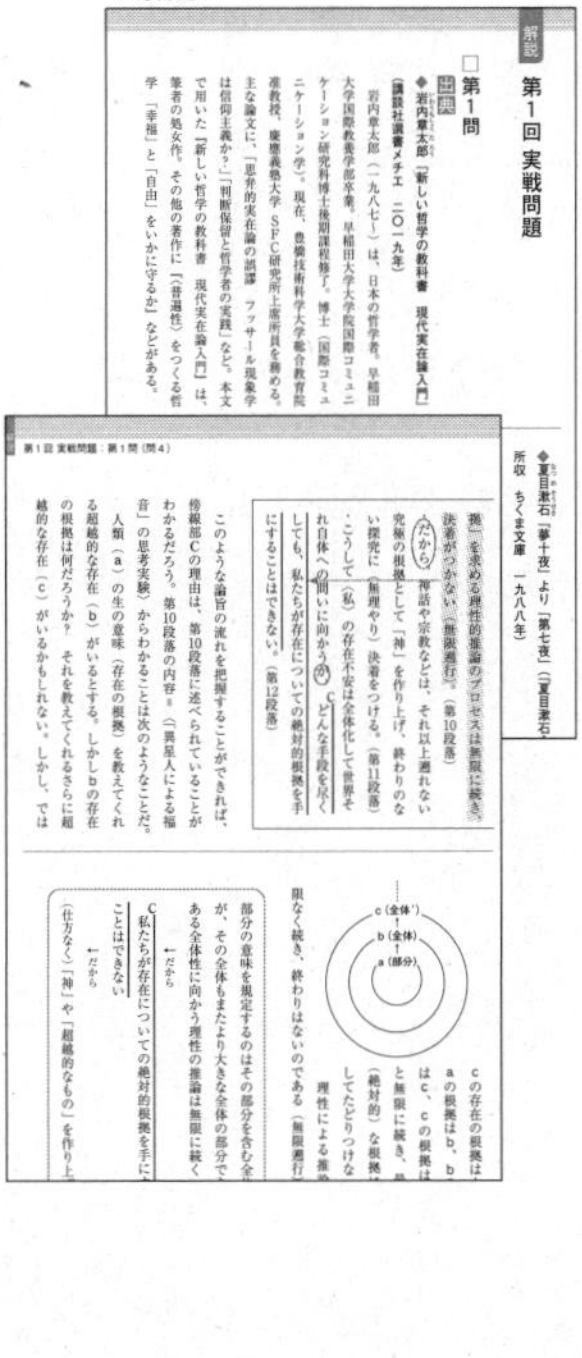

❸ 復習する

解説で理解した内容を頭の中に再現しながら解き直そう。

目次

特集①～共通テストについて～

❶大学入試の種類

大学入試は「**一般選抜**」と「**特別選抜**」に大別される。一般選抜は高卒（見込）・高等学校卒業程度認定試験合格者（旧大学入学資格検定合格者）ならば受験できるが、特別選抜は大学の定めた条件を満たさなければ受験できない。

❶一般選抜

一般選抜は一月に実施される「**共通テスト**」と、主に二月から三月にかけて実施される大学独自の「**個別学力検査**」（以下、**個別試験**）のことを指す。国語、地理歴史（以下、地歴）、公民、数学、理科、外国語といった学力試験による選抜が中心となる。

国公立大では、一次試験で共通テスト、二次試験で個別試験を課し、これらを総合して合否が判定される。

一方、私立大では、大きく分けて①**個別試験のみ**、②**共通テストのみ**、③**個別試験と共通テスト**、の三通りの型があり、②③を「**共通テスト利用方式**」と呼ぶ。

❷特別選抜

特別選抜は「**学校推薦型選抜**」と「**総合型選抜**」に分かれる。

学校推薦型選抜とは、出身校の校長の推薦により、主に調査書で合否を判定する入試制度である。大学が指定した学校から出願できる「**指定校制推薦**」と、出願条件を満たせば誰でも出願できる「**公募制推薦**」の大きく二つに分けられる。

総合型選抜は旧「AO入試」のことで、大学が求める人物像（アドミッション・ポリシー）と受験生を照らし合わせて合否を判定する入試制度である。

かつては原則として学力試験が免除されていたが、近年は学力要素の適正な把握が求められ、国公立大では共通テストを課すことが増えてきている。

❷ 共通テストの基礎知識

❶共通テストとは

共通テストとは、「独立行政法人 大学入試センター」が運営する**全国一斉の学力試験（マークシート方式）**である。

二〇一三年に教育改革の提言がなされ、大学入試改革を含む教育改革が本格化した。そこでは、これからの時代に必要な力として、①知識・技能の確実な習得、②（①を基にした）思考力・判断力・表現力、③主体性を持って多様な人々と協働して学ぶ態度、の「**学力の三要素**」が挙げられている。共通テストでは、これらの要素を評価するための問題が出題される。

さらに、「学習指導要領」が改訂されたことに伴い、二〇二五年度入試からは、新学習指導要領（新課程）による入試が始まる。共通テストに関する大きな変更点としては、「入試教科・科目」の変更と「試験時間」の変更が挙げられる。

❷新課程における変更点

【教科】

・「情報」の追加

【科目】

・「歴史総合」「地理総合」「公共」の新設

※必履修科目を含む6選択科目に再編

・数学②は「数学Ⅱ、数学B、数学C」1科目に

※「簿記・会計」「情報関係基礎」の廃止

【試験時間】

・国　語：80分→90分

・数学②：60分→70分

・情　報：60分

・理科は1グループに試験時間がまとめられる

❸出題教科・科目の出題方法（二〇二五年度入試）

教科	出題科目	出題方法（出題範囲、出題科目選択の方法等）	試験時間（配点）
国語	『国語』	・「現代の国語」及び「言語文化」を出題範囲とし、近代以降の文章及び古典（古文、漢文）を出題する。	90分（200点）**（注1）**
地理歴史 公民	『地理総合、地理探究』 『歴史総合、日本史探究』 『歴史総合、世界史探究』 →(b) 『公共、倫理』 『公共、政治・経済』 『地理総合／歴史総合／公共』 →(a) (a)：必履修科目を組み合わせた出題科目 (b)：必履修科目と選択科目を組み合わせた出題科目	・左記出題科目の6科目のうちから最大2科目を選択し、解答する。 ・(a)の『地理総合／歴史総合／公共』は、「地理総合」、「歴史総合」及び「公共」の3つを出題範囲とし、そのうち2つを選択解答する（配点は各50点）。 ・2科目を選択する場合、以下の組合せを選択することはできない。 (b)のうちから2科目を選択する場合 『公共、倫理』と『公共、政治・経済』の組合せを選択することはできない。 (b)のうちから1科目及び(a)を選択する場合 (b)については、(a)で選択解答するものと同一名称を含む科目を選択することはできない。**（注2）** ・受験する科目数は出願時に申し出ること。	1科目選択 60分（100点） 2科目選択 130分**（注3）** （うち解答時間120分）（200点）
数学①	『数学Ⅰ、数学A』 『数学Ⅰ』	・左記出題科目の2科目のうちから1科目を選択し、解答する。 ・「数学A」については、図形の性質、場合の数と確率の2項目に対応した出題とし、全てを解答する。	70分（100点）
数学②	『数学Ⅱ、数学B、数学C』	・「数学B」及び「数学C」については、数列（数学B）、統計的な推測（数学B）、ベクトル（数学C）及び平面上の曲線と複素数平面（数学C）の4項目に対応した出題とし、4項目のうち3項目の内容の問題を選択解答する。	70分（100点）
理科	『物理基礎／化学基礎／生物基礎／地学基礎』 『物理』 『化学』 『生物』 『地学』	・左記出題科目の5科目のうちから最大2科目を選択し、解答する。 ・『物理基礎／化学基礎／生物基礎／地学基礎』は、「物理基礎」、「化学基礎」、「生物基礎」及び「地学基礎」の4つを出題範囲とし、そのうち2つを選択解答する（配点は各50点）。 ・受験する科目数は出願時に申し出ること。	1科目選択 60分（100点） 2科目選択 130分**（注3）** （うち解答時間120分）（200点）
外国語	『英語』 『ドイツ語』 『フランス語』 『中国語』 『韓国語』	・左記出題科目の5科目のうちから1科目を選択し、解答する。 ・『英語』は、「英語コミュニケーションⅠ」、「英語コミュニケーションⅡ」及び「論理・表現Ⅰ」を出題範囲とし、【リーディング】及び【リスニング】を出題する。受験者は、原則としてその両方を受験する。その他の科目については、『英語』に準じる出題範囲とし、【筆記】を出題する。 ・科目選択に当たり、『ドイツ語』、『フランス語』、『中国語』及び『韓国語』の問題冊子の配付を希望する場合は、出願時に申し出ること。	『英語』 （【リーディング】 80分（100点） 【リスニング】 60分**（注4）** （うち解答時間30分）（100点）） 『ドイツ語』『フランス語』『中国語』『韓国語』 【筆記】 80分（200点）
情報	『情報Ⅰ』		60分（100点）

（備考）「　」は大学入学共通テストにおける出題科目を表し、「　」は高等学校学習指導要領上設定されている科目を表す。

また、『地理総合／歴史総合／公共』や『物理基礎／化学基礎／生物基礎／地学基礎』にある"／"は、一つの出題科目の中で複数の出題範囲を選択解答することを表す。

（注1）『国語』の分野別の大問数及び配点は、近代以降の文章が3問110点、古典が2問90点（古文・漢文各45点）とする。

（注2） 地理歴史及び公民で2科目を選択する受験者が、(b)のうちから1科目及び(a)を選択する場合において、選択可能な組合せは以下のとおり。
・(b)のうちから『地理総合、地理探究』を選択する場合、(a)では「歴史総合」及び「公共」の組合せ
・(b)のうちから『歴史総合、日本史探究』又は『歴史総合、世界史探究』を選択する場合、(a)では「地理総合」及び「公共」の組合せ
・(b)のうちから『公共、倫理』又は『公共、政治・経済』を選択する場合、(a)では「地理総合」及び「歴史総合」の組合せ

（注3） 地理歴史及び公民並びに理科の試験時間において2科目を選択する場合は、解答順に第1解答科目及び第2解答科目に区分し各60分間で解答を行うが、第1解答科目及び第2解答科目の間に答案回収等を行うために必要な時間を加えた時間を試験時間とする。

（注4）【リスニング】は、音声問題を用い30分間で解答を行うが、解答開始前に受験者に配付したICプレーヤーの作動確認・音量調節を受験者本人が行うために必要な時間を加えた時間を試験時間とする。
なお、『英語』以外の外国語を受験した場合、【リスニング】を受験することはできない。

特集②〜共通テスト「現代文」の傾向と対策〜

❶ 共通テスト「現代文」とは

二〇二五年度からの新課程入試における共通テストの変更点として、「国語」は試験時間が80分→90分になることを示したが、それに加え、大問構成の変更も予定されている。

大学入試センターが二〇二二年に公表した「試作問題『国語』の概要」によると、近代以降の文章（現代文）に大問が一題追加され、近代以降の文章は二題→三題に変更となる。近代以降の文章の中で評論文などの「論理的な文章」が第1問に、小説などの「文学的な文章」が第2問に、図表・グラフを含む文章やレポートなどの「実用的な文章」が第3問に、それぞれ出題されることが予想される。古文・漢文を合わせると「国語」全体で計五題が出題される予定だ。

この大問構成の変更に伴い、各大問の配点変更も予定されている。具体的には下表の通り。

旧課程
（〜2024年）

試験時間：80分

大問	題材	配点
第1問	近代以降の文章（論理的な文章）	50点
第2問	近代以降の文章（文学的な文章）	50点
第3問	古典（古文）	50点
第4問	古典（漢文）	50点

100点

←

新課程
（2025年〜）

試験時間：**90分**

大問	題材	配点
第1問	近代以降の文章（論理的な文章）	45点
第2問	近代以降の文章（文学的な文章）	45点
第3問	**近代以降の文章（実用的な文章）**	**20点**
第4問	古典（古文）	45点
第5問	古典（漢文）	45点

110点

※各大問の配点は、本番では変更の可能性もある。

❷ 共通テスト「現代文」の出題傾向

次に、科目別の問題作成方針を見てみよう。

【令和7年度大学入学者選抜に係る大学入学共通テスト問題作成方針】

出題教科・科目の問題作成の方針（国語）

言語を手掛かりとしながら、文章の内容を多面的・多角的な視点から解釈したり、目的や場面等に応じて、情報を的確に理解したり、より効果的な表現に向けて検討、工夫したりする力などを求める。近代以降の文章（論理的な文章や実用的な文章、文学的な文章）、古典（古文、漢文）を題材とし、言葉による記録、要約、説明、論述、話合い等の言語活動を重視する。

問題の作成に当たっては、題材の意義や特質を生かした出題とするとともに、大問ごとに一つの題材で問題を作成するだけでなく、異なる種類や分野の文章などを組み合わせた、複数の題材による問題を含めて検討する。

新課程入試の出題で特に注目すべきは、新たに追加される第3問（実用的な文章を題材にすることが予想される）である。「試作問題」では「第A問」「第B問」の二種類が公表されており、以下のような内容で作成されている。

問題タイプ	資料の構成	設問（解答数）
第A問	・文章（横書き）2つ ・図1つ ・グラフ3つ ・レポートの【目次】（横書き）	3問（5つ）
第B問	・【レポート】（縦書き） ・グラフ5つ ・文章（縦書き）2つ（図を含む）	4問（5つ）

※出題内容は、本番では変更の可能性もある。

試作問題「国語」の概要

・テクストを図表と関連付けながら的確に読み取る力や、レポートの作成に向けてテクストを適切に解釈し、目次の内容や構成について分析したり検討したりする力等を問う。（第A問）

・それぞれの資料をレポートに引用するために、複数の文章やグラフの内容や要旨を適切に解釈する力や、よりよいレポートにするために、レポートの内容を捉え直したり、根拠の示し方について考察したりする力等を問う。（第B問）

「試作問題」から見えてくるのは、「レポートなどの作成のためにテクスト（文章）や図表を利用する力を問う」という新傾向だ。新たに追加される第3問では、「テクスト（文章）それ自体の理解を問う」だけでなく、テクスト（文章）を手段として利用する、まさに「実用的」な言語運用能力も問われることが予想される。

❸ 共通テスト「現代文」の対策

ここまで見てきたように、共通テスト「現代文」は多様な題材を用いて出題される。しかし、そのことに過度に不安を抱く必要はない。題材が評論文であれ、小説であれ、図表やグラフを含んだ資料であれ、**与えられた題材を正確に読み取り、設問要求をきちんと把握し、明確な解答根拠に基づいて正しい選択肢を選ぶ**という基本は変わらない。また、選択式問題である限り、「はじめに」の冒頭で示した二つの解き方（自分の頭の中に**【正解のイメージ】**を持ち、それに合う選択肢を選ぶ解き方〔積極法〕と、選択肢と本文や資料の内容を照らし合わせて矛盾のない選択肢を選ぶ解き方〔消去法〕）も変わらない。大切なことは、与えられた題材を正確に読み取る読解力を磨くことと、右の二つの解き方を設問要求に応じて使い分け、使いこなす解答力を向上させることだ。すべてオリジナル問題で構成された本書で、どのような問題にも対応できる実戦力を身につけてほしい。

解答解説　第1回

解説動画

出演：輿水淳一先生

大問	設問	解答番号	正解	配点	自己採点①	自己採点②
第1問	問1	1	①	2		
		2	③	2		
		3	③	2		
		4	②	2		
		5	①	2		
	問2	6	②	6		
	問3	7	④	6		
	問4	8	⑤	6		
	問5	9	⑤	7		
	問6	10	①	5		
		11	③	5		
	小計（45点）					

大問	設問	解答番号	正解	配点	自己採点①	自己採点②
第2問	問1	12	④	6		
	問2	13	②	7		
	問3	14	④	7		
	問4	15	③	7		
	問5	16	①	4		
		17	④	4		
		18	①	4		
	問6	19	③	6		
	小計（45点）					
第3問	問1	20	②	3		
		21	③	3		
	問2	22	①	5		
	問3	23	④	4		
		24	②	5		
	小計（20点）					
合計（110点満点）						

第1回 実戦問題

□第1問

出典

◆岩内章《いわうちしょう》太郎《たろう》『新しい哲学の教科書 現代実在論入門』（講談社選書メチエ 二〇一九年）

岩内章太郎（一九八七〜）は、日本の哲学者。早稲田大学国際教養学部卒業。早稲田大学大学院国際コミュニケーション研究科博士後期課程修了。博士（国際コミュニケーション学）。現在、豊橋技術科学大学総合教育院准教授を務める。主な論文に、「思弁的実在論の誤謬」「フッサール現象学は信仰主義か？」「判断保留と哲学者の実践」など。本文で用いた『新しい哲学の教科書 現代実在論入門』は、筆者の処女作。その他の著作に『〈普遍性〉をつくる哲学 「幸福」と「自由」をいかに守るか』などがある。

◆夏目《なつめ》漱石《そうせき》『夢十夜』より「第七夜」（『夏目漱石全集10』所収 ちくま文庫 一九八八年）

夏目漱石（一八六七〜一九一六）は、現在の東京都生まれの小説家、英文学者。本名 夏目金之助。東京帝国大学英文科卒業。一九〇〇年から約二年間、文部省留学生としてイギリスに留学。一九〇五年、『吾輩は猫である』を発表。その後、数々の名作を発表し、国民的大作家となる。また、芥川龍之介、内田百閒、寺田寅彦、和辻哲郎等、多くの後進に慕われたことでも知られ、その人脈は「漱石山脈」ともいわれる。本文で用いた『夢十夜』は一九〇八年発表。「東京朝日新聞」で連載された。

読解

【文章Ⅰ】が評論、【文章Ⅱ】が小説であり、一見相異なった文章に思われるが、両者には、〈自分が何のために生きているのかわからないということに由来する不安〉という共通のテーマがある。そして、それを論理的に説明しているのが【文章Ⅰ】、具体的なイメージを通して感じ取らせるのが【文章Ⅱ】だといえるだろう。

◆【文章Ⅰ】（『新しい哲学の教科書』）

・〈私〉の存在不安（第1～5段落）

〈私〉は何のために生きているのか、という素朴な疑問の根底には、自己の存在に対する不安が横たわっている。そしてこの存在不安の問題を論理的に追いつめると「生命の連鎖」の謎にぶつかる。何の目的で生命の連鎖が開始され、どのような理由でそれが継続されているのかについて、私たちは知る術を持たない。自己自身の存在理由を問うことが生命一般の存在理由を問うことへと拡張するとき、そこには理性による「問いの全体化」が起きている。理性はしばしば個人的で具体的な存在不安を、普遍的で抽象的な世界全体の存在の問いへと昇華させてきた。

・「異星人による福音」の思考実験（第6～9段落）

ある日、遠い惑星から異星人がきて、人類に「生命の連鎖」の真の目的を告げる。曰く「生とは、人類がかつて犯した罪への罰である。もし人類が生の無意味さに耐え、生命の連鎖をこれから三〇〇世代繋ぐことができたら、人類の子孫は故郷であるわれわれの惑星に還ることができる」。異星人による福音を信じ、生の無意味さに耐え続けた人類は、ついに許され、故郷の星に還っていったが、その星には肉体というものがなかった。精神的存在になった人類は今後、永遠に生き続ける。そのとき、人類の子孫の一人がこう言う。「でも、何のために（永遠に生き続けるのか）？」

・理性による探求の限界（第10～12段落）

この思考実験が教えてくれるのは、どんな手段を尽くしても、私たちが存在についての絶対的根拠を手にすることはできないということだ。だからこそ神話、宗教、形而上学は、それ以上遡れない究極の根拠として、「神」「超越的な存在」を措定する。全体性の認識を目指す理性は人を形而上学的探究へと駆り立てるが、そもそもの探究には初めから限界が存在しているのだ。

◆【文章Ⅱ】（『夢十夜』より「第七夜」）

何でも（よくわからないが、どうやら）大きな船に乗っているが、この船がどこに向かっているのか分らない。船の男に聞いてみても、その答えは得られない。「自分」は大変心細くなる。乗合はたくさんいた。手すりに倚りかかってしきりに泣く女もいたが、目的地も分らぬまま進むこの船に乗っている不安を直視しないものも多い。神に救いを求めるもの、恋人と二人きりの閉じた世界に引きこもるもの。自分はますますつまらなくなり、とうとう死ぬ事に決心する。ある晩、思い切って海の中へ飛び込んだ。しかし、その途端、急に命が惜しくなった。けれども、もう遅い。しだいしだいに水に近づいて来る。水の色は黒かった。そのうち船は通り過ぎてしまった。「自分」は、どこへ行くんだか判らない船でも、やっぱり乗っている方がよかったと始めて悟りながら、しかもその悟りを利用する事ができずに、無限の後悔と恐怖とを抱いて黒い波の方へ静かに落ちて行った。

解説

問１　漢字問題

(ア)天敵

①政敵　②摘出　③適切　④水滴

(イ)洞察

①主導　②胴体　③空洞　④動揺

(ウ)昇華

①消（す）②商（う）③昇（る）④唱（える）

(エ)「方」には主に二つの意味がある。

1、むき（「海の方」「北の方角」など）

2、四角（「正方形」「前方後円墳（＝前が四角、後ろが丸い形の古墳）」など）

傍線部の「方」は1の意味で用いられている。

①方角…1の意味　②方円…2の意味

③方向…1の意味　④方位…1の意味

(オ)「縁」には主に二つの意味がある。

1、ふち、へり、物のまわり（「周縁」「縁側」など）

2、ゆかり、つながり（「縁結び」「血縁」「縁がない」など）

傍線部の「縁」は2の意味で用いられている。

①周縁…1の意味　②血縁…2の意味
③縁談…2の意味　④縁故…2の意味

正解

1 ＝①
2 ＝③
3 ＝③
4 ＝②
5 ＝①

▼一字の漢字は「意味の最小単位」であり、語彙力の土台である。漢字の勉強をする際には、一字一字の漢字が持つ意味を（知らない場合は調べつつ）意識しよう。

問2　内容説明問題

問　傍線部A「自己の存在に対する不安」とあるが、それはどういうことか。

傍線部の前後を引用する。傍線部と同内容の箇所を、傍線部と同内容だと間違えやすい箇所を で示しているので確認しよう。

何のために〈私〉は生きているのか？　なぜ〈私〉は……？――このような問いは、誰もが一度は悩んだことがあるはずだし、現在進行形で考えている人も少なくないだろう。これらの素朴な疑問の根底には、自己の存在に対する不安が横たわっている。なぜ生まれたのかも、なぜ死ぬのかも分からないが、〈私〉はとにかくこの世界に生まれ落ちてしまったし、……。ここでの不安とは、日常生活における厄介事や人間関係の緊張によって感じる「生活内不安」ではなく、そもそもこの世界に〈私〉が存在してしまっていることに起因する「存在不安」を意味する。私の考えでは、存在不安の問題を論理的に追いつめると、「生命の連鎖」の謎にぶつかることになる。

「何のために〈私〉は生きているのか？……」という素朴な疑問の根底にあるのが、「自己の存在に対する不安」だ。それは「生活内不安」ではなく「存在不安」だという。「存在不安」とは「理由も目的も分からないのに、〈私〉がこの世界に存在してしまっていることへの不安」、言い換えれば「自己の生の根本的な不確かさに由来する不安」だといえるだろう。それに対して「生活内不安」とは「うまく生きていけるかどうかという不安」、つまり「なぜ生きているのか」は問題にせず、それを自明の前提としたうえでの不安だといえる。**【正解のイメージ】**は次のようになるだろう。

何のために生きているのか分からないままに生きている、自分という存在の根本的な不確かさに由来する不安（＝「存在不安」）

傍線部問題や空欄問題の場合は、選択肢を見る前に、正しい読解に基づいた**【正解のイメージ】**を自分の頭の中に持つことを心掛けよう。そのうえで、**【正解のイメージ】**に近いものを選択肢の中から探す。正解は②である。

①は「存在不安」ではなく「生活内不安」に当たるので不適。

③の「どのような困難があろうとも……」も「うまく生きていけるかどうかという不安」つまり「生活内不安」に当たるので不適。

④は「『生命の連鎖』の謎」であり、それは「存在不安」それ自体ではなく、「存在不安」の問題を論理的に追いつめた先でぶつかる謎なので、不適。

⑤は傍線部の内容ではなく、傍線部の直前の「こ

れらの素朴な疑問」の内容である。「これらの素朴な疑問」の根底に横たわっているのが「自己の存在に対する不安」である。不適。

正解 6 ＝②

問3 理由説明問題

問 傍線部Ｂ「問いが全体化している」とあるが、なぜそのようなことが起こるのか。

「そのときに問いが全体化している」とあることから、前文の内容が〈問いの全体化〉の一例であることがわかる。前文の内容は〈自己の存在理由を問うこと〈部分〉が、生命一般の存在理由を問うこと〈全体〉へと拡張すること〉というもの。したがって〈問いの全体化〉とは、〈部分的、具体的な問いが、全体的、抽象的な問いへと拡がっていくこと〉であろう。

ではなぜ、そのようなことが起こるのか。第5段落の後ろから三文目に、「理性はしばしば個人的で具体的な存在不安を、普遍的で抽象的な世界全体の存在の問いへと昇華させてきた」とある。ここから、「問いの全体化」は理性の性質あるいは能力に由来することがわかる。そして「問いの全体化」を引き起こす理性の能力とは、傍線部の直後にあるように、「ある全体性に向かって無限に推論を続けられる」能力だ。このような理性の能力によって「問いが全体化」するのだから、なぜ、問いが全体化するのかという設問に対する**【正解のイメージ】**は次のようなものになる。

理性による推論は際限もなく続くから

このような**【正解のイメージ】**に合う④が正解である。はじめは時間が掛かっても良いので、なるべく選択肢を見る前に**【正解のイメージ】**を持てるようにしよう。

①は「人間たる自己の存在理由を問うことは生命一般の存在理由を問うことに等しいから」が誤り。「自己の存在理由を問うこと」が、なぜ「生命一般の存在理由を問うこと」につながるのかを聞かれている。

②は「すべての事物には例外なく終わりがあることを前提にする理性による推論」が誤り。そうではなく、「自分には終わりがある」という部分的、具体的な事柄を、「すべての事物には終わりがある」という全体的、抽象的な事柄へと拡張するのが理性による推論である。

③は傍線部を具体的に言い換えたものであり、傍線部の「理由」ではない。

⑤の「生命一般にとどまらず、世界全体の存在に対する懐疑へと思考を飛躍させてしまう」とはつまり「問いが全体化すること」であるが、ここで聞かれているのは、そのようなことが起こる理由である。

正解 7 ＝④

問４　理由説明問題

問　傍線部Ｃ「どんな手段を尽くしても、私たちが存在についての絶対的根拠を手にすることはできない」とあるが、それはなぜか。

傍線部の理由を考える前に、まず傍線部の意味を理解しよう。「存在についての絶対的根拠」とは、「（自分や自分以外の存在は）『なぜ存在するのか』、『何のために存在しているのか』という問いに対する、絶対的な（最終的な、これ以上遡れない）答え」と言い換えることができるだろう。設問で求められているのは、そのような「存在についての絶対的な根拠」を私たちが決して手にすることができない理由である。

第６～12段落の論旨の流れは次のようなものだ。

・「異星人による福音」の思考実験（第６～９段落）
・この思考実験が教えてくれること＝「存在の根

拠」を求める理性的推論のプロセスは無限に続き、決着がつかない（無限遡行）。（第10段落）

・だから、神話や宗教などは、それ以上遡れない究極の根拠として「神」を作り上げ、終わりのない探究に（無理やり）決着をつける。（第11段落）

・こうして〈私〉の存在不安は全体化して世界それ自体への問いに向かうが、C どんな手段を尽くしても、私たちが存在についての絶対的根拠を手にすることはできない。（第12段落）

このような論旨の流れを把握することができれば、傍線部Cの理由は、第10段落に述べられていることがわかるだろう。第10段落の内容＝〈「異星人による福音」の思考実験〉からわかることは次のようなことだ。

人類（a）の生の意味（存在の根拠）を教えてくれる超越的な存在（b）がいるとする。しかしbの存在の根拠は何だろうか？ それを教えてくれるさらに超越的な存在（c）がいるかもしれない。しかし、では

cの存在の根拠は……？

aの根拠はb、bの根拠はc、cの根拠は……、と無限に続き、最終的（絶対的）な根拠には決してたどりつけない。

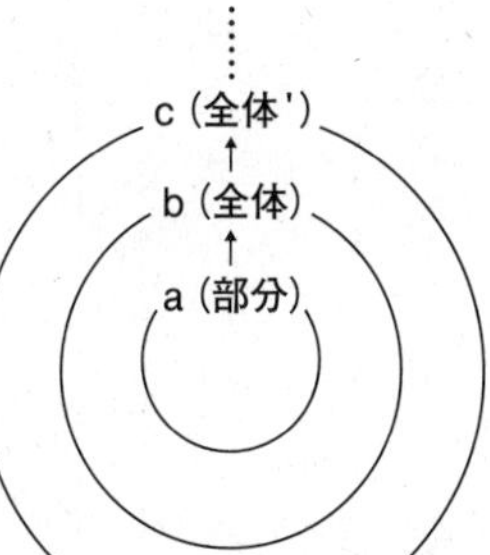

理性による推論は際限なく続き、終わりはないのである（無限遡行）。

部分の意味を規定するのはその部分を含む全体だが、その全体もまたより大きな全体の部分であり、ある全体性に向かう理性の推論は無限に続く

↓だから

C 私たちが存在についての絶対的根拠を手にすることはできない

↓だから

（仕方なく）「神」や「超越的なもの」を作り上げる

以上のことから、正解は⑤。

①は第11段落冒頭の内容だが、これは傍線部の理由ではなく、むしろ傍線部の結果起きたことであるので誤り。

②は傍線部の後ろに書かれている内容だが、これは「論理的に答えることができない問い」の具体例であり、傍線部の理由ではないので誤り。

③は「理性の無限遡行は、……神の存在によって止められてしまうから」が誤り。神によって止められてしまうから「存在についての絶対根拠」を手にできないのではなく、むしろ理性が無限遡行に陥ってしまうから、神によってそれを止めようとするのである。

④は第５段落の内容であり、傍線部直前の「〈私〉の存在不安は全体化して世界それ自体への問いに向かう」と同内容であるが、傍線部直前の内容は、傍線部と逆接の「が」でつながっており、傍線部の理由ではないので誤り。たとえば「質問したが、答えを手にすることはできなかった」という文があった場合、傍線部の理由は、少なくとも「質問したから」ではないはずだ。

正解 [8] ＝⑤

▼「傍線部問題」とは、傍線部に関して問われていることに答える問題（今回は「傍線部の理由」を答える問題）であり、本文に書いてあるか否かを問う「内容一致問題」ではない（だから原理的に「消去法」では解けない）ということに注意してほしい。

問５ 本文の表現と内容の理解を問う問題

> **問** 【文章Ⅱ】の表現や内容に関する説明として最も適当なものを一つ選べ。

選択肢の内容と本文の該当箇所を丁寧に見比べていこう。

①について。「どこへ行くんだか分らない（＝目的地がわからない）」ことと、「どの方角に進んでいるかわからない」ことは違う。「落ちて行く日を追かけるようだから」（11行目）とある後に、再び「どこへ行くのだか知れない」（15行目）とあるように、進む方角はわかるが、目的地がわからないのである。したがって「どこへ行くんだか分らない」を「誇張表現」とする解釈（実際には目的地はわかっているという解釈）は誤り。不適。

②について。「太陽が『じゅっといって』波の底に沈む」ことは現実にはありえない（太陽は実際には海に沈むわけではない）ので、「写実的に描写した表現」とはいえない。不適。

③について。「神を信仰するか」と尋ねる異人に対して「自分」が黙っていたのは、23行目の「黙っていた」と同様、この異人の話す内容が自分の抱える問題を解決しないからであって、「畏敬の念を間接的に示している」のではない。不適。

④について。そもそも「自分」は、音楽に興じる二人に構ってもらおうとしていたわけではないのだから、「男女に無視された」は不適。「自分」が「死ぬ事に決心した」のは、15～17行目にあるように「どこへいくのだか知れない」「こんな船」にいることが心細くなったこと、そして自分以外の多くの乗客がそれを感じていないように見えることへの失望あるいは疎外感が原因だろう。

⑤について。「自分」は、船の中の出来事は理解しているが、その船が何のために、どこへ向かっているのかを知らない。〈部分〉は理解可能だが、その〈部分〉を意味付ける〈全体〉は理解を超越している。そのような不可知な〈全体〉を象徴しているのが、黒い「水の色」、「黒い波」だという解釈は誤りとはいえないだろう。適当。

正解　9 ＝ ⑤

問６　空欄問題（ノート形式）

【文章Ⅰ】と**【文章Ⅱ】**の共通点、相違点について考察した**【ノート】**の空欄に入る適当な選択肢を選ぶ問題である。

(i)　空欄 X に入るのは、**【文章Ⅰ】**・**【文章Ⅱ】**に共通するテーマである。

【文章Ⅰ】は「自己の存在に対する不安」（傍線部A）について述べていた。そしてその「不安」は、「どんな手段を尽くしても、私たちが存在についての絶対的根拠を手にすることはできない」（傍線部C）ということ、つまり、自分が「何のために」存在しているのかという問いに私たちが決して答えられないということに由来するものだった。このような**【文章Ⅰ】**における「不安」は、**【文章Ⅱ】**では「自分は大変心細くなった」（15行目）、「自分は大変心細かった」（17行目）と表現されている。そしてその「心細さ」は、自分が「どこへ行くんだか判らない船」に乗っていることに由来する。このように考えると、**【文章Ⅰ】**・**【文章Ⅱ】**に共通するテーマは次のようなものだといえるだろう。

> 自分が何のために存在しているのか、自分が存在しているこの世界とは何なのかがわからないということに由来する不安（心細さ）

これを**【正解のイメージ】**とすると、正解は①。

(ii)　空欄 Y に入るのは、**【文章Ⅱ】**の「船に乗っている事さえ忘れている」男女の態度を、**【文章Ⅰ】**の内容と重ね合わせて解釈したものである。

(i)で確認したように、**【文章Ⅰ】**・**【文章Ⅱ】**に共通するテーマとは、「自己の存在を意味付けられないことに由来する不安」であった。そのような不安への対処法として**【文章Ⅰ】**で言及されていたのが、自己の存在を根拠付ける究極の存在としての「神」である

（第11段落）。これに対して**【文章Ⅱ】**では、「『神を信仰するか』と尋ねる異人」（24行目）だけでなく、「『船に乗っている事さえ忘れている』男女」（28行目）についても言及されている。前者（異人）は神を信じることで、後者（男女）は享楽にふけることで、それぞれ「どこへ行くんだか判らない船」に乗っていることの「不安」を隠蔽しようとしているのだろう。「どこへ行くんだか判らない船」を、**【文章Ⅰ】**の言葉で解釈するならば、それは〈何を目的として存在しているのかわからないこの世界〉、あるいは〈その存在根拠を論理的に説明できない世界〉ということになる。したがって、「『船に乗っている事さえ忘れている』男女」の態度を、**【文章Ⅰ】**の内容と重ね合わせて解釈するならば、次のようになるだろう。

> 享楽にふけることで、自分が〈何を目的として存在しているのかわからない世界〉に生きているという事実から目を逸らす態度

これを**【正解のイメージ】**とすると、正解は③である。

①は「理性による形而上学的探究に向かう態度」が不適。

②は「いつか死んで全て無に帰してしまうのだから」が不適。「『船に乗っている事さえ忘れている』男女」とは、「いつか死んで全て無に帰してしまう」ことを認識している存在ではない。

④は「自己自身の存在理由を見つけるために」が不適。存在理由を見つけようとしているのではなく、存在理由がわからない不安を隠蔽しようとしているのである。

正解 10 ＝ ①　11 ＝ ③

□第２問

出典

◆森鷗外《もりおうがい》『杯』（『百年小説』所収　ポプラ社　二〇〇八年）

【資料Ⅰ】森鷗外「文芸の主義」（『鷗外随筆集』所収　岩波書店　二〇〇〇年）

森鷗外（一八六二～一九二二）は、現在の島根県生まれの小説家、翻訳家、軍医。本名 森林太郎。東京医学校（現・東京大学医学部）を最年少の十九歳で卒業し軍医となる。一八八四年～一八八八年、衛生学を学ぶためドイツ留学。帰国後、訳詩集『於母影』、小説『舞姫』、アンデルセンの翻訳『即興詩人』等を発表し文名を確立。初期の浪漫主義的な小説から歴史物・史伝に至る独自の文学世界を築き上げた鷗外を、石川淳は、「紅葉、露伴、二葉亭、漱石、花袋の時代から白樺派の擡頭期に至るまで、明治大正の数十年にわたって、よく文壇を圧倒しつつ、ぜいたくにも特別席で笑って光彩ある自家の面目を傷つけることなきをえたものは鷗外ただ一人」（『森鷗外』）と評している。

『杯』は一九一〇年一月の「中央公論」に発表された短篇小説。当時、最盛期を迎えていた自然主義に対し，鷗外は短篇「追儺《ついな》」の中で、「小説といふものは何をどんな風に書いても好いものだ」と述べ、反自然主義の立場を鮮明にしていた。『杯』作中の「自然」の銘の入った銀の杯を持つ七人の娘は、当時人気を誇っていた自然主義の作家たちを暗示しているといわれる。

◆【資料Ⅱ】中島岳志《なかじまたけし》「利他はどこからやってくるのか」（『「利他」とは何か』所収　集英社新書　二〇二一年）

中島岳志（一九七五～）は、大阪府生まれの政治学者。大阪外国語大学でヒンディー語を専攻。京都大学大学院アジア・アフリカ地域研究研究科でインド政治を研究。学術博士（地域研究）。著書多数。北海道大学大学院法学研究科准教授を経て、現在、東京工業大学リベラルアーツ研究教育院教授。

読解

本文は「三人称小説」であり、「温泉宿から皷が滝へ登って行く途中」の「清冽な泉」が湧き出ているあたりに設置された定点カメラのような視点から、作品内の出来事が描き出されている。本文を大まかに五つの場面に分けて見ていく。

◆Ⅰ 小道を登ってくる七人の娘（1～32行目）

第一の場面は、七人の娘たちが賑やかに話しながら小道を登ってくる場面である。ここで注目すべきは彼女たちの無邪気で楽しそうな様子と、その装いである。彼女たちの無邪気で楽しそうな様子は、後に第八の娘に気づき、驚きに言葉を失った場面や、第八の娘がはじめて言葉を発した後の静まり返った様子と好対照をなす。また、七人の娘のお揃いの装いも、第八の娘のそれとは異なる装いと好対照をなす。

◆Ⅱ 泉を汲んで飲む七人の娘（33～48行目）

第二の場面は、泉の傍にやってきた七人の娘が、お揃いの銀の杯で泉を汲んで飲む場面である。この七つの銀の杯には、それぞれ「自然」の銘が彫られている。泉の水で喉を潤している間、賑やかな娘たちのおしゃべりが束の間やみ、蝉の声が聞こえてくる。

◆Ⅲ 第八の娘の登場（49～61行目）

第三の場面は、第八の娘が登場する場面である。年齢も、服装も、身体的特徴も、七人の娘とは異なるこの第八の娘は、裳のかくしから「小さい」「熔巌の冷めたような色をしている」杯を出し、七人の娘の後ろから泉に歩み寄る。

◆Ⅳ 第八の娘の存在に気づく七人の娘（62～94行目）

第四の場面は、七人の娘がはじめて第八の娘の存在に気づき、その杯の奇妙な姿かたちを口々に馬鹿にする場面である。第八の娘の存在に気づいた七人の娘は、思いがけないことに驚き、しばらく言葉を発することができない。再び蝉の声が聞こえる。ようやく口を開いた娘たちの言葉には、訝りや怒り、侮りの気配がある。第八の娘の杯を侮蔑し笑い合う七人の娘の横で、第八の娘は「只じいっと空を見ている」。

◆Ⅴ 第八の娘の言葉（95～108行目）

第五の場面は、第八の娘がはじめて言葉を発する場面である。「わたくしの杯は大きくはございません。それでもわたくしはわたくしの杯で戴きます。」という意味のフランス語がこの娘の口から「沈んだ、しかも鋭い声」で発せられたとき、七人の娘は顔を見合わせる。そして言語が通じないながらも、第八の娘の態度からその意志を理解する。第八の娘は自分の杯でゆっくりと泉を汲み、唇を潤す。

▼小説は主人公をどのように設定するかによって「一人称小説」と「三人称小説」とに区分できる。主人公が「僕」や「わたし」などといった一人称に設定されている場合は「一人称小説」、「彼」や「女」や「三四郎」などの三人称に設定されている場合は「三人称小説」である。

「僕はいつもと同じカウンターの端の席に座り、壁に背中をつけて店の中を見回した。」→一人称
「彼はいつもと同じカウンターの端の席に座り、壁に背中をつけて店の中を見回した。」→三人称

「一人称小説」は内面描写（心の中の描写）に適すが、語り手のいる場所から見た世界しか描けない。「三人称小説」は登場人物を外から眺める客観的な描写が得意な分、内面描写が難しいという側面がある（できないわけではない）。

解説

問1　比喩表現の意味を問う問題

> 問　傍線部Ａ「この七顆の珊瑚の珠を貫くのは何の緒か。」とあるが、この表現が意味するものとして最も適当なものを一つ選べ。

「七顆《か》」の「顆」は、玉や果実など、粒になったものを数えるのに用いる助数詞。「珠《たま》」は真珠などのような球形の宝石、「緒《お》」は細い紐《ひも》のこと。したがって、傍線部を平易な表現に直せば「この七つの珊瑚の珠を貫いているのはどのような紐か」となる。もう少し意訳すれば、「この七つの珊瑚の珠をつなぐものは何か」といったところだろう。「この」は指示語だが、傍線部の前に珊瑚の話題は出ていない。傍線部の前で書かれているのは、七人の娘の美しさについてである。したがって、「この七顆の珊瑚の珠」という表現は「隠喩」であり、傍線部全体としては、次のような意味となる。

> 七つの珊瑚の珠のように美しい七人の娘を結び付けているものは何だろうか

七人の娘を結び付ける何かがあるはずだが（同じ学校の生徒だとか、同じ習い事をしているとか）、それが何かが語り手にはわからないのである。

このような**【正解のイメージ】**を持てたら、それに合う選択肢を探しにいく。正解は④である。

①は、傍線部を「隠喩」として捉えていない時点で誤り。

②は、「七粒の珊瑚で身を飾った少女たち」が誤り。

③は、「連れて来たのはいったい誰だろうか」が誤り。傍線部の「この七顆の珊瑚の珠を貫くのは何の緒か」という疑問文は、「珠（娘たち）同士のつながり」を問うものであって、「誰が連れて来たのか（引率者）」を問うものではない。同じような表現で「引率

者」を問うのであれば「～珠を導くのは」のようになるだろう。傍線部の直後の内容に引きずられる前に、傍線部自体をよく理解しよう。ちなみに「粒揃《つぶぞろ》い」とは、〈集まった人々がみなすぐれていて、見劣りするものがいないこと〉の意で、この部分は誤りではない。
⑤は、「貫くのは何の緒か」の部分を「少女たちの興味の中心はいったい何だろうか」と説明している点が誤り。また、珊瑚の珠を美しさを表すものとしてでなく、可憐さを表す比喩として説明している点も不適。

正解 12 ＝④

▼はじめから消去法に頼って解こうとすると、時間がかかるうえに、ひっかけの選択肢をつかまされやすい。傍線部問題の場合は、なるべく自分の頭の中に**【正解のイメージ】**を作り、それを判断基準として選択肢を選ぶようにしよう。「隠喩」については、146ページの**【文学的文章におけるさまざまな修辞法】**を参照のこと。

問２　情景描写の意味を問う問題

> **問**
> 傍線部Ｂ「木立のところどころで、じいじいという声がする。蝉が声を試みるのである。」、および傍線部Ｃ「蝉はじいじいと鳴いている。良久しい間、只蝉の声がするばかりであった。」は、それぞれどのようなことを表現しているか。

小説の中に、小説の筋とは一見関係ないように思える景色や音や匂いなどの描写が差し挟まれることがある。これを情景描写という。情景描写は無駄に書かれているわけではない。一つひとつの描写の意味を考えながら読む態度を身につけよう。もちろん情景描写の意味がいつも明確に把握できるとは限らないが、少なくとも設問で問われている場合は、その意味は明確に把握できるはずだ。

傍線部Ｂの直前に「かわるがわる泉を汲んで飲む。濃い紅の唇を尖らせ、桃色の頬を膨らませて飲むのである。」とある。水を飲んでいる間は先程までのようにおしゃべりができない。賑やかなおしゃべりが束の間やんだことを、蝉の鳴き声で表わしているのが傍線部Bだろう。賑やかにおしゃべりをしているときには聞こえなかった蝉の声を描写することで、娘たちの話し声が途絶えたことを間接的に表現しているのである。

傍線部Cの直前には、「思い掛けない事である。七つの濃い紅の唇は開いた儘で詞がない。」とある。娘たちは、小さな杯を持った見知らぬ娘の存在に突然気づき、驚いて言葉を失っている。漫画の吹き出しならば「………」とでも表わすような場面、それを蝉の鳴き声で表現しているのが傍線部Cである。

以上を【正解のイメージ】としてまとめると、

> 傍線部B　娘たちの賑やかなおしゃべりがやんだ様子を表現
> 傍線部C　見知らぬ娘の突然の登場に娘たちが驚いて言葉が出ない様子を表現

となる。正解は②。

①は前半の「おしゃべりの声に隠されていた大自然の生命力を表現し」が誤り。「山をゆする声」ならまだしも、「ところどころで、じいじい」と鳴いている蝉の声を「大自然の生命力」の表れだと捉えるのは無理があるし、娘たちのおしゃべりが「大自然の生命力」という壮大なものを押し隠すほどのものだったと考えることも難しいだろう。おしゃべりの声に隠されていたのは蝉の声である。

③は前半の「作品中の季節が、泉の価値を際立たせる夏の盛りであることを表現し」が誤り。蝉の声が「夏の盛り」を表現することはもちろんありうるが、この文脈においてはそうした解釈は妥当ではない。ここでは、「暑い夏の盛りに飲む水の美味しさ」に焦点が当てられているわけではないからだ。また、後半の「警戒する様子」も誤り。傍線部の直前に「七つの濃い紅の唇は開いた儘で詞がない。」とあるように、娘たちは「警戒する」というよりは「口を開けてポカンと

している」のである。

④の前半が【正解のイメージ】と異なることは明らかだが、後半の「その人物が口を開くのを身を硬くして待っている娘たちの様子」の部分も誤り。

⑤も前半、後半、共に傍線部の説明として不適。

正解 13 ＝②

問３ 内容説明問題

> 問 傍線部Ｄ「第八の娘は両臂を自然の重みで垂れて、サントオレアの花のような目は只じいっと空を見ている。」とあるが、このときの「第八の娘」の様子を説明したものとして最も適当なものを一つ選べ。

傍線部の直前を見ると、七人の娘がかわるがわる第八の娘の杯を手にし、それを見下すような発言をしている。「墓の中は好かったね。」は少しわかりにくかったかもしれないが、「墓の中という表現は面白いね」くらいの意味だろう。当世風に言えば「『墓の中』はウケる」といったところか。人の杯を評して「墓の中から掘り出したみたい」「それマジうける」とはずいぶん失礼な話だが、それだけでなく、七人の娘は持ち主である第八の娘を前にして「銀の鈴を振るような笑声」で笑うのである。それに対する第八の娘の様子が傍線部Ｄ。「両臂を自然の重みで垂れて」の「臂」には〈腕〉という意味もあるので、ここは両手をだらりと下に垂らしている状態であろう。力みのない、自然な姿勢である。また、「サントオレアの花のような目は只じいっと空を見ている。」という表現からは、他者の評価に一喜一憂することのない平然とした様子がうかがえる。そしてそのことは、傍線部の後ろの文脈からも確認できる。第八の娘の「わたくしの杯は大きくはございません。それでもわたくしはわたくしの杯で戴きます。」という意味の発言から読み取れるのは、怒りでも悲しみでもなく、ただ自分の杯に対する誇りだろう。自分の杯に誇りを持っているからこそ、七人の娘の言動を意に介することなく、平然としていられるのである。

> 他者の言動に一喜一憂することなく、平然とした態度を取り続けている

この**【正解のイメージ】**に合うものを選ぶ。正解は④。「超然」とは〈物事にとらわれず、平然としていること〉。「自分の杯を、娘たちが見下し嘲笑していることを理解しつつも」の部分が間違っているのではないかと思った人もいるかもしれないが、「お前さんも飲むの。」という娘の問いかけに対し、「第八の娘は黙って頷いた」とあることや、こんなに小さい杯では飲めないだろうから大きい銀の杯を貸してあげよう、という娘たちの同情の申し出に対し、「わたくしの杯は大きくはございません。それでもわたくしは……」と答えていることから、「第八の娘」は、七人の娘の言葉（日本語）を理解していると判断することができる。

①は「娘たちの用いている言葉の意味が理解できず」が誤り。

②は「憤りを覚えている」が傍線部の「第八の娘」の態度とそぐわない。また、傍線部の態度は「途方に暮れている」という様子でもない。

③は「傷つき悲しみながらも」が誤り。また「その悲しみを何とか表に出すまいと必死にこらえている」も不適。第八の娘の描写からはそのような力みは感じられない。

⑤は「娘たちの幼稚さに呆れている」が誤り。「第八の娘」の目は「只じいっと空を見ている」のであり、その表情は、相手の幼稚さに呆れている者の表情ではない。また、傍線部前後の第八の娘の言動を考えても、この部分だけ「娘たちの幼稚さに呆れている」と捉えるのは不自然だろう。

正解 14 ＝④

▼小説を読むときには、そこに書かれていることを具体的に映像としてイメージすることが大切である。テレビドラマや映画を観るとき、我々は役者の発するセリフだけでなく、そこに映し出された役者の表情や行動から多くのことを読み取っている。同じように、書かれていることを「映像化」しながら読むことで、多くのことを読み取ることができる。

問４　表現上の特色を問う問題

このような問題を解くうえで必要なことは、次の二点である。

> ❶ 修辞法に関する知識（倒置法、比喩法、擬態法、押韻など）
> ❷ 適切な消去法

❶に関しては、146ページの**【文学的文章におけるさまざまな修辞法】**で抜けがないか確認してほしい。

❷については少し説明が必要だ。表現上の特色を問う問題の選択肢は多くの場合、次のような因果関係で表わされる。

> 因　　　果
> a（表現）→ b（効果）

【例】 倒置法を用いることで、主人公の悲しみが表現されている。

この場合、ひっかけ選択肢のパターンは主に三つ。

> (i) aは正しいが、bが誤り
> (ii) aは誤りだが、bは正しい
> (iii) a、bは正しいが、因果関係が誤り
> （aゆえにbではない）

※ａもｂも誤り、というケースも考えられるが、そのような選択肢が間違いであることはすぐにわかるので、ひっかけ選択肢とはいえない。

今回、選ぶべきは**適当でないもの**であることに留意する。一つずつ見ていこう。

①はａ（表現）も、ｂ（効果）も正しい。また、ａゆえにｂという因果関係も正しい。「ａゆえにｂという因果関係の正しさ」を確認するには、「ａでない場合」を考えてみるとよい。たとえば「表現の反復がない場合」を考えると、「作品に詩のようなリズム」は生まれにくいのではないか。ということは、「表現の反復」によって「作品に詩のようなリズム」が生まれているという説明（因果関係）は正しいのではないか、といった具合である。

②はａ（表現）も、ｂ（効果）も正しい。また、ａゆえにｂという因果関係も正しい。このような比喩表現が用いられていないよりも、用いられている方が、娘たちの楽しげな様子が具体的にイメージしやすいだろう。

③はａ（表現）は正しいが、ｂ（効果）が誤り。「七人の娘」と「第八の娘」の違いは明白だが、「七人の娘」の**そ**れ**ぞ**れの人物像が浮き彫りにされているとはとてもいえない。明らかに不適当なので、これが正解。

④はａ（表現）も、ｂ（効果）も正しい。また、ａゆえにｂという因果関係も正しい。

⑤はやや判断に迷うが、ａ（表現）については適当といえるだろう。また、ｂ（効果）と、ａゆえにｂという因果関係の正しさについても、「そのように捉えることもできる」という意味では間違いとはいえない。

正解 15 ＝③

▼「適当でないものを選べ」という問題は、明らかに本文と矛盾する選択肢を解答として選ばなければならない。「言われてみればそうかもしれない」「そのよう

に捉えることもできる」と思えるものは「可能な解釈」として残し、「どう考えてもそれはありえない」という「不可能な解釈」を選ぶイメージを持つとよいだろう。

問５　資料を用いた空欄問題（話し合い形式）

　本文の波線部「それは自然の二字である」に関する【資料Ⅰ】と【話し合いの様子】を読んだうえで、空欄に入る適当な選択肢を選ぶ問題である。

［Ⅰ］について

【資料Ⅰ】は、「芸術に主義というものは本来ないと思う。芸術その物が一の大なる主義である。」という冒頭の一行に端的に表れているように、芸術の中に区別を設けることを批判する鷗外の芸術観が述べられている。そしてその例として、自然主義という枠によって自らの作品を窮屈なものにしてしまったゾラが挙げられている。

　そのことを踏まえると、【話し合いの様子】における「当時日本の文壇を席巻していた自然主義文学に対する鷗外自身の立場」とは、簡単に言えば「批判的立場」ということになろう。すると、「『自然』という銘が彫られたお揃いの銀杯を持つ七人の娘」が表しているもの＝「『自然主義』という枠にとらわれて、独創的な作品を生み出すことができなくなった日本の自然主義文学者」＝［Ⅰ］というように考えられる。これを【正解のイメージ】とすると、正解は①。

　②・③・④はいずれも「お揃いの銀杯」＝「個性のない、画一的な作品」というニュアンスを含んでいない。

［Ⅱ］について

　Aさんの発言の冒頭に「そうすると」とあるので、空欄Ⅱに入るのは、「わたくしの杯は大きくはございません。それでもわたくしはわたくしの杯で戴きます。」という「第八の娘」の言葉を、鷗外の文学観の表明として捉えた場合の解釈である。

次のように整理することができるだろう。

七人の娘＝個性のない日本の自然主義文学者
＝ Ⅰ
↔
第八の娘＝画一的な自然主義を拒否し、自分の文学観を大事にしようとする者
＝鷗外→ Ⅱ

したがって正解は④。

①は「自然体の自分を大切にしたい」が誤り。空欄Ⅱに入る内容は右に見た通り、鷗外の文学観を表すものである。「自然体の自分を大切にしたい」というのは「生き方」の問題であって、文学観ではない。

②は「文壇の主流をなす文学観に寄り添いつつも」が誤り。

③は「自分らしく自然主義の道をまい進する」が誤り。

Ⅲ について

空欄Ⅲに入るのは、「第八の娘」の「わたくしの杯は……」という発言を、作品の成立事情や書かれた時代背景などを無視して、一種の人生訓として捉えた場合の解釈である。つまり当時流行していた「自然主義」や、それを批判する鷗外の文学観などとは切り離して「第八の娘」の言葉を捉えると、どのような「人生訓的解釈」ができるか、ということだ（「人生訓」とは、〈人生とは何か、人はどう生きるべきか、といった事柄に関する教え、含蓄に富んだ言葉〉の意）。

「わたくしの杯は大きくはございません。それでもわたくしはわたくしの杯で戴きます。」という言葉を字義通りにとれば、ただ「杯」の話をしているにすぎない。しかしこれを人生訓として抽象化、一般化して

捉えるならば、

自分に与えられたものが他者や世間の評価基準からすれば見劣りするものであったとしても、自分はこの自分に与えられたもので生きていく

というような意味になるだろう。これを**【正解のイメージ】**とすると、正解は①。

②は、「そのような自分を受け入れてくれる人は必ずいる」が誤り。「わたくしはわたくしの杯で戴きます。」からそのような解釈は生まれない。

③・④は共に、「第八の娘」の発言に即した解釈になっていない。

正解 16 ＝① 17 ＝④ 18 ＝①

▼第八の娘の言葉を「人生訓」と捉えるのはある種の抽象化である。抽象化とは〈共通の属性を取り出すことで、違う個物を同じものとみなすこと〉。桃とリンゴは違う個物だが、抽象化すれば同じ「果物」となる。テレビのオリンピック中継で懸命に競技する選手を見て、自分も勉強を頑張ろうと思うのも抽象的理解の作用である。具体的な人間の具体的な営みを描く小説をそのまま具体的に理解しつつ、同時にその具体的な理解を抽象化することで、作品と自分との間にある「つながり」が生まれる。そのような読み方を通して小説は様々なことを読者に与えてくれる。

問6 資料を用いた空欄問題（ノート形式）

【資料Ⅱ】と【ノート】を読んだうえで、空欄に入る適当な選択肢を選ぶ問題である。【資料Ⅱ】は文化人類学の中心テーマの一つであり、受験現代文でもよく

取り上げられる「贈与」について述べたものだ。

【資料Ⅱ】の内容を踏まえたうえで、【ノート】の内容を図示すると次のようになる（図）。

（図）

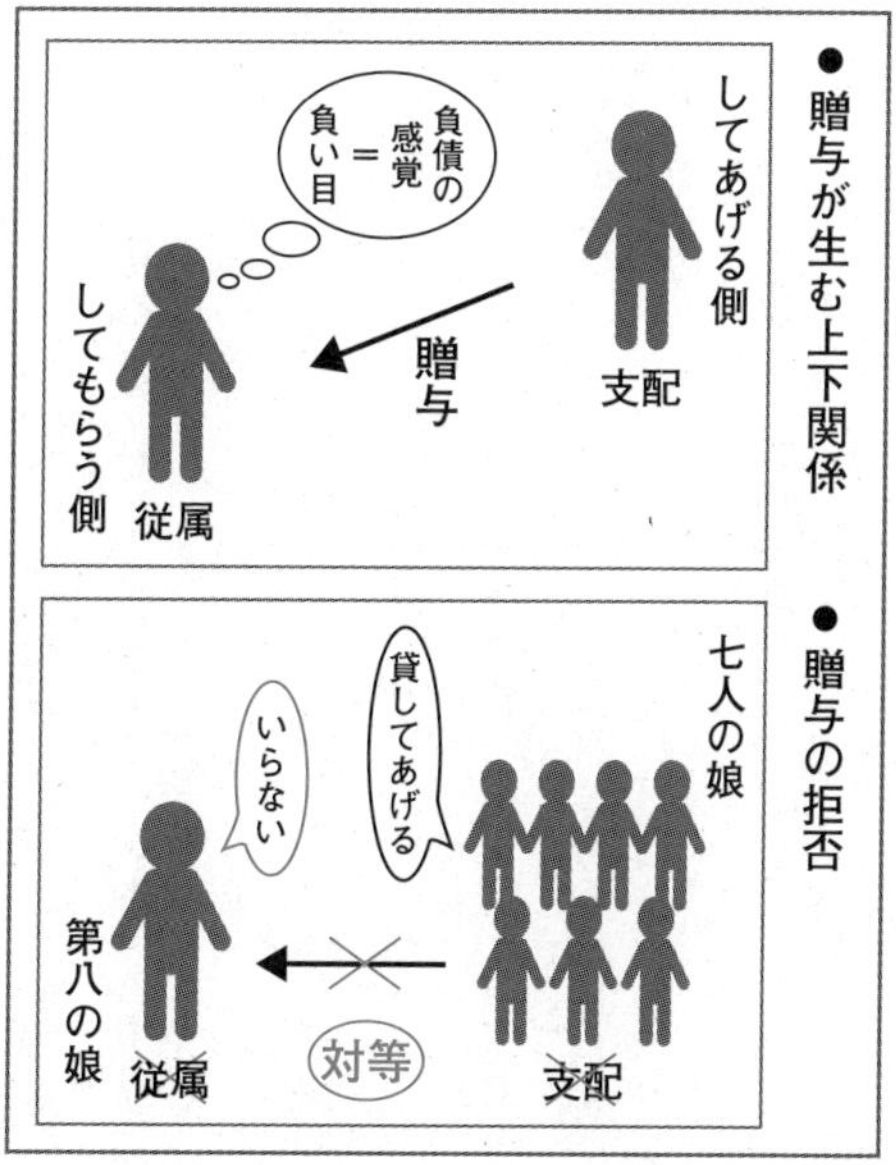

「第八の娘」が、七人の娘（の内の一人）からの贈与を断固拒否したということは、何かを「してもらう」ことによって（＝「借り」を作ることによって）、従属する立場に置かれることを拒否したということである。

したがって正解は③。

①の内容は、「してあげる側」の姿勢であり、不適。

②は「『借り』を作ることで」は正しいが、それ以外の内容は「してあげる側」の姿勢であり、不適。

④は正反対の内容となっており、不適。

正解 19 ＝③

□第3問

出典

◆【資料Ⅰ】

文章 文部科学省・気象庁気象研究所「令和5年夏の大雨および記録的な高温に地球温暖化が与えた影響に関する研究に取り組んでいます。――イベント・アトリビューションによる速報――」

図 気象庁「令和5年梅雨期の大雨と7月後半以降の顕著な高温の特徴と要因について」

グラフ1 気象庁「災害時気象報告 平成29年7月九州北部豪雨及び6月7日から7月27日までの梅雨前線等による大雨等」

グラフ2 気象庁「大雨や猛暑日など（極端現象）のこれまでの変化」

◆【資料Ⅱ】

小林文明《こばやしふみあき》『極端気候シリーズ⑥ 線状降水帯 ゲリラ豪雨からJPCZまで豪雨豪雪の謎』（成山堂書店 二〇二三年）

読解

【資料Ⅰ】は文章・図・グラフ1・グラフ2と情報量が多い。このような場合、制限時間内で問題を解き切るためには、

❶文章を（細かいところはあまり気にせずに）読む

❷図やグラフはタイトルにだけ目を通す

という戦略が有効だ。図やグラフは設問を解くうえで必要な箇所を後で適宜参照しよう。

【資料Ⅰ】文章は、大雨や記録的な高温といった気象災害の増加に地球温暖化が与えた影響を明らかにする手法である「イベント・アトリビューション」について述べたもの。「イベント・アトリビューション」には下線も

付されているので、少し注意してその内容を把握しよう。それ以外のところについては、文章全体のおおまかな内容を把握することを心掛け、見慣れない長い固有名詞や細かな数字はあまり気にせず流し読みで構わない。

【資料Ⅱ】は、地球温暖化などの気候変動問題を解決するための工学的技術である「ジオエンジニアリング」について述べたもの。こちらも設問を解く前に通読し、ジオエンジニアリングの可能性と問題点をおおまかに理解しておけばよい。

解説

問1　資料の理解を問う問題

(i) 内容説明問題（キーワードの説明）

この設問は「イベント・アトリビューション」に関する内容一致問題といえるものなので、**【正解のイメージ】**を作るのではなく、各選択肢を 文章 の内容と照らし合わせる作業が求められる。また、**適当でないものを選べ**という設問なので、明らかに 文章 の内容と矛盾するものを選ばなければならない。一つずつ選択肢を見ていこう。

①は第3段落の内容と合致する。

②は第5段落の内容と矛盾する。選択肢の「結果が出るまでに数か月を要するため、大量の気候シミュレーションを必要とする」は因果関係が逆で、正しくは「大量の気候シミュレーションを必要とするため、結果が出るまでに数か月を要する」。**因果関係が逆転した選択肢**は、間違いに気づきにくいので注意したい。

「フラれたから泣いた」と「泣いたからフラれた」はまるで意味が違う。

③は第４・６・７段落の内容と合致する。

④は第５段落の内容と合致する。

正解 20 ＝②

問１ 資料の理解を問う問題

(ii) 資料間の関係を問う問題

この設問も**【正解のイメージ】**をあらかじめ持つことができない内容一致問題タイプなので、

❶選択肢を読む
❷正誤を判定するために必要な情報を資料から探す

という手順で解いていく。

①は不適。図は（そのタイトルからもわかるように）「令和５年梅雨期の大雨をもたらした大規模な大気の流れ」を示したものであり、それが「イベント・アトリビューションによるシミュレーションの成果」を示したものであると判断できる根拠はどこにもない。

②は不適。グラフ１は、平成29年の７月５日～６日にかけての降水量を示したものであり、「毎年のように～気象災害が発生しています」という文章の内容を示したものではない。

③は適当。文章の第６段落に記されている令和５年６月から７月上旬の大雨をもたらした大規模な大気の流れ（太平洋高気圧の張り出しや上空ジェット気流の蛇行など）に関する模式図が図である。

④は不適。イベント・アトリビューションによって人為起源の地球温暖化の影響が明らかになったのは、平成30年や令和５年といった近年の極端現象についてである。したがって、グラフ２が示している１９７６年～２０２２年の大雨の年間発生回数の経年変化に人

為起源の地球温暖化の影響があるかどうかは、少なくともイベント・アトリビューションによっては明らかになっていない。

正解 21 ＝③

問２ 資料の内容の正誤を問う問題

【凡例】にある「正しい」「誤っている」「判断できない」の選択は、次の基準による。

「正しい」――資料の中に正誤の判断根拠があり、その判断根拠と合致する。
「誤っている」――資料の中に正誤の判断根拠があり、その判断根拠と矛盾する。
「判断できない」――資料の中に正誤の判断根拠がないため、正しいとも誤っているともいえない。

この基準にしたがってア～エの各文を見ていこう。

アは グラフ1 が判断根拠。折れ線グラフを見ると、7月5日の12時から翌7月6日の3時までの15時間の間に「7月の月降水量の平年値」を超える大雨が降ったことがわかる。したがってアは「正しい」。

イの内容の正誤を判断する根拠は【資料Ⅰ】の中にはない。したがってイは「判断できない」。この時点で正解は①と決まるが、念のために他の文も確認しておこう。

ウは グラフ2 が判断根拠。「長期変化傾向」を示すグラフの点線を見ると、大雨の発生回数は確かに増加傾向にある。したがってウは「正しい」。

エは 文章 と 図 が判断根拠。エの前半は正しいが、後半の「地球温暖化とは無関係である」は、地球温暖化の影響を指摘した 文章 第6・7段落の内容と矛盾する。したがってエは「誤っている」。

正解 22 ＝①

問3 複数の資料を踏まえたレポートの内容と構成について問う問題

(i) 空欄補充問題

「ジオエンジニアリング」の具体例として挙げられている台風や積乱雲のコントロールが結果として引き起こすことが「想定以上の X 」なのだから、空欄Xに入れるべき内容は、【資料Ⅱ】第3段落にある「台風や積乱雲がもたらす水は確実に減ります」と同内容の言葉でなければならない。【正解のイメージ】は、

降水量の減少

となる。これに合う選択肢は④か⑤。

空欄Yの直前の見出しは「試行実験による定量的な効果の確認が困難」というもの。【資料Ⅱ】第4段落では、それに続いて「環境に与える影響を事前に評価することも極めて難しい」とあるので、空欄Yに入れるべき内容、【正解のイメージ】は、

ジオエンジニアリングを実施することで環境がどう変化するかを前もって見定めること

となる。これに合う選択肢は、①「環境に与える影響の事前評価」と④「実施後の環境変化の事前予測」だが、①は空欄Xの内容が不適なので、正解は④。

正解 23 ＝④

問3 複数の資料を踏まえたレポートの内容と構成について問う問題

(ii) レポートに対する助言の適切さを問う問題

事前に【正解のイメージ】を作ることのできない問題なので、各選択肢の「級友の助言」と資料を照らし合わせて、正誤を判断していこう。**誤りがあるものを**選ぶ問題なので、明らかに資料と矛盾する選択肢が正解になる。

①の助言内容に誤りはない。

②の助言内容は誤っている。【資料Ⅰ】グラフ1は、二日間の降水量を示したものなので、「大雨の年間発生回数の増加」を根拠立てるデータとはならない。

③の助言内容に誤りはない。レポートの【目次】とは、レポートの要約となるものであり、具体例を目次の項目として挙げるのは適切ではないし、その項目だけ他の項目と抽象度がズレてしまう。

④の助言内容に誤りはない。

⑤の助言内容に誤りはない。【目次】の他の項目がすべて名詞で結ばれているのに対し、第3章のcは「長期的には～かもしれない」という動詞で終わる「文」になっている。また、【資料Ⅱ】はジオエンジニアリングの問題点を中心に述べたものであり、何らかの資料の裏付けなしに「長期的には～期待できるかもしれない」と述べるのは「希望的観測」といえるだろう。

正解 24 ＝ ②

語彙リスト

□洞察《どうさつ》	物事を観察して、その本質や、奥底にあるものを見抜くこと。見通すこと。
□昇華《しょうか》	物事がより高い次元に高められること。
□周縁《しゅうえん》	物のまわり。ふち。対義語は「中心」。
□血縁《けつえん》	血筋のつながった間柄。
□縁談《えんだん》	結婚や養子縁組の相談。
□縁故《えんこ》	人と人とのつながり。
□肝要《かんよう》	非常に大切であること。
□懐疑《かいぎ》	疑い。疑いを持つこと。
□偶有的《ぐうゆうてき》	そうであることも、そうでないこともありうるような、偶然の。
□福音《ふくいん》	1、喜ばしい、良い知らせ。 2、キリスト教で、キリストによって人類が救済されるという喜ばしい知らせ。また、それを伝える教え。
□首尾一貫《しゅびいっかん》	方針や考え方などが初めから終わりまで変わらないで、筋が通っていること。
□措定《そてい》	ある命題の存在を、任意の仮定として、証明なしに主張すること。

□怪訝《けげん》	理由や事情がわからなくて不思議に思うこと。「救助」、「寒冷」などと同様に、「怪（しむ）」・「訝《いぶか》（しむ）」という似た意味の漢字の組み合わせからなる熟語。
□すこぶる	程度がはなはだしいさま。非常に。たいそう。
□刹那《せつな》	極めて短い時間。一瞬間。
□なまめかしい	容姿やしぐさなどが色っぽいさま。
□訝《いぶかり》	不審に思う様子。
□侮《あなどり》	相手を軽く扱う様子。
□憫《あわれみ》	気の毒に思う様子。
□文壇《ぶんだん》	作家、文芸評論家など、文筆を生業とする者たちの社会。
□席巻《せっけん》	激しい勢いで自分の勢力範囲を広げること。
□毅然《きぜん》	意志が強くしっかりしていて、物事に動じないさま。

解答解説 第2回

解説動画

出演：輿水淳一先生

問題番号	設問	解答番号	正解	配点	自己採点①	自己採点②
第1問	問1	1	①	2		
		2	④	2		
		3	②	2		
	問2	4	①	6		
	問3	5	⑤	7		
	問4	6	②	8		
	問5	7	①	8		
	問6	8	②	5		
		9	③	5		
	小計（45点）					

（注）－（ハイフン）でつながれた正解は，順序を問わない。

問題番号	設問	解答番号	正解	配点	自己採点①	自己採点②
第2問	問1	10	④	7		
	問2	11	②	7		
	問3	12	③	7		
	問4	13	⑤	7		
	問5	14	②	7		
	問6	15	①	5		
		16	③	5		
	小計（45点）					
第3問	問1	17	⑤	4		
	問2	18	③	3		
	問3	19	②	3		
	問4	20－21	①－④	10（各5）		
	小計（20点）					
合計（110点満点）						

第2回 実戦問題

□第1問

出典

◆【文章Ⅰ】門脇俊介《かどわきしゅんすけ》・野矢茂樹《のやしげき》 編・監修『自由と行為の哲学』（現代哲学への招待 Anthology 春秋社 二〇一〇年）

野矢茂樹（一九五四〜）は東京都生まれの哲学者。東京大学大学院博士課程単位取得退学。哲学者の大森荘蔵に師事。東京大学教授を経て、現在、立正大学文学部哲学科教授。東京大学名誉教授。著書に『論理学』『心と他者』『哲学の謎』『無限論の教室』『哲学・航海日誌』『新版 論理トレーニング』『心という難問 空間・身体・意味』『語りえぬものを語る』ほか多数。

◆【文章Ⅱ】青山拓央《あおやまたくお》『心にとって時間とは何か』（講談社現代新書 二〇一九年）

青山拓央（一九七五〜）は日本の哲学者。千葉大学大学院博士課程単位取得退学。哲学者の永井均に師事。山口大学時間学研究所准教授等を経て、現在、京都大学大学院人間・環境学研究科教授。著書に『時間と自由意志 自由は存在するか』『幸福はなぜ哲学の問題になるのか』『分析哲学講義』『新版タイムトラベルの哲学』ほか。

本文中で参照されているデイヴィッド・イーグルマン『あなたの知らない脳——意識は傍観者である』はハヤカワ・ノンフィクション文庫から翻訳が出ている。

読解

◆【文章Ⅰ】（『自由と行為の哲学』）

蟻が餌をはこぶとき、蟻は「自由」なのか。私が手をあげるとき、私は「自由」なのか。あるいは、蟻が餌をはこぶことは、蟻の「行為」なのか、それとも「たんなる自然現象」なのか。人間も自然の一部である。人間の行動もまた「たんなる自然現象」なのか。

自由と行為を巡る哲学問題は、「人間とは何か」という問いかけに行き着く。人間を自然の一部として語り尽くすことはできるのか。それとも、人間はたんなる自然現象としては捉えられない独自の側面（＝自由意志）をもつのだろうか。

われわれは自由な行為の主体のみを道徳的に評価したり、その責任を問うたりする。もし人間を自然の一部として見なすならば、それは人間を道徳的に非難したり称賛することと矛盾するのではないか。

われわれは多かれ少なかれ自然科学の世界観に染まっている。人間を徹底的に自然現象として捉えようとする態度と、たんなる自然現象を超えた独自性をもつものとして捉えようとする態度、この二つがわれわれ自身の中で軋み合っている。

（図解）

【自然科学の世界観】

人間の行動＝「たんなる自然現象」
←
人間は自由な行為の主体ではない
（自由意志は存在しない）
←
道徳的に評価することも、責任を問うこともできない

【そうでない世界観】

人間の行動＝「たんなる自然現象を超えたもの」
←
人間は自由な行為の主体
（自由意志は存在する）
←
道徳的に評価することも、責任を問うこともできる

◆【文章Ⅱ】（『心にとって時間とは何か』）

責任とは何かという問題が重要性を増してきている。人間のあらゆる行為が脳によってひき起こされているなら、（その行為は本人の自由意志に基づくものではないのだから、）行為の責任を行為者その人に負わせて非難や処罰をすることには疑問があるのではないか。

神経科学者のデイヴィッド・イーグルマンは、悪事をなした人物が「非難に値する」かどうかは重要な問題で

はないと述べ、脳損傷が関係する印象的な複数の実例を挙げたうえで、「非難に値する」の代わりに「修正可能である」という概念を用いるべきだと提言する。イーグルマンは、遺伝と環境、その結果としての脳の状態をふまえて、「どんな場合も犯罪者は、ほかの行動をとることができなかったもの（犯罪行為以外を選べなかったもの）として扱われるべきである」と主張するのである。

イーグルマンの提言は、過去になされた犯罪への非難ではなく、再犯等の予防に注力する点で、明らかに未来志向的である。

イーグルマンの提言に、（筆者は）必ずしも反対ではない（賛成する部分もある）。だが、彼の提言の背景にある科学的根拠を直視したとき、非難と修正のバランスを適度に取ることは、欺瞞や恣意性の入り込みやすい困難な作業である。一方、彼の提言が、非難から修正への完全移行を意味するなら、そのことが倫理に与える全面的な影響を、彼が十分に考慮しているようには見えない。

非難を基盤とした倫理は、たとえ科学的認識と相容れなくても、そこには進化論的な歴史があり、そのような倫理が生み出されてきたことには科学的な整合性がある。現状の倫理を支えている過去志向的な認識（過去になされたことに目を向けること）は、人間集団の存続・拡大にとって未来志向的な効果（未来をより良いものにする効果）をもちうるからだ。認識における未来志向性を、効果における未来志向性と混同しないことが重要である。

解説

問1　漢字問題

(ア) 躍る
①躍動　②翻訳　③災厄　④旧約

(イ) 巡る
①遵守　②潤沢　③純朴　④巡査

(ウ) 嘆く
①簡単　②感嘆　③肝胆　④間断

正解
1 ＝①
2 ＝④
3 ＝②

▼「訓読み」から「音読み」への変換力を問う問題である。大まかにいえば、「音読み」は中国語読み（「春」を【シュン】と読む）、「訓読み」は日本語読み（「春」を【はる】と読む）である。熟語を訓読みに変換して意味を捉えながら読むことを心掛けよう。

問2　内容説明問題（不適当な具体例を選ぶ形式）

問　傍線部Ａ「われわれは多かれ少なかれ自然科学の世界観に染まっている」とあるが、「自然科学の世界観」とはどのようなものか。

適当でないものを選ぶ問題であることに注意する。「自然科学の世界観」とは、「自然科学的に世界を捉える見方」、つまり人間を含めた世界のすべてを物理現象として捉える態度である。そのように世界を捉えるならば、人間もまた物理法則に従う原子の集合体に過ぎず、そうである以上、木から落ちる葉っぱを「自由な行為の主体」と見なさないのと同様、人間もまた「自由な行為の主体」とは見なされない。したがって人間の行動を道徳的に評価したり責任を追及したりすることもない（自由に選択した行為でなければ、その責任を追及することはできない）。これが「自然科学の世界観」だ。読解の（図解）が【正解のイメージ】

となる。このような「自然科学の世界観」の具体例として**適当でないものは①**。①は、人間を「自由な行為の主体」と見なしている。

正解 4 ＝①

問3 例示の意味を問う問題

問 傍線部B「印象的な複数の実例を挙げている」とあるが、イーグルマンはそれによってどのようなことを言おうとしているのか。

イーグルマンが複数の実例を挙げることで言おうとしている内容を探す。第5段落の「イーグルマンはこのほかにも複数の知見を挙げたうえで、次のような自説を提出する」という一文から、彼が言おうとしていること（提言）は、第6段落に彼自身の言葉として述べられている内容であることがわかる。また、その提言を支える第7段落の考えもあわせて根拠としたい。まとめると次のようになる。

❶悪事をなした人物が非難に値するかどうかを決定することは不可能であり、「非難に値する」の代わりに「修正可能である」という概念を用いるべきだ（第6段落）

❷どんな場合も犯罪者は、ほかの行動をとることができなかったもの（犯罪行為を犯すしかなかったもの）として扱われるべきだ（第7段落）

これを【**正解のイメージ**】として選択肢を検討する。

①は「非難はその人物ではなく、腫瘍そのものに向けるべき」が誤り。

②は「過去の人格がどのようなものであったかは重視するべきではない」が誤り。

③は「脳の健康状態にこそ意識を向けるべき」が誤り。

④は「どんな場合でも犯罪者は自らの意志で罪を犯す」が誤り。第7段落に述べられていたのはその逆で、犯罪者は、遺伝と環境、その結果としての脳の状態という、自らの意志ではないものによって「ほかの行動をとることができなかったもの」として扱われるべきだとイーグルマンは主張している。

⑤が最も【正解のイメージ】に近い。これが正解。

正解 5 ＝⑤

▼例示（具体例・実例を示すこと）の意味を問う問題であった。一般的に、筆者は「例」そのものを読者に伝えたいのではなく、例を示すことによって、「何か」を伝えようとする。その「何か」を追跡する意識を持とう。

問4　筆者の考えを問う問題

> 問　傍線部C「イーグルマンの提言に、私は必ずしも反対ではない」とあるが、筆者はイーグルマンの提言をどのように受け止めているか。

適当でないものを選ぶ問題であることに注意する。

「イーグルマンの提言」については**問**3の解説でも確認した。一言でいえば「『非難』から『修正』への移行」である。第6・7・9段落にその説明がある。たとえば我々はテレビや新聞で知った犯罪者の悪行を非難する。しかしイーグルマンによれば、犯罪者は「ほかの行動をとることができなかった」のであり、その意味で自由がなかったのだから、その犯罪行為を非難したり処罰したりすることはできない。「非難する代わりに修正に力を注ごう」、これがイーグルマンの提言である。

そのようなイーグルマンの提言に、筆者は「私は必ずしも反対ではない」という。つまり、100パーセント反対ではない、少しは賛成する部分もあるということだろう。傍線部に続く文脈（第10～11段落）で、イーグルマンの提言に対する筆者の考え（賛成する理由と反対する理由）が述べられている。箇条書きで列挙すると次のようになる。

❶処罰への私たちの理解が「非難」の側に偏っている場合、「修正」の側にバランスを取るうえで彼の提言は有益である（第10段落）

❷彼の提言の背景にある科学的根拠（第６・７段落の「人間の行為は結局のところ遺伝と環境の産物（＝非難の余地がないもの）」）を直視するなら、「非難」の領域を残して適度なバランスを取るのは、欺瞞や恣意性の入り込みやすい困難な作業に思える（第10段落）

❸彼の提言の真意が、「非難」から「修正」への完全移行であるなら、その効果については疑念がある（第10段落）

❹彼の提言の背景にある考え（「人間の行為は結局のところ遺伝と環境の産物」）を押し広げるならば、すべての行為は、自由に選択した行為ではなく、そのようでしかありえなかったものと見なすべきだが、そのことが倫理に与える全面的な影響を、彼は十分に考慮していない（第11段落）

このような筆者の考えに**合わないもの**を選ぶ。

①は❶と合致している。「過去志向的な認識に偏った処罰」は、「非難の側に傾き過ぎた処罰」と言い換えられる。

②は「イーグルマンの提言から学んで全面的に修正の側に移行することは意味のあることだ」が誤り。全面的に移行することの効果について筆者は疑念を持っている。また「実際に移行できるかどうかは疑問である」も誤り。疑問なのは「移行できるかどうか」で

はなく、「移行の効果について」である。正解は②。

③は❷と、④は❸と、⑤は❹と、それぞれ合致している。

正解 6 ＝②

問5　内容説明問題

問　傍線部D「現状の倫理を支えている過去志向的な認識は、たとえそれ自体としては虚偽を含んでいたとしても、人間集団の存続・拡大にとって未来志向的な効果をもちうる」とはどういうことか。

「……とはどういうことか」という問題は、傍線部をいくつかのパートに分けると解きやすくなる。傍線部Dは、読点《とうてん》（、）で三つのパートに分けられる。

❶ 現状の倫理を支えている過去志向的な認識は、
❷ たとえそれ自体としては虚偽を含んでいたとしても、
❸ 人間集団の存続・拡大にとって未来志向的な効果をもちうる

この三つのパートそれぞれの内容を理解していこう。

まず、❶について。過去志向的な認識と、未来志向的な認識については第6～9段落で説明されていた。図で整理しておこう（図）。

（図）

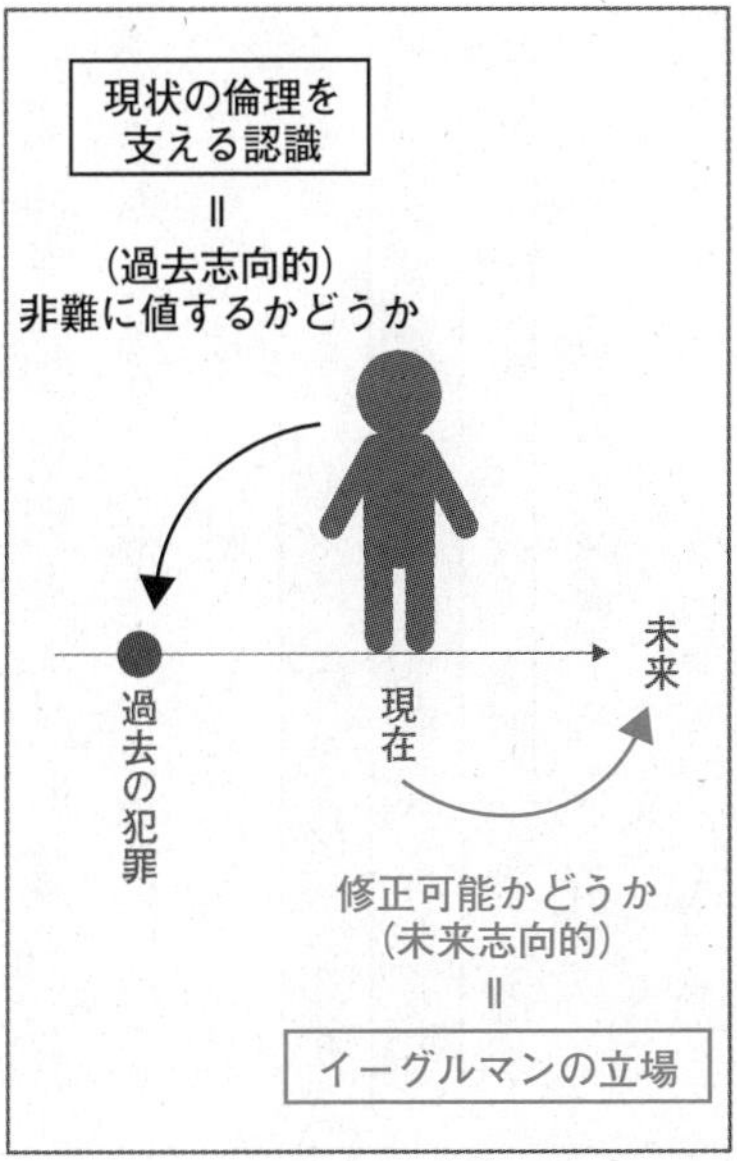

未来志向的な認識が、たとえば一年前に悪事を働いた人に対して、その人の行動を今後どのように修正していくかと考えるものであるのに対して、現状の倫理を支えている過去志向的な認識とは、一年前に悪事を働いた人に対して、その過去の悪事がどれくらいの非難に値するかを考えるものである。

次に❷について。ここは少し難しいかもしれない。

次の例文を見てほしい。

【例】太郎君がもし間違ったことを言っていたとしても、その言葉が無意味だということにはならない。彼の発言がたとえ誤解に基づいたものだったとしても、その発言によって良い結果がもたらされることだってあるからだ。

同じ色の部分がおおよそ同じ内容になっていることがわかるだろう。この例文と同じ構造なのが傍線部とその前文だ。

非難を基盤にした倫理がもし科学的認識と相《あい》容《い》れなくても、その倫理が形作られるまでには進化論的な歴史があり、その歴史の因果関係は科学的事実と整合しうる。D現状の倫理を支えている過去志向的な認識は、たとえそれ自体としては虚偽を含んでいたとしても、人間集団の存続・拡大にとって未来志向的な効果をもちうるからだ。

この対応関係から、傍線部の「虚偽」とは前文の「科学的認識と相容れな」い「認識」のことだとわかる。そしてここでいう「科学的認識」とは、傍線部の前の段落に述べられていた内容、すなわち「人間の行為は環境と遺伝の産物であり、過去の行為はすべてそのようでしかありえなかった（自由意志が存在しないので非難できない）」というものである。現状の倫理は過去の犯罪を非難するものだから、そのような科学的認識と矛盾する。それをここで「虚偽」と言っている。

最後の❸は❶の主語とあわせて理解しよう。

❶現状の倫理を支えている過去志向的な認識は、❸人間集団の存続・拡大にとって未来志向的な効果をもちうる。

つまり、認識は過去に向いていたとしても、その過去志向的な認識が未来の効果（良い結果）をもたらしうる、ということだ。未来の効果を生むものは、必ずしもイーグルマンの主張するような未来志向的な認識だけではない、ということを筆者は言いたいのだろう。

【正解のイメージ】は次のようなものになる。

> 現状の倫理を支えている、過去の犯罪を非難に値するかどうか思案する過去志向的な認識は（❶）、たとえ人間の行為を環境と遺伝の産物と見なす科学的認識と矛盾するとしても（❷）、未来の人間社会にとって望ましい結果をもたらしうる（❸）

それでは選択肢を検討していこう。

①は正しい。「正の効果」とは「プラスの効果（＝望ましい結果）」ということ。これが正解。

②は❶の説明が誤り。「過去の行為を非難せずに修正の対象と見なす認識」は過去志向的ではなく未来志向的な認識である。

③は❷の「進化論的な歴史の因果関係と矛盾する」という説明が誤り。傍線部の前文にあるように、「非難を基盤にした倫理（現状の倫理）」には「進化論的な歴史があり、その歴史の因果関係は科学的事実と整合」する。また、傍線部の「……効果を持ちうる」を「欠かせない役割を持つ」と断言しているので❸の説明も誤り。

④は❶の「過去の行為をそのようでしかありえなかったものと見なす後ろ向きの認識」という説明が誤り。「過去の行為をそのようでしかありえなかったもの」と見るのは、人間の行為は環境と遺伝とによって決定されているとする科学的認識であり、それはイーグルマンの立場であって、「現状の倫理を支えている過去志向的な認識」ではない。

⑤は❷の「実現不可能な理想論的な要素」という説明が誤り。傍線部の「虚偽」とは「科学的認識と矛盾する部分」のことであり、「実現不可能な理想論的な要素」のことではない。

正解 7 ＝①

問6　空欄問題（話し合い形式）

【文章Ⅰ】と**【文章Ⅱ】**を踏まえた**【話し合いの様子】**を読んだうえで、空欄に入る適当な選択肢を選ぶ問題である。

(i)　空欄 Ⅰ に入る発言は、次の因果関係を正しく完成させるものでなければならない。

> ❶人間を徹底的に自然現象として捉えるなら
> ↓
> ❷人間の行動は Ⅰ のだから
> ↓
> ❸その（行動の）責任を追及することもできなくなる

【文章Ⅰ】の第4段落に「われわれは自由な行為の主体のみを道徳的に評価したり、その責任を問うたりする。それゆえわれわれはたんなる自然現象を道徳的に評価したり、責任を追及しようとしたりはしない」とある。これを言い換えれば、❶自然現象は、❷自由な行為の主体ではないので、❸その責任を追及することはできない、となる。したがって空欄Ⅰには、「自由な行為ではない」＝「自分で選んだものではない」といった内容が入るはずである。正解は②。

③の「そのようでしかありえなかったもの」とは「自分で自由に選んだものではない」ということだから、③全体としては、「自由ではないとは言えない＝自由なもの」となってしまう。

④は「なかば強制されたもの」が誤り。「なかば」という以上、少しは自由が残されていたということになってしまう。

(ii) 空欄 Ⅱ について、空欄前後の文脈を確認しよう。

Cさん——だとしたら（「私の意志」が幻想だとしたら）イーグルマンの言うように、悪事を働いた当人を安易に非難することはできないね。

Aさん——でも、だからといって野放しにするわけにもいかない。

Bさん—— Ⅱ のと同じように、再犯の危険のある人を隔離することも、社会の権利として認められるのではないだろうか。

「私の意志」が幻想だとしたら、「悪事を働いた当人」は自分の意志で悪事を働いたわけではないのだから、その人に責任を負わせるわけにはいかない。しかし野放しにするわけにもいかない。——その流れでBさんが発言するのだから、Bさんのいう「隔離」とは、責任を負わせるための罰則のようなものではなく、「当人には責任はないかもしれないけれど社会の権利として主張できるようなもの」である。隔離される**当人の利益には反する**が、社会の権利として認められるような「隔離」。そのような「隔離」のロジックと同等のケースが空欄Ⅱに入る。正解は③。

①「個人の利益を優先する」、②「受刑者の釈放」は、右の太字部分「当人の利益には反する」と矛盾する。

④の「故意の反則行為」は、「当人には責任はない」と矛盾する。

正解 8 ＝② 9 ＝③

□第２問

出典

◆永井龍男《ながいたつお》『胡桃割り』（『日本近代短篇小説選　昭和篇2』所収　岩波書店　二〇一二年）

【資料】紅野謙介《こうのけんすけ》「解説」（同右）

永井龍男（一九〇四〜一九九〇）は、東京都生まれの小説家、随筆家、編集者。一六歳のときに文芸雑誌の懸賞小説に応募し、「活版屋の話」が入選。選者の菊池寛の推奨を得る。文藝春秋社に入社し、創作活動のかたわら、「オール讀物」や「文藝春秋」の編集長をつとめ、長く直木賞や芥川賞の選考にあたった。代表作に『一個その他』『わが切抜帖より』『コチャバンバ行き』などがある。

『胡桃割り』は一九四八年七月、「学生」に発表された。母を喪った少年が利己的な自己の殻を破り、他者を思いやる心を持つに至るまでの過程が、胡桃にまつわる父との思い出に重ねられて端正に描かれている。

紅野謙介（一九五六〜）は、東京都生まれの文学研究者。元・日本大学文理学部教授。主な著書に『書物の近代　メディアの文学史』『国語教育　混迷する改革』などがある。

読解

◆リード文

リード文には本文を理解するうえで欠かせない内容が記されている。今回把握すべきポイントは二点。

❶「私」と友人が、中学以来の仲間である絵かきの家を訪ねた

❷本文は、絵かきの語る胡桃にまつわる思い出

したがって、本文の大半は「物語の中で語られる物語」であり、「僕」と「私」を混同しないようにしたい。「僕」＝絵かきであり、本文の最後に出てくる「私」＝絵

かきの話を聞いている主人公である。

次に本文を場面ごとに区切り、そのあらすじを確認していこう。

◆絵かきの語る思い出話

【病床の母を看護する父】（1～18行目）

姉が生まれた五年後に生まれた僕は両親の溺愛の下で育つが、僕が小学三年生の春、母は病を得て寝たきりとなり、仕事一筋だった父は、妻の看護に専心するようになる。わがまま一杯に育ってきた僕は、母との接触を制限する父に不満を抱きもしたが、当時の父の献身は、僕が成人するにつれて胸に響いた。

【姉との会話①】（19行目～41行目）

母が亡くなる前の年、僕が六年生の晩秋の事、母の容体が悪化し、姉に泊りがけの遠足を止めるように言われる。母の容体の悪化と、母が死ぬかもしれないということがつながらず、理解を示さない僕に、姉は涙ぐむ。僕の目にも涙が溢れるが、その涙は、楽しみにしていた遠足に行けないかもしれないことに由来する涙であった。

【割れない胡桃】（42行目～56行目）

泣き顔を見られたくなくて思わず入った父の書斎の卓の上に、胡桃を盛った皿が置いてあった。イライラした気持ちで胡桃を割ろうとするが、きゃしゃな僕の力ではビクともしない。かんしゃくを起こした僕が放り出したナット・クラッカーが皿に当たって、皿が割れる。僕は母の病室にも行かず、二階の勉強机にもたれてひとりで泣いた。

【日光への遠足】（57行目～66行目）

しかし、幸いにも母の病気は小康を得て、僕は遠足へ行くことが出来た。やすらかな友達の寝息を聞きながら、僕は母の部屋の電灯を思い浮かべ、ひそかに自分の性質を反省する。これは僕の生涯で最初の反省であった。母と姉に買って帰った土産は、永い間、僕の家のどこかしらに残っていた。

【母の死、父と姉と僕との生活】（68行目～91行目）

年があらたまり、僕の中学受験が終わって間もなく、母は他界し、父と姉と僕との生活が始まった。父は母へ向けていた愛情を、僕と姉に惜しみなく注いでくれた。母の死後、半年ほどすると、姉に縁談が起こった。大人びて見えるようになった姉を、僕はまぶしい思いで見るが、そのまぶしさが別離の悲しみや、父と二人この家に取り残される淋しさに変わる日もあった。

【姉との会話②】（92行目～113行目）

ある日、姉から、父の再婚について相談される。相手は母の遠縁に当たる桂さんという美しい人だったが、僕は受け入れられない。母も姉も、みんな自分を可愛がってくれる人はいなくなって、代わりの人を置いてゆこうとしているという気がした。姉は淋しそうに、そのまま黙った。

【父と姉と僕の会話、割れた胡桃】（115行目～145行目）

母の一周忌の前夜、父の書斎に親子三人が、久しぶりに卓を囲んだ。お姉さんが嫁に行くと、また当分、ちょっと淋しいな、とやさしく僕にいう父の顔が、老けて見えた。不意に桂さんのおもかげが僕の眼に浮かび、困惑した僕は胡桃をクラッカーに挟んで片手で握りしめる。カチンと、快い音がして、胡桃が綺麗に割れた。胸のすくような感触だった。そして僕はいった。「お父さん。僕、桂さんに家へ来てもらいたいんだけど……」。

◆話し終えた絵かき（147行目～最終行）

そういう訳で、父の命日には、こうして胡桃を割ることにしているのだ、と話を終えた絵かきは、巧みに胡桃を割り、その音をしみじみと懐かしむが、カチンと、それは私の割る音とは、どうしても違うのだった。

解説

問１ 語句の意味を問う問題

> 問 傍線部Ａ「そんな蔭口が父を疎んじさせることもあった」とあるが、それはどういうことか。

ポイントは三つ。

> ❶「そんな蔭口」とは何か（指示語）
> ❷「父を疎んじさせる」とはどういうことか（語彙力・文脈力）
> ❸「そんな蔭口が父を疎んじさせることもあった」のはなぜか（因果関係）

「どういうことか」という問いでも、因果関係はなるべく確認しておいた方が正解にたどりつきやすい。

まず❶について。「そんな蔭口」とは何か。本文を引用しよう。

> 病気の性質を考慮して、僕たち姉弟にも、病人との接触を制限するかわり、父は看護に没頭した。雇人にも注意して若い者は遠ざけ、僕が生まれる頃に永くいた婆やを呼び戻して、自分の留守は、この人に病人の一切を委《まか》せたりした。
>
> 母の縁者の中には、そういう慎重な父の態度を、情愛がないと蔭口《かげぐち》をきく者もあった。わがまま一杯に育った子供心に、そのわがままを封じられた不満もあって、Ａそんな蔭口が父を疎《うと》んじさせることもあったが、しかし、……父の献身は、僕が成人するにつれて胸に響いた。

つまり、「そんな蔭口」とは、妻の病気が子供にうつらないように母子の接触を制限する父の看護態度に対して言われる「情愛がない」という親戚からの陰口のことである。

❷について。「疎んじる」とは〈遠ざけ、よそよそしくする。嫌って避ける〉の意である。したがって「そ

んな蔭口が父を疎んじさせる」とは、「そんな蔭口が（僕に）父を嫌いにさせる」の意。仮に「疎んじる」という言葉を知らなかったとしても（知っているに越したことはないが）、傍線部の直後の逆接に導かれた「しかし、……父の献身は、僕が成人するにつれて胸に響いた」というプラスの文脈から、「疎んじさせる」という言葉が「僕の、父に対するマイナスの気持ち」を表しているだろうことを推測できる。

❸について。なぜ、「そんな蔭口が父を疎んじさせる」のか。傍線部直前の「わがまま一杯に育った子供心に、そのわがままを封じられた不満もあって」が理由になるだろう（「食べ過ぎて苦しい」のように、助詞の「て」は理由を表すことがある）。もし「僕」が一切不満を抱いていなければ、父に対する外野の陰口など無視することができるだろう。しかし、これまでわがまま一杯に育った「僕」にとって、母との接触を父に制限されたことは、不満だった。その不満も手伝って、「情愛がない」という陰口を叩かれる父を嫌いだと思ってしまうこともあった、というのである。

以上から、正解は④となるが、実践的なことを言えば、右の❶～❸のすべてがわからなくとも正解は導ける。たとえば❷だけわかった、という場合は次のような【正解のイメージ】となる。

そんな陰口が、「僕」に父のことを嫌いにさせることもあったということ

この【正解のイメージ】を持って選択肢を見ていくと、①の「父の苛立ちを大きくさせる」、②は「父を余計に疲れさせもした」、③は「父の情熱を削いでしまう」の部分がそれぞれ「父を疎んじさせる」の説明として不適。正解は④か⑤に絞られる。

④と⑤の違いは、「そんな蔭口」という指示語の説明部分だ。そこで❶を加えて【正解のイメージ】を作り直すと、

感染を防ぐために母子の接触すら制限する父の慎重な態度に対する一部の縁者からの「情愛がない」という陰口が、「僕」に父のことを嫌いにさせることもあったということ

となり、正解はやはり④となる。④の「不人情」とは、〈思いやりのないこと〉であり、「情愛がない」と同義である。⑤は「母を独占する父に対する縁者からの陰口」が誤り。「そんな蔭口」とは、「母を独占する父」に対してではなく「母子の接触すら制限する父」に対して言われたものである。

正解 10 ＝④

▼今回は「疎んじる」という言葉がポイントだった。「語彙力」はそのまま得点力に直結する。知らない言葉に出会ったら素通りすることなく、「調べる」・「覚える」を徹底しよう。常に持ち歩いて何度も見返せるような自分用の「単語ノート」を作ることが効果的だ。

問2 心情説明問題

問 傍線部**B**「姉は涙ぐんでいる様子であった」とあるが、このときの「姉」の心情はどのようなものだと考えられるか。

母の容体が悪く、「この分だと明後日の遠足は止めてもらうかもしれない」という父の言葉を姉から伝えられた節雄（＝「僕」）だが、それならば仕方がない、とはなかなか思えない。生まれて初めての級友との一泊旅行。友だちと立てたあれこれの約束や計画が節雄の脳裏にあざやかに浮かぶ。それに加えて、小学六年生の節雄には「母が悪いという事と、母が死ぬかもしれぬという事」が直接つながらない。だから、姉の「もしものことがあったら。――お母さんとてもお悪いのよ」という、母が近く危篤に陥る可能性をほのめかす言葉も、節雄には現実味を帯びたものとして感じられない。「『チェッ』僕は乱暴にそういうと、茶碗を姉

に突き出した」や、「知らない！」という節雄の言動からは、そのような節雄の子どもっぽさが読み取れる。

そのような節雄の態度を前にした姉の様子が、傍線部Ｂ「姉は涙ぐんでいる様子であった」である。五つ年長の姉は、病床の母親に代わって節雄の面倒を見ている。姉と弟は、姉弟でありながら、親と子の関係にも近い。このように読んでくると、弟の態度に涙ぐむ姉の心情は、次のようなものだと考えられる。

> 母が死んでしまうかもしれないというのに、遠足に行けないことで苛立つ弟に対してもどかしく思うと同時に、まだ子どもである弟が母を喪ってしまうかもしれないことが哀れでしかたがない

もしこのような【正解のイメージ】を持てなかったとしても、慌てることはない。一つひとつの選択肢を、「可能な解釈」として許容できるか否かという観点で見てゆけばよい（だが【正解のイメージ】を作る努力は続けてほしい）。

①は「食事に夢中で母親の病状にほとんど興味を示さない弟の様子」が誤り。傍線部の直後に「それも辛くて、それきり黙りつづけて夕飯をかき込んだ」とあるように、母親の病状や遠足のことや姉の涙や、そういうどうしようもないことへのやり切れない気持ちを食事にぶつけているのであって、食事に夢中になっているわけではない。また、後半の姉の心情も誤り。

②は正解。「不憫」は〈かわいそうなこと。あわれむべきこと〉の意。

③は「弟を情けなく思っている」が誤り。姉が弟に対してマイナスの感情を持っていると考えられる記述は見受けられない。

④は紛らわしいと感じた人もいるかもしれない。ポイントは傍線部の位置だ。次の二つを比べてみてほしい。

a
――お母さんとてもお悪いのよ」
B姉は涙ぐんでいる様子であった。
「知らない！」

b
――お母さんとてもお悪いのよ」
「知らない！」
B姉は涙ぐんでいる様子であった。

aの場合、姉の涙は、母の病状悪化に起因するものと読めるが、bの場合は「知らない！」とわがままを炸裂させる弟の態度に起因すると読む方が自然だろう。したがって「母との別れが近いことを改めて感じ、辛く思っている」とする④は誤りである。

⑤は「苛立たしく思っている」が誤り。「涙ぐんでいる」姉の様子にそぐわない心情説明である。

正解 11 ＝②

▼小説などの「文学的な文章」を素材にした問題では、「本文に書いていないから」という理由で選択肢を切らないようにしたい。「文学的な文章」では、「本文に書いてあることから、書いていないことを読み取ること」がある程度要求されるからだ。「文学的な文章」を素材にした問題の場合、選択肢を選ぶ基準は「書かれているか否か」ではなく「可能な解釈か否か」である。

問３　内容説明問題

問　傍線部C「僕は、ひそかに自分の性質を反省した」とあるが、「僕」はどのようなことを反省したのか。

幸いにも母の病状が小康を得て、「僕」は遠足に行くことができた。夜、級友たちが寝静まった後も、「僕」は寝つかれず、「東京の家の事が思われてなら」ず、「覆いをした母の部屋の電灯が、まざまざと眼に浮かんできたり」する。このような文脈に続いて傍線部Ｃ「僕は、ひそかに自分の性質を反省した」があるのだから、ここで「僕」が反省した自分の性質とは、「東京の家」にいる母親に関連することだろう。

問２でも確認した通り、「僕」は、遠足に行く二日前、母の病状が悪化していることを姉から聞きながらも、遠足に行きたいという気持ちを抑えられなかった。病床の母のことよりも、自分の欲望を優先してしまった。「覆いをした母の部屋の電灯」を思い浮かべながら「僕」が反省しているのは、そのような自己本位な自分の性質だろう。

> 病床の母のことよりも自分の欲望を優先してしまうような自己本位な自分の性質

これを**【正解のイメージ】**として選択肢を検討すると、正解は③。

①は、慣れない外泊でホームシックになるほど幼稚、というような意味であり、不適。

②は「自己本位な自分の性質」は良いが、「病室の母の様子を気にかけずに」が誤り。母の様子を気にかけながらも、遠足に行きたいという自分の気持ちを抑えられなかったからこそ、遠足当日の晩にそんな自分を反省し、「覆いをした母の部屋の電灯」を思うのである。

④は「家族の反対を押し切ってまで遠足に参加してしまう」が誤り。「幸いなことに、母の病気は翌日から小康を得て、僕は日光へ遠足に行くことが出来た」（57行目）のであって、家族の反対を押し切って強引に遠足に参加したわけではない。

⑤は「東京の家」にいる母親と無関係な内容であり不適。「分別のない」は〈思慮の足りない・軽率な〉の意。

正解 12 ＝ ③

問４ 心情説明問題

問
傍線部Ｄ「『僕、嫌だ』」とあるが、このときの「僕」の様子はどのようなものか。

傍線部の「僕、嫌だ」という発言は、姉の「桂さんに、――あたしの代わりに、家へ来ていただいたらと思ったの。お父様に話したら、節雄が好ければ、っておっしゃるのよ」という発言に対してなされたものだ。なぜ、「僕」は桂さんに来てもらうことに反対するのか。このときの「僕」の様子を理解する手がかりが二つある。

一つは、傍線部の直前の「みんな、自分を可愛がってくれる人は行ってしまって、お体裁に、代わりの人を置いてゆこうとしている」という部分だ。この部分をもう少し詳しく言い換えてみると次のようになるだろう。

〈自分を愛し可愛がってくれた母は亡くなり、姉も他家へ嫁いでいこうとしている。姉は「あたしの代わりに」と言うが、そんなことは「お体裁」に過ぎない（形を整えるだけに過ぎない）。誰かが代わりに来たって、自分のこの淋しさは消えないんだ〉

もう一つの手がかりは、傍線部の二文後の「自分には何もいわず、みんなでそんな事を進行させていたに違いない、――そんな風にも想像した」という部分だ。自分の知らないところで話が勝手に進められていたことは、ただでさえ淋しい思いを抱えている「僕」にとって、自分がないがしろにされたような疎外感を感じさせただろう。そのような淋しさや疎外感が「僕、嫌だ」という拗《す》ねたような態度を取らせたのである。

【正解のイメージ】は次のようなものとなる。

母を失い、姉もいなくなろうとする淋しさ
＋
自分の知らないところで話が進んでいたことへの疎外感

姉の提案を素直に受け入れることができない

ちなみに、姉のいう「桂さんに来てもらう」というのは、話の流れから「父の再婚相手として来てもらう」ことだと推測できるが、本文を最後まで読めばその推測が正しいものであったことを確認できる（「もちろん、桂さんは第二の母として、亡い母以上に僕を愛してくれた」148行目）。姉は、遠回しな言い方で、夫に死に別れた桂さんと妻に死に別れた父の再婚について「僕」に相談を持ち掛けているのである。

【正解のイメージ】に近い選択肢は⑤で、これが正解となる。

①は、因果関係がおかしい。姉の提案に賛成しない理由は「母への裏切りのように思え」たからではない。

②は「思いとは反対の言葉を口にしている」が誤り。「懇ろに」は〈親切で心がこもっているさま・丁寧で大切に扱うさま〉の意。

③は「桂さんにお手伝いさんとして来てもらおうという姉の提案」が誤り。桂さんをお手伝いさんとしてではなく、家族の新しい一員として迎え入れようとするからこそ、父と姉は「僕」の同意を得ようとするのである。後半部分は正しい。

④は、因果関係がおかしい。姉の提案に同意できない理由は「父の気持ちを考え」たからではない。

正解　13 ＝ ⑤

問５　内容説明問題

問　傍線部Ｅ『お父さん。僕、桂さんに家へ来てもらいたいんだけど……』とあるが、この発言についての説明として最も適当なものを一つ選べ。

傍線部は、絵かき（＝「僕」）が語った、長い思い出話の結末部分である。ここに至るまでの「僕」の成長の過程を確認してみよう。

※ 部分は「僕」の自己中心的な行動を、━部分は「僕」が変わりかけていることを、部分は「僕」が他者への思いやりを持てるようになったことを、それぞれ表す。

「僕」は皆から愛され、わがまま一杯に育った
↓
病床の母との接触を制限する父に不満を感じる
↓
母の容体が悪化し、遠足行きを止められて泣く
（胡桃を割ろうとするがビクともしない）
↓
遠足の夜、ひそかに自分のわがままを反省する
↓
中学の入学試験が終わって間もなく母が逝去する
↓
結婚が決まった姉から父の再婚話を切り出される
↓
父の気持ちより自分の気持ちを優先して反対する
↓
それ以来、時々、桂さんのことを思い出す
↓
母の一周忌の前夜、父と姉と三人で卓を囲む
（父の顔が、老けて見えた。桂さんのおもかげが眼に浮かんできた。困惑して胡桃をクラッカーに挟むと、快い音がして、胡桃は二つに綺麗に割れた）
↓
E「お父さん。僕、桂さんに家へ来てもらいたいんだけど……」

こうして見ると、傍線部の「僕」の発言は、

わがまま一杯に育ってきた「僕」が、他者（ここでは父）を思いやることのできる人間へと成長したことを表すもの

と捉えることができるだろう。正解は②である。

①は「胡桃を割りたいという積年の願い」が誤り。75行目に「――そして、再び僕は胡桃を割って見ようとはしなかった」とある。

③は「姉に代わって自分を愛してくれる存在を求めている」が誤り。傍線部の発言は、父の再婚を促すものであり、自分のための発言ではない。

④は「自信をつけた『僕』が、自分の望みを臆せず父に表明できるようになった」が誤り。この発言は「自分の望み」というより、「他者への思いやり」を示すものだろう。

⑤は「自分のわがままを自覚して、遠慮がちに希望を述べている」が誤り。傍線部の発言は、「僕」がわがままを「卒業」したことを表すものである。

正解 14 ＝②

問6　資料を用いた空欄問題（ノート形式）

本文に関連する【資料】と、「胡桃」という言葉や「胡桃を割る」という行為の持つ意味を考察した【ノート】を読んだうえで、空欄に入る適当な選択肢を選ぶ問題である。

(i)　I について

「胡桃」の意味㋑・㋒に共通する否定的な（－）のニュアンスがヒントとなる。

胡桃を割れない「僕」――自己中心的な存在（－）
↓成長
胡桃を割る「僕」――自己中心性を脱した存在（＋）

「胡桃を割ること」が「（－）から（＋）への成長」を意味するのだから、本文における「胡桃」とは、

大人になるために割らなければならない自己の殻（－）
＝
かたくなな自己中心性（－）

を象徴するものということになるだろう。正解は①。

②・③・④はすべて「胡桃」を肯定的なもの（＋）と捉えているので不適。「胡桃」を割ることが「僕」の成長（＋）を象徴しているのだから、「胡桃」自体が象徴するものは（－）のものでなければならない。

(ii) Ⅱ について

「そう考えると」という指示語に続けて、「絵かきにとって、胡桃を割ることは、『 Ⅱ 』といえるのではないだろうか」とあるので、直前の「絵かき（＝「僕」）と「父」との距離の変化」に着目する。距離の変化とは、具体的には「遠かった父との距離が縮まったこと」だろう。かつて胡桃を割れなかった絵かきが、今は父と同じように胡桃を割り、「その音をしみじみ懐かし」んでいる。そう考えると、絵かきにとって、胡桃を割ることは、

少年から大人へと成長した、ある時期の思い出をなぞることであり、かつてはわからなかった父の心境に思いを馳せること

だといえるだろう。17行目の「父の献身は、僕が成人するにつれて胸に響いた」という言葉も想起したい。このような**【正解のイメージ】**に合う選択肢は③しかない。正解は③。「反芻」とは〈繰り返し考え味わうこと〉の意。

正解 15 ＝① 16 ＝③

□第３問

出典

◆【資料Ⅰ】

文化庁「令和元年度『国語に関する世論調査』」

◆【資料Ⅱ】

金田一秀穂《きんだいちひでほ》『日本語のへそ』（青春出版社 二〇一七年）

◆【資料Ⅲ】

金田一春彦《きんだいちはるひこ》『日本語を反省してみませんか』（角川書店 二〇〇二年）

読解

全体像を素早く把握するために、まず各資料のタイトルに着目しよう。その後、設問を解く際に、必要に応じて細部まで読み込んでいく。

◆【レポート】外国人と日本語で交流する際に心がけたいこと

ツバサさんが【資料Ⅰ】～【資料Ⅲ】を参考に自分の考えをまとめたもの。

「外国人と交流する際に『やさしい日本語で分かりやすく話す』ことを心がけるのは大切だ。だが、それだけでなく、日本人の考え方やそれに関わる言語表現の特徴に由来する、外国人にとっての『分かりにくさ』に目を向け、そこから『外国人にとって分かりやすい日本語』を考えていくことも大切だ」というのがその内容。

◆【資料Ⅰ】外国人とどのように意思の疎通を図っているか（グラフ）

外国人と接する機会がある人に、「外国人とどのように意思の疎通を図っているか」を尋ねた結果。上段のデータは意思疎通の方法ごとの割合を棒グラフで示したもの。中段、下段のデータは、意思疎通の方法ごとの年齢別割合を折れ線グラフで示したもの。

◆【資料Ⅱ】日本人の本音と建前

物事には表と裏があるということを自然に受け入れてきた日本人は、本音と建前をうまく共存させて使い分けてきた。その背景には、相互不信が強く、すぐに村八分（仲間外れ）になる構造があり、発言に神経をとがらせてきた社会環境がある。ただ、本音と建前を持つような考え方は、海外の人からは分かりにくい。それでも「建前」には本音の世界の残酷さを閉じ込める役割がある。建前を「不誠実だ」というのは、乱暴な意見だ。

◆【資料Ⅲ】日本人の「はい」と「いいえ」

日本語では質問を受けたときの答えに「はい」と「いいえ」の二種類があるが、「はい」の方が好ましい言葉であり、「いいえ」の方は好ましくない言葉だとされる。それは「はい」が、あなたのお考えは正しいですということを意味するのに対し、「いいえ」は、あなたのお考えは違いますということを意味するからであり、そのために日本語では「いいえ」という言葉は使いにくい。

解説

問１　資料を根拠にして空欄を補う問題

まず、空欄［Ｘ］を含む一文から、次の手がかりが得られることを確認しよう。

空欄Ｘに入るのは、

・【資料Ⅰ】から分かること
・外国人と意思の疎通を図る際の方法（「ボディーランゲージ」は除く）

次に、各選択肢を【資料Ⅰ】と照らし合わせて、正誤の判断をしていこう。

①は、【資料Ⅰ】上段のグラフから分かることとしては適切な説明だが、空欄Ｘに入る内容としては不適。右に確認した通り、空欄Ｘに「ボディーランゲージ（身振り言語）」は入らない。

②も不適。「『英語などの外国語を使って話すよう

にしている』の割合が若年層で高く、年齢が上がるにつれてその割合が低くな」るという指摘は正しいが、「70歳以上では『スマートフォンなどの翻訳ツールを使っている』に逆転されている」という指摘は誤り。70歳以上では、「英語などの外国語を使って話すようにしている」の割合が29・6％である（中段のグラフ）のに対し、「スマートフォンなどの翻訳ツールを使っている」の割合は5・6％にとどまっている（下段のグラフ）。

③も不適。「英語などの外国語を使って話すようにしている」は、40代で「やさしい日本語で分かりやすく話すようにしている」に上回られ、70歳以上で「特に気を使うことなく日本語で話している」に上回られている（中段のグラフ）。

④も不適。16〜19歳では、スマートフォンなどの翻訳ツールを使う人の割合が30・6％（下段のグラフ）であるのに対し、英語などの外国語を使う人の割合は61・1％、「やさしい日本語」を使う人の割合は33・3％（中段のグラフ）で、どちらもスマートフォンなどの翻訳ツールを使う人の割合よりも高い。

⑤は適当。「年齢による違いはあるものの」は中段のグラフから正しいと判断でき、「全体としては『英語などの〜』と『やさしい日本語で〜』が、どちらも四割台半ば近くでほぼ拮抗している」は上段のグラフから正しいと判断できる。

正解 17 ＝⑤

問２ 複数の資料を根拠にして空欄を補う問題

まず、空欄 Y の直前、直後の内容と設問文から次の手がかりが得られることを確認しよう。

空欄Ｙに入るのは、

> ・【資料Ⅱ】、【資料Ⅲ】の要約（日本人の考え方やそれに関わる言語表現の特徴）

・日本の社会や文化になじみの少ない外国人にとって不可解な印象をあたえるかもしれないこと

次に、【資料Ⅱ】、【資料Ⅲ】のタイトルを再確認したうえで、文章を通読し、各選択肢の正誤を内容一致問題として判断していく（【資料Ⅱ】、【資料Ⅲ】の要旨については 読解 参照）。

①は「相手の言葉を額面通りに受け取ることがなく、それが相互不信につながっている」が誤り（因果関係の誤り）。【資料Ⅱ】では、本音と建前を使いこなす（≒相手の言葉を額面通りに受け取らない）ことの背景として〈相互不信の強さ〉が指摘されていた。つまり、正しい因果関係は〈相手の言葉を額面通りに受け取らない→相互不信〉ではなく、〈相互不信→相手の言葉を額面通りに受け取らない〉である。

②は「外国人とのコミュニケーションの場で相手を否定することが苦手だ」が誤り。そのような内容はどちらの資料でも言及されていない。

③は適当。「私たちがすぐに空気を読み、本音と建前の微妙なトーンコントロールを常日頃使いこなすのは、こうした社会環境（相互不信が強く、すぐに村八分になる構造があるため、発言に神経をとがらせている社会）がかたちづくったようだ」（【資料Ⅱ】）、「（日本語の）『いいえ』の方はあなたのお考えは違います、という意味になる。そのために日本語では『いいえ』という言葉は、使いにくい」（【資料Ⅲ】）といった内容に合致している。また、③の内容は、空欄Yの後に続く「こうした特徴が、日本の社会や文化になじみの少ない外国人にとっては、不可解な印象を与えるかもしれない」という内容と矛盾なくつながる。

④は不適。「本音では相手の意見を肯定したくても、建前上否定することが多い」が【資料Ⅲ】と矛盾する（「肯定」と「否定」が逆）。

⑤も不適。「互いに相手を信頼し合ってきた」が【資料Ⅱ】の「相互不信が強く」と矛盾する。

正解 18 ＝③

問３　【レポート】の内容を根拠にして文章中の空欄を補う問題

まず、空欄［Z］の直前、直後の内容と設問文から次の手がかりが得られることを確認しよう。

空欄Zに入るのは、

・「文脈によって意味が変わる言葉」の例として適当なもの
・「日本語に不慣れな外国人とのコミュニケーションで用いると、誤解が生じる原因になりかねない言葉」の例として適当なもの

この設問は、資料に根拠を見いだせないので、この手がかりを**【正解のイメージ】**として、選択肢の正誤を判断していく。**適当でないものを選ぶ問題**であることを見落とさないようにしよう。

①・③・④・⑤はいずれも**【正解のイメージ】**と合致するので適当。

②は適当でない。「『おこる』〈物事が生じる〉という意味で使われたり、腹を立てるという意味で使われたりする）」とあるが、〈物事が生じる〉という意味の「起こる」と、〈腹を立てる〉という意味の「怒る」は、そもそも意味の異なる言葉（同音異義語）なので、「文脈によって意味が変わる言葉」の例としては不適当。

正解［19］＝②

問４　【レポート】の内容と構成についての応用的な理解を問う問題

この設問は**【正解のイメージ】**を作れるタイプの問題ではないので、内容一致問題を解くように、各選択肢の正誤を、**【レポート】**の内容や資料の内容と照らし合わせて判断していく。

①は適当。

②は「建前ばかりを並べて本音を言わない日本人の不誠実さを印象付けるために」が誤り。ツバサさんは「日本人の不誠実さを印象付けるため」に【レポート】を書いたわけではないし、ツバサさんが参考にした【資料Ⅱ】の末文「建前を『不誠実だ』というのは、乱暴だし、子どもっぽいともいえるだろう」という内容とも矛盾する。

③も不適。「簡単な単語でありながら、外国人にとっては分かりにくい表現になってしまうケース」とは、【レポート】の最終段落にあるように、「日本人の言語表現の特徴」に由来するものであり、「三つの文字種を用いる言語であること」に由来するものではない。

④は適当。

⑤は不適。日本語が外国人に「分かりにくい」と思われる理由は、外国人が「言葉の語源や由来」を知らないからではない。

⑥も不適。ツバサさんが書いた【レポート】は「日本人の考え方や、それに関わる言語表現の特徴」に焦点を当て、そこから外国人にとっての「分かりにくさ」を探ろうとするものなのだから、「どの言語でも言葉の意味は文脈によって変わるということを示すために」というのは、【レポート】の方向性と矛盾する。

正解 20 ・ 21 ＝①・④（順不同）

語彙リスト

□ 躍動《やくどう》	いきいきと踊るように動くこと。
□ 肝胆相照らす《かんたんあいてらす》	互いに心の底まで打ち明けて親しくつきあう。
□ 間断《かんだん》	とぎれること。たえま。
□ 享受《きょうじゅ》	受け取って自分のものにすること。また、受け入れて味わい楽しむこと。
□ 虚妄《きょもう》	事実でないこと。うそいつわり。
□ 所産《しょさん》	ある事の結果、生み出されたもの。
□ 先鋭化《せんえいか》	思想や行動が過激化すること。
□ 知見《ちけん》	実際に見聞して得た知識。
□ 放免《ほうめん》	体の拘束を解いて自由にすること。刑期を終えた者や、無罪とわかった被疑者・被告人を釈放すること。
□ 志向性《しこうせい》	意識や思考がある対象に向かう性質。
□ 提言《ていげん》	自分の意見や考えを、多くの人の前に提出すること。また、その意見・考え。
□ 欺瞞《ぎまん》	あざむき、だますこと。

□ 恣意性《しいせい》	何らかのルールに従うのではなく、勝手気ままに物事を行うさま。
□ 激高《げきこう・げっこう》	感情が激しく高ぶること。
□ 情愛《じょうあい》	深く愛する心。愛情。いつくしみ。
□ 小康を得る《しょうこうをえる》	悪化の方向にあった病状が治まり安定した状態になること。
□ まざまざと	まるで目の前にあるかのようにはっきりとしているさま。ありありと。
□ 不帰の客《ふきのきゃく》	「不帰の客となった」＝死んだ。
□ 慈愛《じあい》	親が子どもをいつくしみ、かわいがるような、深い愛情。
□ 追慕《ついぼ》	死んだ人や遠く去って二度と会えない人を思い出して、恋しく思うこと。
□ すげなく	冷淡にそっけなく。
□ 胸のすく《むねのすく》	胸のつかえがとれてさわやかになる。
□ 諸手を挙げて《もろてをあげて》	心から喜んで。すっかり納得して無条件に。

解答解説　第3回

解説動画

出演：輿水淳一先生

大問	設問	解答番号	正解	配点	自己採点①	自己採点②
第1問	問1	1	②	2		
		2	②	2		
		3	①	2		
		4	②	2		
		5	④	2		
	問2	6	⑤	7		
	問3	7	④	7		
	問4	8	①	7		
	問5	9	②	4		
		10	④	4		
		11	①	6		
	小計（45点）					

（注）－（ハイフン）でつながれた正解は，順序を問わない。

大問	設問	解答番号	正解	配点	自己採点①	自己採点②
第2問	問1	12	②	3		
		13	④	3		
		14	④	3		
	問2	15	③	7		
	問3	16	⑤	7		
	問4	17	①	7		
	問5	18	③	7		
	問6	19－20	⑤－⑥	8（各4）		
	小計（45点）					
第3問	問1	21	④	3		
	問2	22	⑤	5		
	問3	23	①	3		
	問4	24	③	4		
		25	③	5		
	小計（20点）					
合計（110点満点）						

第3回 実戦問題

□第1問

出典

◆**森達也《もりたつや》「群れない個が地球を救う」**（『世界思想四五号 二〇一八春』所収 世界思想社 二〇一八年）

森達也（一九五六〜）は、広島県生まれの映画監督、作家。一九九八年、世間から強い非難を浴びていたオウム真理教の教団内部を取材し、信者の日常を写したドキュメンタリー映画「A」を公開。ベルリン国際映画祭などに正式招待される。作家としても『放送禁止歌』『いのちの食べかた』『死刑』『U 相模原に現れた世界の憂鬱な断面』など、多数の著作がある。

◆**エーリッヒ・フロム『自由からの逃走』**（日高六郎訳 東京創元社 一九五一年）

エーリッヒ・フロム（一九〇〇〜一九八〇）は、ドイツ生まれの精神分析家、社会心理学者。ナチスが政権を掌握したのちに祖国を離れ、アメリカ合衆国に移住する。本問で用いた『自由からの逃走』（一九四一年）は、ファシズムの心理学的起源を明らかにしたフロムの主著。ほかに『悪について』『愛するということ』などがある。

読解

◆**新しいメディアとファシズム**（1〜10）

映画とラジオという、識字能力を必要とせず、誰もが理解できるメディアが二十世紀の初頭に登場したことで、大衆に向けた大規模なプロパガンダが可能となり、そのことがファシズムの誕生につながった。

◆**群れる人々とメディア**（11〜24）

【不安や恐怖を煽るメディア】（11〜13）

メディアは不安や恐怖を煽ることで、視聴率を上げ、出版部数を伸ばそうとする。あからさまなプロパガンダは、映画やラジオに人々が慣れていなかった昔の話ではなく、二十世紀末のルワンダ大虐殺や二十一世紀のクリミア紛争など、現在でも行われている。

【群れる本能の獲得】（14～17）

身体的に脆弱な生きものである人は、天敵から身を守るために、群れで生きることを選択した。道具や武器を作り出し、天敵に脅える必要がなくなった今でも、群れる本能は遺伝子レベルで残っている。

【集団化は「自由からの逃走」】（18～20）

危険を感じたとき、群れに帰属する個は、全体と一体化することで安心を得ようとする。自ら望む同調圧力だ。エーリッヒ・フロムはこの状態を「自由からの逃走」と名づけ、ドイツ国民が自ら自由を投げ打ち、ナチスに全権を委任する過程を考察した。

【集団化が進む現在の世界】（21～24）

このような自ら集団化を求める働きと、それに伴って生じる他の集団との分離の促進は、現在、世界中に広がっている。この系譜において日本は先駆的※な位置を示している。

※ここでの「先駆的」は、本来の肯定的な意味ではなく、否定的なニュアンス（つまり「残念ながら他国よりも進んでしまっている」という皮肉を込めたニュアンス）で用いられている。

◆メディア・リテラシーの必要性（25～27）

メディアは今後も進化を続ける。ただし、メディアの進化の方向は、受け手である社会のあり方に規定されている。社会が変わればメディアも変わる。そして社会が変わるためには、情報を正しく有効に活用する一人ひとりのリテラシーを向上させなければならない。この世界はメディアをもう手放せない。

解説

問1 漢字問題

(ア)帰属　①俗物　②属性　③親族　④勤続
(イ)留意　①流行　②留保　③素粒子　④隆盛
(ウ)促進　①促成　②即断　③測定　④息災
(エ)系譜　①傾倒　②系列　③啓蒙　④軽重
(オ)淘汰　①他山　②手綱　③多岐　④沙汰

正解
1 ＝②
2 ＝②
3 ＝①
4 ＝②
5 ＝④

問2 内容説明問題

問 傍線部Ａ「そしてその帰結として、ファシズム（全体主義）が誕生した」とは、どういうことか。

傍線部に指示語が含まれている場合は、必ずその指示内容を確認しよう。「その帰結」＝「〈映画とラジオという〉マスメディアが誕生したことの帰結（結果）」である。

a　映画とラジオというマスメディアの誕生
↓（その結果）
b　ファシズムの誕生

なぜaの結果としてbが生まれたのか。このaとbの間の飛躍を埋めれば傍線部Ａの説明になるはずだ。
まずaの「マスメディア」という言葉について確認しておこう。「メディア」とは、〈媒体。何かと何かをつなぐ仲立ち。情報を伝える手段〈単数形 medium の複数形が media〉である。そのメディアの中で、特に、大衆（mass）に情報を伝えるメディアのことをマスメディア（mass media）という。

映画とラジオがマスメディアたりえたのは、識字能力を持つ一部の階層にしか情報を伝えられなかった従来の活字文化と異なり、識字能力がなくても誰もが理解できるメディアだったからだ。

誰もが理解できるマスメディアが誕生したことで、大衆に対する大規模なプロパガンダ〈政治的な主義・主張の宣伝〉を行うことができるようになった〈10段落〉。それによって、〈群れの中にいる個体が好き勝手に歩き回るのを止めて集団の動きに同調するように〉自らの自由を投げ打ち、国家の意思に従属する人々が増え、ファシズムが誕生した。

まとめると、

a　映画とラジオというマスメディアの誕生
　　＝
教育を受けていなくても、識字能力がなくても、
誰でも理解可能なメディアの誕生
　　↓
大衆に向けた大規模なプロパガンダが可能になった
　　↓
b　ファシズムの誕生

ということになる。この【正解のイメージ】に適合する選択肢を探す。正解は⑤。

①は「基礎的な教育さえ受けていれば」が誤り。7段落に「教育など受けていなくても」とある。

②は、マスメディアが行ったことに関する記述が間違っている。映画とラジオという二つのメディアが何度も強調して大衆に刷り込んだのは、「ファシズムという政治形態」についての説明ではなく特定の「主義や思想や危機意識」である。

③は因果関係がひっくり返っている。「映画とラジオの普及」によって初めて「権力の側に都合の良い主義や思想や危機意識を大衆に対して繰り返し強調する」ことができるようになったのである。

④は「大量に印刷することのできなかった活版印刷はマスメディアにはなりえなかった」が誤り。本文には「いくら大量に印刷されたとしても、この時代の印刷物は、マスメディアには決してなれなかった」とある（6段落）。

正解 6 ＝⑤

【参考】イタリアのファッショ党から生まれた言葉であるファシズムやドイツのナチス党から生まれた言葉であるナチズムをひっくるめて「全体主義」という。全体主義とは〈個人は国家を構成する一部分に過ぎず、個人の自由や権利より国家全体の利益を優先すべきであるとする思想。また、そうした思想を持った政治体制〉のことである。

問３ 理由説明問題

問 傍線部B「人は、この刺激に最も弱い」とあるが、なぜか。

傍線部の指示語をまずは確認しよう。傍線部の直前に「メディアは不安や恐怖を刺激する」とあるので、「この刺激」とは、「不安や恐怖を煽るような刺激」のことだとわかる。したがって、ここで聞かれていることは、

人は、なぜ「不安や恐怖を煽るような刺激」に弱いのか

ということである。

【正解のイメージ】を、まずはシンプルに「人は〜だから」という形で作ってみよう。たとえば「勉強することは大切だ」という命題の理由は「勉強することは

〜だから」になるはずだし、「サッカーは一種の格闘技である」という命題の理由は「サッカーは〜だから」になるはずだ。同様に「人は不安や恐怖を煽るような刺激に最も弱い」という命題の理由は「人は〜だから」になるだろう。つまり、「人一般に共通する性質」が理由になっていなければならない。傍線部の前には、「人一般に共通する性質」についての説明はない。したがって、根拠は傍線部の後ろにあるはずだ。

14〜17段落にその説明がある。

人は脆弱な生きもの
↓
群れて生きることを選択
↓
群れて生きる動物の共通項は常に天敵に脅えていること
↓
強くなった今でも人は群れる本能を遺伝子レベルで残している（自分を脅かすものへの危機意識を常に抱いている）
↓
だから人は不安や恐怖を煽るような刺激に最も弱い

以上のつながりを確認したうえで選択肢を見ると、正解は④。

①と②は「人一般に共通する性質」の説明がないので誤り。

③は、道具や武器を持っていなかった大昔の話であって、地球上で最強の動物になった今でも、人が不安や恐怖を煽るような刺激に弱いことの理由にはならないため不適。

⑤は「周囲の人間と同じ行動をとることで安心することができるから」が誤り。これは18段落に述べられていることであるが、天敵に襲われた個体が、全体と一緒に必死に走ることの理由であって、傍線部の理由にはならない。

正解 7 ＝④

問4 内容説明問題

問 傍線部C「我々がメディア・リテラシーを身に付けなければいけない理由はここにある」とあるが、どういうことか。

まず、傍線部の指示語を確認する。「ここ」とは、直前の内容、すなわち「市場が変われば、テレビはあっさりとその進化の方向を変える」を指す。より一般化すれば「社会（市場）が変われば、メディアも変わる」ということ。たとえば、極端な話だが、もしすべてのテレビ視聴者が、サッカー番組ばかり見るようになり、それ以外の番組に見向きもしなくなれば、すべての番組はサッカー番組になるだろう（公共放送を除いて）。これはテレビだけでなく、ラジオや、あるいはYouTubeのような新しいメディアでも同じである。これを本文では「市場原理」と言っている。

そしてこの「社会が変わればメディアも変わる」ということが、「我々がメディア・リテラシーを身に付けなければいけない理由」である。メディア・リテラシーについては、冒頭のリード文に「メディアが発信する情報に対して批判的に接すること」と説明がある（リード文に付加的な情報が含まれている場合は必ずしっかり目を通そう。そのような情報は設問を解くうえで重要なものである場合が多い）。メディアの流す情報を鵜呑みにするのではなく、その情報の良し悪しを判断するリテラシーがあれば、悪しき情報を流すメディアは淘汰されていくだろう。

では、悪しき情報とは何か。本文全体の内容に関わることだが、それは、不安や恐怖を刺激し、それらの刺激に弱い人間を集団化へと向かわせるような情報だ。そのような情報を流すマスメディアがファシズムを生み、大虐殺や紛争の引き金となってきた。そうした集団化を加速するメディアは変えなければならないと筆者は考えるのである。27段落にも、「もしそれ（メディアの浄化）が不首尾に終わるのなら、近い将来において人類は、……メディアによって滅ぶだろう」とある。

以上を整理すると次のようになる。

❶集団化を促すようなメディアは変えなければならない
←
❷社会が変われば、メディアも変わる
←（だから）
❸社会を変えるために、一人ひとりが、メディアが発信する情報を批判的に受け止める力（メディア・リテラシー）を身に付けなくてはいけない

これを【正解のイメージ】として選択肢を見ると、

正解は①である。

②は傍線部の「ここ」の内容、すなわち❷の内容に触れていない。また❸の「メディア・リテラシー」の説明も誤り。

③は❸の内容が誤り。「メディア・リテラシー」を身に付ける目的は「市場を活性化させるため」ではなく、社会を変えるためである。

④は「メディア・リテラシー」を「メディアを必要としないようなリテラシー」としている点が誤り。

⑤は「正しく有用な情報を発信する力」が誤り。本文の「メディア・リテラシー」とは、情報を発信する力ではなく、批判的に受け止める力のことである。

正解 8 ＝①

問5 (i) 段落構成を問う空欄問題（ノート形式）

意味段落に分け、内容に見合った小見出しを考える

問題である。

11〜13段落は、「メディアによる露骨なプロパガンダなど、人々がメディアを理解していなかった昔の話だろう」と思う読者を想定し、それに対して具体例を挙げながら筆者が反論しているところだ。では、どのような具体例か？ それは、**「今でもメディアによるプロパガンダは行われている」**ということを伝えるための具体例だ。メディアによるプロパガンダは、13段落にあるように、「不安や恐怖を刺激する」かたちで展開される。ルワンダの大虐殺の例もクリミア紛争の例も、「不安や恐怖を刺激する」メディアについて述べるものだった。したがって空欄 Ⅰ には②の「不安や恐怖を煽るメディア」しか入らない。

①と④は昔の話。③は具体例の論旨がずれている。

14〜17段落は、**人間という動物が群れる本能を獲得し、今でもその本能を遺伝子レベルで持ち続けていることを**述べた部分である。したがって、空欄 Ⅱ に入れるべき語句は②「人間の群れる本能」。①の「天敵に対する危機意識」は、「群れる本能」を獲得した要因に過ぎない。③の「群れる動物の共通項」では、「人間」に焦点が当たらない。④の「自ら望む同調圧力」は「群れる本能」を獲得した結果生まれたものであり、この部分を統括する小見出しとしては不適。【ノート1】の11〜24段落全体の見出しである「群れる人々とメディア」という語句もヒントになるだろう。

正解 9 ＝②

問5 (ii) 対比の理解を問う空欄問題（ノート形式）

引用文の内容を理解し、空欄に適切な語句を入れる問題である。引用文の内容を、接続詞を補いながら整理すると次のようになる。

幾百万のひとびとにとって、ヒットラーの政府は

「ドイツ」と同一のものとなった
←（したがって）
ナチ党にたいする反対＝ドイツにたいする反対＝
孤立
↔（しかし）
より大きな集団と合一していないという感情（孤立）ほど、一般の人間にとって堪えがたいものはないであろう
＝（つまり）
一般の人間は自分という個を、より大きな集合（ドイツ）と一体化させたいと思う
←（だから）
ナチズムの諸原理にどんなに反対していようとも、多くの人は Ⅲ より Ⅳ（後者）を選ぶ

そうすると Ⅲ には「集団に一体化しない状態」＝「孤独な状態」が入り、Ⅳ にはその逆の「集団に一体化した状態」＝「孤独ではない状態」が入ることがわかる。

選択肢を色分けすると、

① Ⅲ ナチ党と一体化すること
Ⅳ ドイツ人の共同体と一体化すること

② Ⅲ ナチ党に反対すること
Ⅳ ドイツにたいして反対すること

③ Ⅲ ドイツに属しているという感情をもつこと
Ⅳ ナチ党に反対すること

④ Ⅲ 孤独であること
Ⅳ ドイツに属しているという感情をもつこと

となるので、正解は④ということになる。

正解 10 ＝④

問５ (iii) 本文と引用文との関連を問う空欄問題（ノート形式）

ナチズムのような脅威に対抗するために何が必要か、本文の内容と引用文の内容を踏まえて考える問題である。

まず、本文から探すと、タイトルにもあるように「群れない個」つまり「集団化を阻止すること」が挙げられる。そしてそのためには、問４で見た通り、「メディア・リテラシー」を身に付ける必要がある。

では引用文ではどうか。【ノート３】の二〜三文目に、ナチスドイツの行うプロパガンダに、プロパガンダで対抗することは根本的な解決にならない、とある。ではどうすればよいか。少し長いが、引用する。

……倫理的原理は国家の存在以上のものであり、個人はこれらの原理を固く守ることによって、過去、現在、未来を通じてこの信念をわけあうひとびとの共同体に属するという真理が、すべての国々において勝利をえたとき、はじめて解決できる

この部分を簡潔にまとめると次のようになる。

> ❶国家の存在よりも上位にある倫理的原理（善悪の判断原理）を優先しそれを遵守すること
> ❷その信念を一貫して共有する人々の共同体に属すること
> ❸この真理が世界中に広まること

これら（❶〜❸）によってナチズムの行う政治的プロパガンダに対抗することができるということだ（この本が、世界中の人が自国の利益ばかり考えていた第二次世界大戦のさなか〔一九四一年〕に書かれたということは驚くべきことである）。

以上の内容を踏まえると、正解は①である。「自己の属する集団における支配的な思想」とは、集団内の多くの者が抱いている思想、それに反対することがた

められるような思想のことだ。同調圧力によって個人に押し付けられる思想といってもいいだろう。それを「相対化」するとは、そのような思想を唯一の正しい思想だと思い込んでいる盲目的な状態（絶対視している状態）から抜け出すこと。つまり、情報を批判的に捉えることであり、本文で述べられていた「メディア・リテラシーの必要性」と合致する。選択肢後半の「より普遍的な倫理的原則に従おうとすること」は前述の❶に対応している。

①は本文および引用文の表現とはやや異なる表現だったので、選ぶことを躊躇した人もいるかもしれないが、**大切なのは「表現の一致」ではなく「意味内容の一致」である**。字面の対応だけで事足れりとすることのないようにしたい。

②は「国家そのもののあり方を浄化し……」の部分が誤り。大切なことは、国家を超えた倫理的原理を遵守することだ。

③は「政治的プロパガンダを展開すること」が誤り。それでは根本的な解決にならない。

④は「為政者の求めていることを自ら汲み取れるようにすること」が誤り。それは 23 段落で批判されている「忖度」であり、そのようなことのために「メディア・リテラシー」が必要なのではない。

⑤は前半部は良いものの、後半の「一貫した自己の信念に基づいて行動すること」が誤り。大切なのは自己の信念に基づくことではなく、普遍的な倫理的原理に基づくことである。

⑥は「自己にとって望ましくないと思われるメディアを排除する」が誤り。もしその「自己」が独裁者であれば、独裁者にとって不都合なメディアが排除されることになる。それでは言論弾圧になってしまう。本文における「浄化」とはそのようなことではなく、「不安や恐怖を刺激して集団化を促すようなメディアに批判的に接することで結果的に、メディアの側が変わっていくこと」である。

正解 11 ＝ ①

□第２問

出典

◆辻仁成《つじひとなり》『海峡の光』（新潮文庫　二〇〇〇年）

【資料】「第百十六回芥川賞選評」（『芥川賞全集 第十七巻』文藝春秋　二〇〇二年）

辻仁成（一九五九〜）は、東京都生まれの作家、ミュージシャン、映画監督。北海道函館西高等学校卒業、成城大学中退。一九八五年にロックバンド「ＥＣＨＯＥＳ（エコーズ）」のボーカルとしてデビュー。一九八九年『ピアニシモ』ですばる文学賞を受賞し作家デビュー。一九九七年『海峡の光』で芥川賞、一九九九年『白仏』の仏語翻訳版でフランス五大文学賞の一つであるフェミナ賞（外国小説賞）を日本人として初めて受賞。ほかに『ミラクル』『冷静と情熱のあいだ Blu』など著書多数。

読解

◆リード文

リード文には本文を理解するうえで欠かせない内容が記されている。今回把握すべきポイントは四点。

❶主人公の「私」（斉藤）は刑務所の「看守」

❷そこに小学校の同級生の花井が「受刑者」として入所する

❸小学生時代の花井はクラスメートからの人望を集めていた

❹その花井に「私」は陰湿な苛めを受けていた

この四点を踏まえて本文を読んでいく。

◆現在の「私」と花井（１〜19行目）

夏も近づいたある日、舎房勤務に当っていた「私」の足は、花井が収容されている第三寮へと自然に向いた。そこに向かいながら「私」は、近ごろ自分の中で存在感を増している花井について思いを巡らす。家族と過ごす日常に幽霊のようにすうっと現れる花井。その薄笑いを浮かべた涼しい顔が、ふっと心に割り込んでくる。まるで花井が「私」の日常を、獄舎の中から遠隔操作しているように。どこからか舞い込んだモンシロチョウがどこにも行けずに生命力を消尽していき、次第に死へと向かいつつあるのを見ているうちに「私」の心は落ち着いていく。

◆**小学生時代の「私」と花井（21～70行目）**

【花井が転校することを知り安堵する「私」】（21～30行目）

花井が転校することを知ったのは、夏休みが始まる一週間前のことだった。「私」を更生させるため、という花井の言葉によって、悪童たちの「私」への苛めは加減を知らない激しいものになっていたが、花井さえいなくなれば、悪童たちの罪のない苛めなど苦でもないと「私」は安堵する。

【花井への復讐を決意する「私」】（31～35行目）

花井の出発の日が迫って来ると、「私」は彼に復讐をしなければと焦るようになった。「私」はクラス中が見ている前で彼を叩きのめし、その誇りと権威を失墜させ、「私」の再生を高らかに全校へ宣言しなければならないと考えていた。

【復讐の失敗】（36～47行目）

復讐を決行しようとしていた終業式当日、花井は、クラスメート全員の前で突如「私」への和解を申し出る。それは「私」を気遣う言葉としてお別れ会の席、挨拶の冒頭で述べられたものだった。偽物の正義をまき散らし、クラスメートを感動させたその言葉によって「私」は敵意のやり場を失い、茫然自失の状態に陥る。最後のチャンスを奪われた「私」は、その夜激しい焦慮と憤怒とに駆られる。

【最後の反撃】（48～70行目）

翌日、「私」は自らの意思とは異なる磁力に引き寄せられるように、出発する花井を見送るために函館桟橋へと出向く。両親に温かく囲まれ、真新しいスーツに身を包んだ花井は、「私」とは見るからに違う雰囲気を漂わせていた。微笑みながら皆と握手を交わした花井は「私」に近づき、皆に聞こえるように声を高め「君は君らしさを見つけて強くならなければ駄目だ」と言った。「私」は彼の手を引き寄せ、溢れんばかりの感情を一つの言葉に集約させ、偽善者、と小声で浴びせたのだった。「私」の声は花井にしか届かなかったが、それは意外にも彼をうろたえさせた。徐々に岸壁から離れはじめた船のデッキの上から見送りの人々を見下ろしていた花井の顔つきからは心なしか先程の余裕が消え失せていた。ぎこちない微笑みは、「私」には空笑いとしか見えなかった。

解説

問1　語句の意味を問う問題

(ア)の「巧言」は〈口先だけで巧《たく》みに言い回すこと。また、その言葉〉の意。「言葉は巧みだが誠実さに欠ける」という否定的なニュアンスを持った言葉である。したがって正解は②。③・④・⑤は文脈的には合致するが、「巧言」の辞書的な意味と異なるので不適。

(イ)の「地団太を踏む」は慣用句で、〈激しく地を踏んで悔しがったり怒ったりする〉の意。したがって正解は④。

(ウ)の「挙措を失い」は〈どうすればよいかわからなくなって取り乱し〉の意。正解は④。「挙措」は〈身のこなし、立ち居振る舞い〉のこと。

正解

12 = ②

13 = ④

14 = ④

問２　心情説明問題

問　傍線部Ａ「日が経つほどに花井はますます私の中で立ち上がり、それは今や四六時中気になって仕方のない存在へと膨らんだ」とあるが、この表現からわかる、花井に対する「私」の気持ちはどのようなものか。

「ここでの『私』の気持ち」は、傍線部にあるように、「日に日に存在感を増す花井のことが気になって仕方がない」というものだ。では、「私」はどのような存在として花井のことを気にしているのか。傍線部を含む段落にそのことを理解する手がかりがある。

❶「小学校の同級生が入所した。頭が上がらなかった。なのに今じゃ俺が懲罰を与えることだってできるって。あなた自慢気だったじゃない」という妻のセリフ（8〜9行目）

❷「花井の薄笑いを浮かべた涼しい顔が、ふっと心に割り込んでくる。まるであの男が私の日常を、獄舎の中から遠隔操作しているようだった」（12〜13行目）

❶では、かつて「私」を苛めていた花井との支配―被支配関係が逆転したことが妻の言葉によって示唆されているが、❷では、まるで「遠隔操作」されているかのように「花井の薄笑いを浮かべた涼しい顔が、ふっと心に割り込んでくる」と吐露している。つまり「私」は、ある意味で花井を支配する側に立った今も、どこか花井に支配されているような気持ちを抱いている。そこには、かつて花井から陰湿な苛めを受けていた記憶が影を落としているだろう。

過去の苛めの記憶から、ある意味で花井を支配する側に立った今も、花井に支配されているような感覚が抜けず、花井のことが気になって仕方がないこれを【**正解のイメージ**】として選択肢の検討に入る。

①は、「今なら親しくなれるのではないかと期待している」が誤り。

②は、「その後の人生に何が起きたのか不審に思っている」が誤り。「私」の花井への気持ちは、「あの人気者の花井に何があったのだろう？」というような花井のその後の人生への関心ではなく、花井に「遠隔操作」されているような、どこか支配されているような気持ちである。

③は正解。「頭を支配されている」という表現は強すぎるように思うかもしれないが、傍線部には「四六時中気になって仕方のない存在」という表現もあるので妥当な解釈といえよう。

④は「いまだに脅えを払拭できないでいる」が誤り。今の「私」と花井との関係を踏まえられていない。また、傍線部の直前に「私の足先は、花井修が収容されている第三寮へと自然に向いた」とあるように、「私」は花井のことが気になって仕方がないのであり、その感情は「脅え」とは異なる。

⑤は「どのような仕返しをしてやろうかと考えを巡らせている」が誤り。「私」は仕返しの仕方で頭をいっぱいにさせているわけではない。

正解 15 ＝③

問３　理由説明問題

> **問** 傍線部Ｂ「花井の転校を知った時、私はまず大きく安堵した」とあるが、それはなぜか。

傍線部に「まず」とあることに注目したい。「まず」安堵して、「その次に」どのような気持ちになったのか。31行目に「花井の出発の日が迫って来ると、私は復讐をしなければと焦るようになった」とある。したがって「安堵」した理由はその前まで、つまり、傍線部の直後〜30行目までに述べられているはずだ。その要点は以下の通り。

・悪童の罪の無いちょっかいに「花井の知恵」が加わることで何倍も陰湿な苛めへと凶暴化する
・「花井の知恵」とは、「私」を「協調できないはみ出し者」と決めつけ、「私」に対する暴力を「愛情」に基づく「鍛えなおし」として正当化するもの
・もし花井が転校せずに卒業まで学校に残っていたら、「私」は人間としての尊厳を維持出来たかどうか疑わしい（それほど苛烈な苛めであった）
・その花井が転校する　↓　安堵

右の要点を頭に入れ、それを【**正解のイメージ**】として選択肢を選ぶ。

①は苛める主体が「私」になってしまっているので誤り。

②は「クラスの秩序が崩壊しかかっていたから」が誤り。クラスの秩序が壊れることを心配していたわけではないし、むしろ花井は「私」を利用することで、「クラスをうまく一つにまとめあげ」ていた。

③は「今度は自分が頂点に君臨できるから」が誤り。

④は「ようやく復讐することができると思ったから」が誤り。復讐することができると思って安堵したわけではない。つまり傍線部の理由になっていないので誤り。

⑤は上の要点を踏まえた内容になっている。正解。

正解 16 ＝⑤

問4 心情説明問題

問 傍線部C「彼はクラスメート全員の前で突如私への和解を申し出たのである」とあるが、「私」はそれをどのように受け止めたか。

傍線部の前後の文脈、つまり、「私」の気持ちが傍線部の前後でどのように変化したかを確認しよう。

❶「私」は「私」自身を回復するため、そして父のために、更には花井がいなくなった後の自分の居場所を確保するためにも、花井に復讐をしなければならないと思っていた（31〜34行目）

↓

❷終業式当日、花井は皆の前で突如私への和解を申し出た（具体的には38〜39行目のセリフのことで、これは「私」に直接向けた和解の申し出ではなく、「私」の今後を心配し、気遣うよう皆に提案するという間接的な申し出）

↓

❸「私」はクラスメートたちの視線に敵意のやり場を攪拌され、茫然自失の状態になり、ただ彼の言葉を聞くしかなかった（40〜42行目）

右の内容を踏まえて選択肢の検討に入る。

①は❶→❷→❸という内容を踏まえている。正解。

②は❷の部分が誤っている。花井は「私」に直接和解を求めてきたのではない。

③は❷と❸の部分が誤り。「『私』のことを心配する胸中を吐露した」とあるが、「私」のことを花井が心から心配していたとは考えづらい。また、「もはや復讐をする意味が失われてしまった」も誤り。復讐したくてもできない状況に置かれてしまったのである。

④は❶と❸の部分が誤り。終業式に復讐する決意を固めた理由は、本文では、花井に「時間的余裕を与

えないため」とある。ここでの「時間的余裕」とは、「復讐によって失われた権威や信頼を花井が取り戻す時間的余裕」のことであり、選択肢で言われているような、「時間的に忙しい」終業式の「心の余裕」のことではない。また、花井に敵意を向けられなくなったのは、「私」に「一斉に向けられたクラスメートたちの視線」ゆえであり、「他者への配慮を忘れない花井」の優しさに触れたからではない。

⑤は❷と❸の部分が誤り。38〜39行目の花井の言葉はクラスメートへの「提案」であり、「『私』に仲直りを求めてきた」というのはおかしい。また、「これまでのことは水に流して気持ちよく花井を送り出してやろう」というのも明らかに誤り。

正解 17 ＝①

▼選択肢が長い場合は、意味のまとまりでスラッシュを入れて区切り、まとまりごとに○・△・×の判断をしていくと解きやすい。

---

①（❶○）花井のせいで失ったものを取り返すためになんとしても花井に復讐しなければならないと決意を固めていたが、／（❷○）突然花井が「私」を気遣うような提案を皆にしたために、／（❸○）手を出したくても出せない状況に置かれてしまい、どうすればよいのかわからなくなっている。

②（❶○）学校内での居場所を再び取り戻し自分だけでなく父親の名誉を回復するためにも花井に復讐しなければならないと決意を固めていたが、／（❷×）突然花井が皆の前で、「私」に直接和解を求めてきたために、／（❸△）呆気にとられ、敵意の向けどころを失っている。

③（❶○）失われた自分の尊厳を取り戻し父の汚名をそそぐためにも花井への復讐を決行する決意を固めていたが、／（❷×）突然花井が皆の前で、「私」のことを心配する胸中を吐露したために、／（❸×）クラスの雰囲気が変わり、もはや復讐をする意味が失われてしまったと拍子抜けしている。

④（❶×）時間的に忙しいために花井も心の余裕を持てな

いであろうと考えて終業式に復讐を果たす決意を固めていたが、／(❷△)突然花井が皆の前で、「私」への優しさを示すような発言をしたために、／(❸×)このようなときにも他者への配慮を忘れない花井に対して、敵意を向けることができなくなっている。

⑤ (❶○)叩きのめしたあとの花井に信頼と誇りを回復する時間を与えないために終業式に復讐を果たす決意を固めていたが、／(❷×)突然花井が「私」に仲直りを求めてきたために、／(❸×)驚きつつも、これまでのことは水に流して気持ちよく花井を送り出してやろうと思っている。

問5　心情説明問題

> 問　傍線部D「ぎこちない微笑みは、少なくとも私には空笑いとしか見えなかった」とあるが、このときの「私」の心情はどのようなものか。

傍線部の「空笑《そら》い」とは〈無理に笑うこと。作り笑い〉のこと。ここでは花井の「ぎこちない微笑み」を作り笑いと見る「私」の心情が問われている。

いきなり選択肢の検討に入るのではなく、本文に戻り、50行目から始まる、花井の出発当日の様子を改めて確認しておこう。

- ・花井はサラリーマンをしている彼の両親に温かく囲まれ、真新しいスーツに身を包んでは、まるで小さな英雄を気取り胸を張っていた
- ・花井は皆と握手し、清澄な言葉に一点の曇りもない微笑みを交えてそこに集まった全ての者に投げかけていた
- ・隅の方で小さくなる私の方へ歩み寄って来て、しかもみんなに聞こえるように声を高め、「君は君らしさを見つけて強くならなければ駄目

だ」と言った

ここまでは、花井は余裕たっぷりの、自信に満ちた堂々たる態度を守っている。しかし次の「私」の一言でそれが変わる。

私は彼の手を力一杯握りしめると引き寄せ、心の中で溢《あふ》れ出しそうになっていた感情を一つの言葉に集約し、偽善者、と小声で浴びせたのだった

この「私」の一言は、花井にしか届かなかった（だから「皆の前で復讐する」ことにはならなかった）が、花井はこの言葉に意外にもうろたえる。

・花井修は二の句が継げず、暫く挙措を失い、私の顔を見つめたが、ふいに慌てて私から視線を逸らすと、彼の両親の間に逃げるようにして隠れ、そのまま女生徒たちの熱い声援に見送られてタラップを連絡船へと渡ってしまった

・花井は両親に挟まれて、船のデッキから見送る人々を見下ろしていたが、顔つきからは先程の余裕が心なしか消え失せていた

・Dぎこちない微笑みは、少なくとも私には空笑いとしか見えなかった

自信満々の余裕の微笑みを浮かべていた花井だったが、「私」から何か言い返されることなど想定していなかったのだろう、彼は「私」の一言によってうろたえ、取り乱している。花井に浴びせた「偽善者」という言葉は、前日まで願っていた「クラス中が見ている前で彼を力のかぎり叩きのめし、その誇りと神話を失墜させ」るような形での復讐とは異なるものの、それでも花井の余裕ある態度をぐらつかせる一撃になったとはいえるだろう。そのような手応えを感じているた

めに、「私」には花井の「ぎこちない微笑み」が「空笑いとしか見えなかった」のである。

以上を踏まえて選択肢を検討すると、正解は③。

①は「皆の前で復讐するという当初の目的を果たすことができた」が誤り。

②は「これくらいのことで動揺するような人間だったのかと花井への興味を失っている」が誤り。

④は「『私』を苛めたことを十分に後悔させることができたと思い、満足している」が誤り。傍線部から読み取れることは、「花井の余裕ある態度を突き崩すことができた」というところまでで、「『私』を苛めたことを十分に後悔させることができた」とまでは読み取れない。また、苛烈な暴力を受け続けてきた「私」が、一言言い返しただけで「満足」するというのも考えにくい。

⑤は「皆に花井の本性を明かすことができた」が誤り。「私」の一言は花井にしか届かなかったのであり、皆は「私」と花井とのこのやり取りに気づいていない。

正解 18 ＝③

問６　作品の批評に関する問題

【資料】を踏まえた説明として**適当でない発言**を選ぶ問題である。このような「作品に対する批評」を理解する上でのポイントは次の二つ。

> ❶その評価が肯定的なものか、否定的なものかを把握する
> ❷肯定的な評価の理由、否定的な評価の理由を把握する

今回掲出されている四人の選考委員のうち、宮本輝、石原慎太郎は肯定的評価を、日野啓三、古井由吉は欠陥を認めつつも最終的には肯定的評価を下している。それぞれの評価の主な理由は、以下の通りである。

宮本輝——人間の闇という知り得ないものを描き出すことに成功している→肯定
石原慎太郎——人間の体の奥深くに潜む邪悪なるものの不可知さという難しい主題に正面から向き合い、とにかくもこなしている→肯定
日野啓三——登場人物の心理と行動の変化に納得しづらい飛躍はあるが、それでも認めざるを得ない迫力と魅力がある→否定＋肯定
古井由吉——こなしきれぬ言葉を用いつつも、少年のイジメ・イジメラレの関係を、人間の「悪」の姿へと立ち上がらせた→否定＋肯定

これを踏まえて選択肢を検討する。適当でないものは⑤と⑥であり、正解はこの二つである。

⑤は「**宮本輝**の『生硬な文章が多用されていて、そこが黙認できない』という意見」が誤り。**【資料】**には「……そこが黙認できないという委員の意見も理解したうえで、なお、私は『海峡の光』の確固たる小説世界を支持した」とあり、「……が黙認できない」という意見が宮本輝の意見でないことは明らかである。

⑥は「四人の選考委員が最終的にはこの作品を『表現面での課題を残しつつも、否定しきれない魅力を持った佳作』として捉えている」が誤り。たとえば石原慎太郎の意見からは「表現面での課題」に関する指摘は読み取れないし、また、日野啓三の意見は「表現面での課題」ではなく「構成上の欠陥」に関するものである。

正解　19・20＝⑤・⑥（順不同）

□第3問

出典

◆【資料Ⅰ】

文章 吉川賢《よしかわけん》『森林に何が起きているのか』（中央公論新社　二〇二二年）

グラフ1・グラフ2・グラフ4 林野庁「森林・林業・木材産業の現状と課題（要約版）（令和6年1月）」

グラフ3 林野庁木材貿易対策室「木材輸入の状況について（2024年3月実績）」

◆【資料Ⅱ】

文章 林野庁「森林・林業基本計画（令和3年6月15日）」

図 林野庁「森林・林業・木材産業の現状と課題（要約版）（令和6年1月）」

読解

【資料Ⅰ】では、「ウッドショック」と呼ばれる日本の木材価格の高騰とその原因が 文章 で説明され、関連するデータが グラフ1 ～ グラフ4 で示されている。第1回（第3問）の解説でも述べた通り、まず文章を通読し、グラフはタイトルだけに目を通し、設問を解く際に、必要に応じて細かな数字まで確認するという手順を推奨したい。

【資料Ⅱ】 文章 のタイトルは「森林・林業・木材産業による『グリーン成長』」。全体の要旨が書かれた冒頭部分と、5つの具体的な施策について説明した部分とで構成されている。まずは冒頭の段落だけに目を通し、それ以降の5つの施策については、後で必要に応じて読めばよいだろう。 図 は 文章 の内容を視覚的イメージとして表したもの。こちらも細部は後で必要に応じて読めばよい。

解説

問１　資料を利用して文章中の空欄を補う問題

設問文の「他の資料の内容も踏まえて」という文言を見落とさないようにしよう。

空欄 X に入るのは、文脈から、「木材価格の高騰がはじまった時期」である（高騰＝価格が跳ね上がること）。その時期を確定するための根拠となるのは、製材価格（＝木材価格）の推移を表した【資料Ⅰ】グラフ３だ。グラフ３から、製材価格の高騰がはじまったのは２０２１年初頭だとわかる。

正解 21 ＝④

問２　資料の内容理解を問う問題

この設問は【正解のイメージ】をあらかじめ持つことができないので、

> ❶ 選択肢を読む
> ❷ 正誤を判定するために必要な情報を資料から探す

という手順で解いていく。

タイトルから、グラフ１が示すのは「日本の国土面積に占める森林の割合（＝66％＝３分の２）」であり、グラフ２が示すのは「日本の森林蓄積の推移」である。グラフ２の棒グラフ上の数字は「森林蓄積の体積」であって、グラフ１のような「割合」ではないこと（単位は％ではなく㎥）に留意しよう。各選択肢を見ていく。

①は不適。「日本の国土面積に占める天然林等の割合」はどちらのグラフからも読み取れない。

②も不適。「（日本の）森林蓄積の約三割は人工林で構成されている」とあるが、右に述べたようにグラフ２の一番右の棒グラフ（令和４年）の３５・５という数字が示すのは「森林蓄積の体積」であって割

合ではない（ちなみに令和４年の人工林の割合は、３５・５÷５５・６＝約６３・８％）。

③も不適。「天然林等は減少している」とあるが、グラフ２によれば、天然林等は昭和41年の１３・３億㎥から、令和４年の２０・２億㎥へと増加している。

④も不適。「森林蓄積に占める天然林等の割合は二割程度にとどまっている」が誤り。繰り返しになるが、令和４年の天然林等２０・２という数字は割合ではなく２０・２億㎥という体積を表している（ちなみに令和４年の天然林等の割合は、約３６・３％）。

⑤は適当。

正解 22 ＝⑤

▼グラフを読み取るときには、数字だけでなく、その数字が何を表す数字なのかを必ず確認しよう。

問３　文章とその他の資料との関係を問う問題

下線部ⓐ～ⓓのそれぞれについて、対応する資料の有無を（【資料Ⅱ】も含めて）見ていこう。

ⓐ「大量の木材が必要となった」のはアメリカの話であり、アメリカの木材需要の変化を示す資料はないので、確認できない。

ⓑ「国内での木材の需給バランスが崩れ」の「国内」とは「中国国内」のことであるが、中国国内の需給バランスを示す資料はないので、確認できない。

ⓒ「木材の価格が高騰した」のは日本国内の木材価格の高騰のことであり、それであれば、**問１**でも見たように【資料Ⅰ】グラフ３で確認できる。

ⓓ「１９６４年の木材輸入自由化」は日本の話であり、【資料Ⅰ】グラフ４で確認できる（グラフ左上の枠内に示されている）。

設問は「他の資料によって**確認できないもの**をすべて選んだ組合せ」を選べというもの。確認できないものはⓐとⓑなので、正解は①。

正解 23 ＝①

問4 複数の資料を踏まえたレポートの【構成メモ】の内容と構成について問う問題

(i) 空欄補充問題

空欄 Y は【構成メモ】の第2章「b 近年の日本の状況」を説明する項目だが、それだけでは【正解のイメージ】を作れないので、内容一致問題と同様に、各選択肢の内容を根拠となる資料と照合して消去法で正解を選ぼう。

①は不適。「全木材供給量に国産材が占める割合も約20%となっている」とあるが、グラフ4の棒グラフで示されているのは国産材の供給量（万㎥）であり、割合（%）ではない。

※グラフ4は縦軸が左と右に二つあることに注意しよう。左縦軸は棒グラフの「木材供給量」を表し（単位は万㎥）、右縦軸は折れ線グラフの「木材自給率」を表している（単位は%）。

②も不適。「2021年以降は日本に輸入される製材品の単価が高止まりした状況が続き」が誤り。グラフ3によれば2022年の後半から2023年の初頭にかけて製材品の単価は下落している。なお、選択肢後半の「木材輸入量も最大時の50%以下に減少している」は、グラフ4が根拠となるが、かなり読み取りづらいので、前半の明らかな誤りで不適だと判断することができればそれでよい。

③はグラフ4のデータを正しく説明しており、適当。

④は不適。「輸入製材品の単価上昇」が「国産材の供給量を最低時の2倍にまで押し上げた」とあるが、そのような関連（因果関係）はどの資料からも読み取れない。

⑤も不適。「2002年を境に木材自給率が回復し

始めたことをきっかけに木材輸入量も急激に減少し」とあるが、そのような関連（因果関係）はどの資料からも（文章からも）読み取れない。また、後半の「（木材輸入量が）最大時のほぼ3分の1になっている」も誤りである（2022年の輸入量は、最大時の1996年の輸入量のおよそ半分強）。

正解 24 ＝③

▼原則として、グラフはデータとデータの因果関係は示すことはできないことを覚えておこう（文章はもちろん因果関係を述べることができる）。

問4 複数の資料を踏まえたレポートの【構成メモ】の内容と構成について問う問題

(ii)【構成メモ】に対する助言の適切さを問う問題

・選択肢の内容を確認する
↓
・根拠となる資料と照合する
↓
・【構成メモ】内の整合性を確認する
・選択肢の正誤を判断する

という手順で一つずつ見ていこう。

①の根拠は【資料Ⅰ】文章。それによれば、ウッドショックが起きた要因は「世界中の木材がアメリカと中国によって高値で買い占められ」たことなので、この助言は正しい。

②は【構成メモ】自体への建設的な助言であり、助言の内容に誤りがあるとはいえない。

③の根拠は【資料Ⅱ】の文章と図。「グリーン成長は～社会経済生活の向上、つまり経済成長も目指すものなんだよね」とあるが、「社会経済生活の向上」を単純に「経済成長」とつなげることはできない。また、後半では「森林のエネルギー利用が化石燃料を代替す

ること」が「経済成長に最も役立つ要素」としているが、森林のエネルギー利用とは図にあるように、「木質バイオマス利用」のことであり、それが経済成長ではなくカーボンニュートラルに寄与するものであることは（注）からも判断できる。したがって、この助言の内容は誤っている。

④の根拠は【資料Ⅱ】図。Dさんが具体例として挙げている「森林が二酸化炭素を吸収することや、木材が炭素を貯蔵することなど」は、【資料Ⅱ】図でも示されているし、【構成メモ】に対する助言としても適切。助言の内容に誤りがあるとはいえない。

⑤の根拠は【資料Ⅱ】文章。文章の冒頭段落には「社会経済生活の向上とカーボンニュートラルに寄与する『グリーン成長』」という文言があり、「グリーン成長」を目指すべき理由が二つ示されている（❶社会経済生活の向上、❷カーボンニュートラルに寄与）。しかし【構成メモ】の第3章のbには、❶に相当する項目がない（「地球温暖化をはじめとした環境問題解決のため」は❷に相当する）。したがって、Eさんの「『林業・木材産業を守り、自国の社会経済生活を向上させるため』に改めたほうがいいと思う」という助言は正しい。

設問は**助言の内容に誤りがあるもの**を選べというものなので、正解は③。

正解 25 ＝ ③

▼まずはおおまかな内容を把握し、細かな部分は後で必要であれば読み、必要でなければ読まないで済ますという、情報を取捨選択していく読み方は、大見出し→中見出し→小見出しで構成されている（フォントサイズも大→中→小となっているのでわかりやすい）「紙の新聞」を読むことで訓練することができる。新聞はとっつきにくいという人には高校生新聞／中高生新聞（いろいろな種類がある）もおすすめだ。

語彙リスト

□ 俗物《ぞくぶつ》	世間的な名誉や利益にばかりこだわるつまらない人間。
□ 属性《ぞくせい》	ある物にそなわっている性質。
□ 勤続《きんぞく》	勤め先を変えずに続けて勤務すること。
□ 留意《りゅうい》	ある物事を心に留《とど》めて常に気をつけること。
□ 留保《りゅうほ》	すぐに処理しないで、その状態のまま留めておくこと。保留。
□ 素粒子《そりゅうし》	物質を構成するもっとも基本的な構成要素のこと。
□ 隆盛《りゅうせい》	栄えること。勢いが盛んなこと。
□ 促進《そくしん》	物事がはやく進むように働きかけること。
□ 促成《そくせい》	農作物などを人工的に早く生長させること。
□ 即断《そくだん》	その場ですぐに判断して結論を出すこと。
□ 息災《そくさい》	健康で元気なこと。

□ 傾倒《けいとう》	ある物事に心惹かれ、ひたすら熱中すること。またある人物を尊敬し、ひたすら憧れること。
□ 啓蒙《けいもう》	人々に正しい知識を与え、ものの道理がわかるように導くこと。
□ 軽重《けいちょう》	軽いことと重いこと。価値や程度の小さいことと大きいこと。またその度合い。
□ 他山《たざん》	「他山の石」＝他人の誤った言行やつまらない出来事でもそれを参考にしてよく用いれば、自分の修養の助けとなるという意味。似た意味のことわざに「人の振り見て我が振り直せ」がある。
□ 沙汰《さた》	物事の善悪を論じ定めること。裁定を下すこと。例 地獄の沙汰も金次第＝何事も金さえあれば思いのままにできるという意味。
□ 燎原の火《りょうげんのひ》	防ぎようがないほど勢いが激しいことのたとえ。
□ 忖度《そんたく》	他人の気持ちをおしはかること。

解答解説 第4回

解説動画

出演：輿水淳一先生

大問	設問	解答番号	正解	配点	自己採点①	自己採点②
第1問	問1	1	③	2		
		2	④	2		
		3	②	2		
		4	①	2		
		5	②	2		
	問2	6	②	6		
	問3	7	②	6		
	問4	8	⑤	7		
	問5	9	②	6		
	問6	10-11	③-⑤	10（各5）		
	小計（45点）					

（注）－（ハイフン）でつながれた正解は，順序を問わない。

大問	設問	解答番号	正解	配点	自己採点①	自己採点②
第2問	問1	12	③	3		
		13	③	3		
		14	⑤	3		
	問2	15	⑤	7		
	問3	16	⑤	7		
	問4	17	②	7		
	問5	18-19	①-③	8（各4）		
		20	③	7		
	小計（45点）					
第3問	問1	21	③	4		
	問2	22	①	3		
	問3	23	④	3		
	問4	24-25	②-⑤	10（各5）		
	小計（20点）					
合計（110点満点）						

第4回 実戦問題

□第1問

出典

◆**石井洋二郎《いしいようじろう》／藤垣裕子《ふじがきゆうこ》『大人になるためのリベラルアーツ　思考演習12題』（東京大学出版会　二〇一六年）**

石井洋二郎（一九五一〜）は、東京都生まれのフランス文学者。中部大学創造的リベラルアーツセンター特任教授。東京大学名誉教授。日本フランス語フランス文学会元会長。主な著訳書に『ロートレアモン全集』（日本翻訳出版文化賞・日仏翻訳文学賞）、『ロートレアモン　越境と創造』（芸術選奨文部科学大臣賞）、『ブルデュー『ディスタンクシオン』講義』など。

藤垣裕子（一九六二〜）は、東京都生まれの科学技術社会論・科学計量学研究者。東京大学教授。主な著訳書に『専門知と公共性——科学技術社会論の構築へ向けて』『数値と客観性——科学と社会における信頼の獲得』『科学者の社会的責任』などがある。

出典の『大人になるためのリベラルアーツ　思考演習12題』は、東京大学教養学部後期課程において実施された「異分野交流・多分野協力論」という授業をもとにして書かれた。この授業は石井、藤垣両教員が学生とディベートを重ね、共に考え、共同で「創る」授業であった。

◆**【資料Ⅰ】岡真理《おかまり》『アラブ、祈りとしての文学』（みすず書房　二〇〇八年）**

岡真理（一九六〇〜）は東京都生まれの現代アラブ文学、パレスチナ問題、第三世界フェミニズム思想の研究者。東京外国語大学卒業。京都大学名誉教授。早稲田大学大学院文学研究科中東・イスラーム研究コース教授。主な著書に『彼女の「正しい」名前とは何か——第三世界フェミニズムの思想』『ガザに地下鉄が走る日』など。二〇〇九年から平和を目指す朗読集団「国境なき朗読者たち」を主宰。

◆【資料Ⅱ】村上春樹《むらかみはるき》「早稲田大学文学部・文化構想学部入学式における挨拶文」（二〇二一年）

村上春樹（一九四九～）は京都府生まれ、兵庫県育ちの小説家。早稲田大学第一文学部卒業。清新な文体と無意識を刺激する物語で日本文学の可能性を広げる。同時に世界五〇カ国に翻訳され受容される普遍性を持ち、現在国際的に最も評価されている日本人作家の一人。一九七九年のデビュー作『風の歌を聴け』以降、著作多数。

読解

◆Ⅰ　サルトルの問い（[1]～[2]）

「飢えた子どもを前に文学は役に立つか」という問いはサルトルに由来する。彼は飢え死にしていく子どもを前にして自作『嘔吐』は無力だと語った。

◆Ⅱ　想定される三つの回答（[3]～[6]）

このサルトルの問いにたいしては三つの回答が想定できる。第一に「文学は現実に役に立たない」という文学無用論、第二に「文学は現実に直接には役に立たないかもしれないが、間接的にめぐりめぐって役に立つ可能性はある」という希望観測的な文学有用論、第三に「文学は現実的に無用であることに存在意義がある」という逆説的な文学擁護論である。

◆Ⅲ　三つの回答にたいする検討内容（[7]～[10]）

第一の回答にたいしては、文学は飢えた子どもを救うことはできないが、それだけが文学の役割ではないという反論が想定される。第二の回答は、一見妥当で説得的な回答に思えるが、実際に文学がめぐりめぐって飢えた子どもを救済するという保証はなく、これは文学の根拠を正当化するための口実にすぎないのではないか、という素朴な疑問はぬぐえない。第三の回答は、人間のあらゆる営みはなんらかの社会的使命を果たすべきだと考える立場からすれば、ほとんど開き直りに近い身勝手な自己正当化と映るだろう。

◆Ⅳ 作家たちの反応（11～12）

作家たちの中には基本的に第三の回答を支持する立場をとる者が多いが、これは文学を安易に現実的目的に従属させようとする思考法にたいする作家の側からの反撃である。日本の作家では大江健三郎がこの問題に言及しているが、大江は、このような問いに答える試みほど、作家にとって危険な、割りのあわない冒険はないと率直に告白している。それほどに、文学と現実世界の関係は困難で微妙なものだ。

◆Ⅴ サルトルの問いの普遍性（13～18）

この問いはいくらでも拡大可能な問いであり、「文学」という言葉をみずからがコミットしている活動領域や学問分野に置き換えることで、この問いをみずからに向けた問いとして考えることができる。そのときにみずからの活動や学問の存在意義を主張することはできるだろうか。このようにサルトルの問いは文学に限らず、あらゆる営為にたいして提起されるべき普遍的な問いなのである。

解説

問１ 漢字問題

(ア) 癒す　① 教諭　② 輸出　③ 癒着　④ 愉悦

(イ) 要請　① 成長　② 精製　③ 性急　④ 請求

(ウ) 経緯　① 脅威　② 緯度　③ 畏怖　④ 以心

(エ) 同断　① 決断　② 弾道　③ 団塊　④ 談話

(オ) 普遍　① 偏在　② 遍歴　③ 編集　④ 変化

正解

1 ＝ ③
2 ＝ ④
3 ＝ ②
4 ＝ ①
5 ＝ ②

問２ 傍線部の指示する範囲の内容を問う問題

> 問　傍線部Ａ「以上三つの回答を検討してみよう」とあるが、その内容として最も適当なものを一つ選べ。

根拠として参照すべき範囲の広い設問である。「以上三つの回答」については4～6段落に、そして「それぞれについての検討内容」が8～10段落に述べられている。選択肢の適否を判断する際に本文の該当箇所に戻ることももちろん必要だが、その前に、本文を読んでいる段階で、その内容を十分に理解しながら読むことが重要である。

「三つの回答」のそれぞれの主張のポイントとそれぞれについての検討内容（反論）については、読解でも触れたが、改めて表にまとめたものを見ておこう。

回答	主張のポイント	検討内容（反論）
第一	文学無用論（文学は現実に役に立たない）	飢えた子どもの前では役に立たなくても、ほかのことでは役に立つのだから、文学の存在意義を否定することはできない
第二	希望観測的な文学有用論（直接的には役に立たないが間接的には役に立つかもしれない）	文学が間接的に飢えた子どもの救済に役立つなどというのは何の保証もない夢物語
第三	逆説的な文学擁護論（何の役にも立たないことにこそ文学の存在意義がある）	何の役にも立たないことを正当化するのは「飢えている二十億人」に敵対する身勝手な自己正当化

右の内容を正しく踏まえている選択肢を選ぶ。

①は前半は良いが、後半の「文学の力は飢えた子どもの心にも作用する」が誤り。正しくは「飢えた子どもの前では役に立たないが、ほかのことでは役に立

つ」である。

②は正解。選択肢後半の「その正当性」とは「第二の回答の正当性」ということ。

③は「飢えた子どもの救済につながるのだから、その有用性に疑問を挟むことはできない」が誤り。正しくは「飢えた子どもの救済につながる保証は何もないのだから、その有用性には疑問がある」である。

④は「文学のために現実があるという立場」が誤り。第三の回答の要旨は「文学はそもそも何かの役に立たなくてよい」というものであり、文学のために現実があるなどという恐ろしいことを主張するものではない。

⑤は「人間のあらゆる営みがなんらかの社会的な使命を有している」が誤り。10段落の該当箇所を見ると、「人間のあらゆる営みはなんらかの社会的使命を果たすべきだと考える倫理観の持ち主から見れば」とあり、事実として「社会的な使命を有している」とは言っていない。「社会的な使命を有している」という「客観的な事実」の言明と、「社会的な使命を有すべきだ」という「主観的な判断」の言明は、明確に区別しなければならない。

正解 6 ＝②

問３ 内容説明問題

> 問
> 傍線部Ｂ「作家たちの中には基本的に第三の回答を支持する立場をとる者が多いようだ」とあるが、「第三の回答」を支持する作家たちの立場とはどのようなものだと考えられるか。

傍線部に続く文脈で「第三の回答」（文学は何かの役に立つためにあるわけではない）を支持する作家の例として、クロード・シモンとイヴ・ベルジェの意見が挙げられており（「文学が果たす役割は政治その他のすべてから独立した自律的なものである」「文学と現実は別ものである」）、同じ段落の終わりにそのまとめとして「これらはいずれも、文学を安易に現実的目的に従属させようとする思考法にたいする作家の側からの反撃である」とあるので、この部分を根拠に選択肢を検討する（12段落の大江健三郎は、自分の立場を明確にしていない）。ちなみに14～15段落で説明されているテオフィル・ゴーチエの立場「芸術は飢えを満たすにはまったく役に立たないが、現実的に無益であるがゆえに美しいのであって、もしなにか他の目的に奉仕する有益なものであったらそれだけで醜いものになってしまう」も、「第三の回答を先取りするものとしてとらえることができる」とあるので、この部分を根拠としてもよい。

まとめると次のようになる。

> 現実的目的のために文学を利用しようとする思考法に抗うべく、現実から独立した文学それ自体の価値を主張する立場

①は「他律性」が誤り。「第三の回答」が擁護するのは、文学の他律性ではなく自律性である。

②は正解。15段落のゴーチエの立場を表す言葉もヒントになる。

③は「第三の回答」を批判するサルトルの立場の説明になっているので不適。

④は「文学それ自体の有用性を主張」が誤り。文学の有用性を主張するのではなく、現実的には無用であることに文学の存在意義を見いだすのが「第三の回答」の立場である。

⑤は「文学の果たす役割は政治その他のすべての営為から人々を切り離し独立させること」が誤り。正しくは「文学の果たす役割は政治その他のすべてから独立した自律的なもの」である。

正解 7 ＝②

問４　本文の主題に関する理解を問う問題

問　傍線部C「サルトルの問い」とあるが、筆者はそれをどのようなものとして捉えているか。

傍線部を含んだ一文を確認しよう。

このように、Cサルトルの問いは文学に限らず、すべての学問にたいして、さらには人間のあらゆる営為にたいして提起されるべき普遍的な問いなのである。

「このように」という言葉で前までに述べられてきたことを受け、「飢えた子どもを前に文学は役に立つか」というサルトルの問いが文学だけに限定された問いではなく、あらゆる領域に開かれた「普遍的な問い」であると述べている。また、「提起されるべき」という言葉にも注目したい。この問いは、人間のあらゆる営為にたいして「提起されるべき問い」である。つまり、読者のそれぞれが自分の関わっている活動領域や学問分野に置き換えてこの問いについて考えることを筆者は促している。「飢えた子どもを前に現代文は役に立つか」「飢えた子どもを前にサッカーは役に立つか」「飢えた子どもを前に音楽は役に立つか」……。

このように、サルトルの問いは、一人ひとりがその問いを自分に向けることで、各人が自分の関わっている活動領域のあり方を見直すきっかけにもなる可能性を持った問いでもある。

以上を確認したうえで選択肢を検討しよう。

①は「それ（文学愛好者や文学研究者）以外の多くの人にとっては実質的な意味を持たない閉鎖的な問い」が誤り。

②は「自分の存在価値の無さを痛感させてしまう」が誤り。サルトルの問いは、あくまで、各人が関わっている活動領域の意味（存在根拠）を振り返ることを求めているだけであり、その結果、人々がどのように

考えるようになるかを先回りして決めているわけではない。

③は「……以外のすべての営みの無用性を暴く批判的な問い」が誤り。サルトルの問いは、そこから多くの議論が生まれたように、自分の活動領域の存在意義を再考させるきっかけとなるような問いである。

④も、サルトルの問いを「提起されるべき普遍的な問い」として捉えていない点で誤り。

⑤は正解。「『役に立つ』とはどういうことかといったことにまで目を向けさせる」という内容は、本文に直接書かれているわけではないが、「めぐりめぐって飢えた子どもを救うことにつながることはありうる」とする「第二の回答」のように、サルトルのこの問いによって、「直接役に立つもの」／「間接的にだが役に立つもの」といった差異に目を向けさせられるのは事実であり、本文の延長線上にある内容だといえる。

正解 8 ＝⑤

問５　本文の構成と内容を問う問題

一つずつ選択肢を検討していこう（**読解**も参照のこと）。

①は「文学は現実に対して無力であってはならないというサルトル自身の考え」が誤り。サルトルは「死んでいく子どもを前にして、『嘔吐』は無力です」と述べている。

②は正解。

③は「海外でも日本でも作家の多くは基本的には第三の回答を支持すること」が誤り。日本の作家として挙げられている大江健三郎は自身の立場を明確にしておらず、「第三の回答」を支持している作家の具体例ではない。

④は「『飢えた子どもを前に』という限定を取り払い」が誤り。ここで取り払われているのは「文学」という限定である。本文では一貫して「『飢えた子どもを前に』○○は役に立つか」という内容になっている。

正解 9 ＝②

▼この問題では、すでに区分されている意味段落の内容が問われていたが、どのような設問形式にも対応できるようにするためには、自力で意味段落を把握できるようにしておきたい。大きな内容のまとまりごとに区切りを入れながら読むクセをつけよう。

問６ 本文と【資料】の関連を問う問題

二つの【資料】のそれぞれを、本文との関連において把握しよう。

まず【資料Ⅰ】について。ここで批判されているのは、サルトルの言葉が（無意識に）前提してしまっていること、すなわち、文学（作品を書き、読む）という営みは自分たち（安寧に暮らせる者たち）だけのものであり、アフリカで飢えて死にゆく子どもたちのものではない、ということである。それに対して【資料Ⅰ】の筆者は、「不条理な現実のなかで人間が正気を保つために文学を読むのだとすれば、アフリカで飢えて死んでいく子どもたちこそ、切実に文学を必要としているのではないか」と主張する。そして、死に瀕した子どもが小説を読むことは、（その子が死ぬことが確実だったとしても）意味のないことだなどとは決して言えないと述べる。つまり、【資料Ⅰ】は「飢えた子どもを前に文学は直接的な意味を持つ」と主張する。これは本文の「三つの回答」のどれにも当てはまらない立場である。

次に【資料Ⅱ】について。「人間を動かしているのは意識や論理では掬いきれない心（無意識）だが、それと同様に社会にもやはり意識や論理では掬いきれない心がある、文学はそのような心に光を当てる、だから、文学抜きには社会は健やかに前に進んでいけない」というのが【資料Ⅱ】で述べられていることだ。「文学は社会の役に立つ」と述べているので、本文の「三つの回答」でいえば「第二の回答」に近い立場であり、かつ、文学が現実に寄与する理路を「第二の回答」よりも明確に説明しているものだといえるだろう。

選択肢の検討に入る。

①は「【資料Ⅰ】の立場は、本文の三つの回答の中では『第二の回答』に近い」としている点が誤り。【資料Ⅰ】は、めぐりめぐっていつか飢えた子どもを救うことになる、という第二の回答とは異なり、直接飢えた子どもの役に立つと主張する立場である。

②は「『第一の回答』に近い」としている点が誤り。

③は正解。

④は「本文で紹介されていた作家たちはみな、文学はそもそも何の役にも立たなくてよいという立場だった」という部分が誤り。サルトルは「第一の回答」の立場であり、大江健三郎は旗幟を鮮明にしていない（「旗幟を鮮明にする」＝自分の立場をはっきりさせる）。

⑤は正解。本文では明確に述べられていなかった文学と現実との間の「迂遠な回路」が、【資料Ⅱ】では比較的明確に説明されている。

⑥は「重なるところがない」が誤り。たしかに【資料Ⅱ】は「飢えた子どもを前に」という条件の中で語られているわけではないが、それでも、大きな社会という枠組みの中における文学の役割を話しているのだから、本文の内容と「重なるところがない」とまではいえない。

正解 10・11 ＝③・⑤（順不同）

□第2問

出典

◆辻征夫《つじゆきお》「頭上に毀《こわ》れやすいガラス細工があった頃――詩人から高校生へ」（『ゴーシュの肖像』所収　書肆山田　二〇〇二年）

【資料Ⅰ】辻征夫「沈黙」（谷川俊太郎編『辻征夫詩集』所収　岩波文庫　二〇一五年）

辻征夫（一九三九～二〇〇〇）は、東京都生まれの詩人。十五歳で若山牧水や島崎藤村などの近代詩を読み始め、十六歳で雑誌に投稿した自作の詩が活字になる喜びを知る。十九歳のとき「何処でもいいから入学して、四年間の猶予期間を持て」という父のたっての希望で、足繁く通っていた神保町の古本屋街に近い明治大学を受験、文学部仏文科に入学。二十三歳のとき、第一詩集『学校の思い出』を自費出版。二十四歳で大学を卒業。その後、小学校の事務、出版社の編集などに携わった後、都営住宅サービス公社に入社。仕事のかたわら、詩作を続ける。二〇〇〇年一月、千葉県船橋市の病院で死去。享年六十歳。『河口眺望』『ヴェルレーヌの余白に』『かぜのひきかた』『落日』など多くの詩集、散文作品、エッセイを遺《のこ》した。

本文に使用した「頭上に毀れやすいガラス細工があった頃――詩人から高校生へ」が収載されている『ゴーシュの肖像』には、辻征夫が一九九〇から二〇〇〇年までに発表し、単行本未収録の散文作品のほぼ全篇が収められている。

◆【資料Ⅱ】内山節《うちやまたかし》『哲学の冒険　生きることの意味を探して』（平凡社ライブラリー　一九九九年）

内山節（一九五〇～）は、東京都生まれの哲学者。東京都立新宿高等学校卒業。大学などの教育機関を経ていない在野の哲学者として一九七六年に刊行された『労働過程論ノート』で哲学・評論界に登場。その後、趣味としていた川釣りを通して山と川と村の変容やそこでの労働についての論考を展開し、一九八〇年『山里の釣りから』に結実させる。その後も『自然と人間の哲学』『時間

について の十二章』『森にかよう道』『思想としての労働』『貨幣の思想史』『自由論』『日本人はなぜキツネにだまされなくなったのか』など、多くの著作を世に問うている。

読解

1 いま高校生は何を考え、どんな生活をしているのだろう。高校生ももしかしたら、ネリリし、キルルし、ハラララしているか。

2 ～ 4 これは谷川俊太郎氏が十代のときに書いた詩に出てくる火星語だ（詩「二十億光年の孤独」の引用）。火星語だから、意味はわからない。

5 ～ 6 しかしこれが谷川俊太郎氏が空想した火星語だということを、もし多くの人が知っていたとしたら、人間の生活はもう少し余裕のある、生き生きとしたものになっているのではないか。実利には直接結び付かない記憶と思考の回路が人間にはあり、それはわれわれを深くもし、活力を与えてもくれる大事な源泉なのだ。

7 いったいどうして、自分が一生をかけてする仕事は詩を書くことなんだなんて、ぼくは決めてしまったのだろう。そう思い定めたのは十五歳の頃だった。詩は、ほかの芸術と違って、それだけでは生活できない。

8 それだけに、親や学校との対立もまた、曖昧さのない、鮮烈なものだった。

9 当時、ぼくがたえず言われていたことは、受験勉強をして大学に入り、大学を出て社会人になったら、余暇に趣味として、詩でもなんでもやればいいということだった。

10 言われることはぜんぶ身に染みてわかっていたが、ぼくにはそれらの意見に耳を貸すわけにはいかない理由が二つあった。第一に、最も感受性が鋭敏な時期かも知れない十代の終わりを、詩以外のことに費やすわけにはいかない。

11 第二に、ぼくはこの管理された社会の中で、単に労働力として存在する人間にはなりたくない。ある純粋さを保持した、あるがままの人間でありたい。これはこの人生で詩を選択する重要な要因になった。

12 いま考えればこういう年齢のときはもっとゆったりかまえていてよかったのだが、母の言葉によれば、「頭の上に何だか毀れやすいガラス細工を乗せているよう（鋭敏な感受性をなんとか保持しようとする余裕のない状態）で、危なっかしくて見ていられなかった」この高校生に、そんな余裕はなかった。

13 ぼくの内面の彷徨と生活上のてんやわんやは、その後も続くのだが、その中でいつのまにか身につけたのは、単純でしかし深いものに、ごく自然に感動するという精神の姿勢だろう。

14 茨木のり子さんの詩集の中の一篇を未知の若い人々に贈りたい（「汲む」の前半の引用）。

15 「人を人とも思わなくなったとき／堕落が始るのね」という茨木さんの優しい語り口は、一瞬僕を粛然とさせた。人は何歳になっても、「頼りない生牡蠣のような」初々しい感受性を保持できるように、ほんとうは作られているのではないかと、ときどき考えることがある。

解説

問1　語句の意味を問う問題

(ア)の「よしんば」は〈たとえ・かりに・もし〉という意味。「よし」（漢字では「縦し」）だけでも同じ意味があり、「よしんば（縦しんば）」は「よし」を強めた語。正解は③。

(イ)の「すれっからし（擦れっ枯らし）」は〈世間ずれして悪賢くなること、またそのような人〉という意味。「すれからし」とも。正解は③。

(ウ)の「どぎまぎ」は〈不意をつかれて平静さを失うさま、うろたえるさま〉という意味。正解は⑤。「どきどき」や「ときめき」とは異なるので注意。また③の「言葉につまる様子」は文脈的には合致するが、辞書的な意味には合致しないので不適。どぎまぎした結果、「言葉につまる」ことはあるかもしれないが、「どぎまぎ」という語自体に「言葉につまる」という意味はない。

正解
12 ＝ ③
13 ＝ ③
14 ＝ ⑤

問２　理由説明問題

問　傍線部Ａ「いったいどうして、自分が一生をかけてする仕事は詩を書くことなんだなんて、ぼくは決めてしまったのだろう」とあるが、筆者はその理由をどのように考えているか。

選択肢の検討に入る前に、本文に戻り、解答の根拠がどこに書いてあるか、つまり、筆者が「自分が一生をかけてする仕事は詩を書くことなんだ」と決めた理由がどこに書いてあるかを探しにいこう。

まず、傍線部の直後にこうある。

はっきりとそう思い定めたのは十五歳の頃のことだが、それはあれかこれかと迷った末に決めたのではなく、もうこれしかないという感じだった。中学のときに国語の授業で詩と詩人の存在を知ったのが発端なのだが、ほんきでそれを選び迷わないというのはこれは資質としか言いようがないことなのかも知れない。

この部分も理由には違いないが、「一生をかけてする仕事」にした理由としてはまだ十分ではない。さらに読み進めていくと、傍線部からは少し離れるが（いつも根拠が傍線部の近くにあるとは限らない）、11段落に次のような記述がある。

第二に（これはこの人生で詩を選択する重要な要因になったものだが）、不幸にしてぼくに才能がなくて、結局詩は駄目だとしても（中略）ぼくはこの管理された社会の中で、単に労働力として存在する人間にはなりたくない。たとえ人生を棒に振っても、ある純粋さを保持した、あるがままの人間でありたい……。

つまり筆者は、

「ある純粋さを保持した、あるがままの人間でありたい」と願い、そのためには、たとえ人生を棒に振っても詩人として生きるしかないと思ったから

「自分が一生をかけてする仕事は詩を書くことなんだ」と決めたのである。

以上のことから、正解は⑤。

①は、「これなら自分にもできると思ったから」が誤り。11段落にあったように、筆者はむしろ「ぼくに才能がなくて、結局詩は駄目だとしても」それを選ぼうと思ったのである。

②は全体的に間違っている。たしかに詩は、他の芸術と違い、「それだけでは生活できない」ジャンルだと述べられているが、そうした生き方に「純粋なものを感じ取った」とは述べられていないし、そうした生き方に憧れて詩人を志したのでもない。

③は10段落に述べられている内容だが、これは周囲の意見に耳を貸さなかった理由であって、傍線部の理由ではない。

④は11段落の「――その不幸な自覚は〜ではないだろうか――」に関連する内容だが、傍線部の理由を述べているのはこの部分ではなく、その後の「ぼくはこの管理された社会の中で〜あるがままの人間でありたい……。」の部分である。

正解 15 ＝⑤

問３ 理由説明問題

問 傍線部Ｂ「親や学校との対立もまた、曖昧さのない、鮮烈なものだった」とあるが、それはなぜだと筆者は考えているか。

傍線部の直前の指示語「それだけに」の内容を正確に把握できるかどうかがポイント。本文を改めて確認しよう。

……詩は、いかにいい詩を書いても、また詩人としてどんな存在になっても、それだけでは生活できないということだ。（中略）

こういうことがあらかじめわかっているひとつのジャンルを選び、それに情熱を傾けている高校生というものは特殊な例に属すると思うが、それだけにだれもが経験するＢ親や学校との対立もまた、曖昧さのない、鮮烈なものだったような気がする。

もし筆者が、多くの人が歩む一般的な道を歩もうとしたのであれば、親や学校との「鮮烈な」対立は生じなかっただろう。「鮮烈な」対立が生じたのは、筆者がそのような道を歩もうとしなかったからだ。

まとめると、次のようになる。

> 筆者が、それだけでは生計を立てられないことがわかっている詩というジャンルを選び、それに情熱を傾けるという、一般的な生き方から大きく外れたこと（特殊なこと）をしようとしていたから

この【正解のイメージ】に合う選択肢を選ぶと、正解は⑤。

①の「高校生としてなすべき受験勉強よりも自分の好きなことを優先しようとしていたから」というのは、多くの高校生と共通することであり、筆者が経験

した「曖昧さのない、鮮烈な」対立の理由とはならない。

②は「芸術という一般的ではない生き方を選ぼうとしていたから」が誤り。同じ芸術でも、詩は、「それだけでは生活できない」という点において、「画家や音楽家、小説家」とはことなると述べられており、芸術だから反対されたわけではない。

③は「親から経済的な支援を引き出そうとしていることは明白だったから」が誤り。それが傍線部の理由なのではない。

④は「路頭に迷うことがあらかじめわかっているジャンル」が誤り。詩というジャンルは「路頭に迷うことがあらかじめわかっているジャンル」ではなく、「それだけでは生活できないジャンル」である。本文には「さもなければ（他に生活の手段をもとめなければ）、文字どおり路頭に迷う」とあるが、これは言い換えれば、他に生活の手段をもとめれば路頭に迷わずに済むということである。

正解 16 ＝ ⑤

問４ 内容説明問題

> 問 傍線部C「一瞬ぼくを粛然とさせたのである」とあるが、それはどういうことか。

ポイントは三つ。

> ❶「粛然」の意味
> ❷何が、「ぼく」を粛然とさせたのか
> ❸なぜ、「ぼく」は粛然としたのか

まず❶について。「粛然」とは〈1、静かでおごそかなさま。2、真剣な気持ちで受け止め、つつしんでかしこまるさま〉の意である。

次に、❷何が、「ぼく」を粛然とさせたのか。傍線部の直前に「『人を人とも思わなくなったとき／堕落が始るのね』という茨木さんの優しい語り口は」とあり、この部分が傍線部の主語になっている。「人を人とも思わなくな」るとはどういうことか。茨木のり子の詩「汲む」からその意味を考えよう。

初々しさが大切なの
人に対しても世の中に対しても
人を人とも思わなくなったとき
堕落が始るのね

「人を人とも思わなくな」るとは、人に対する「初々しさ」を失うことだ。では、人に対する「初々しさ」を持ち続けるとはどういうことか。「私」は次のように理解する。

大人になってもどぎまぎしたっていいんだな
ぎこちない挨拶　醜く赤くなる
失語症　なめらかでないしぐさ
子供の悪態にさえ傷ついてしまう
頼りない生牡蠣《なまがき》のような感受性

人を前にして緊張したり固くなったりうろたえたり傷ついたり……。それらを普通は否定的にとらえ、コミュニケーションスキルという鎧で武装したり場数を踏んだりして克服しようとするが、この詩はむしろそのような弱さや頼りなさを「初々しさ」としてそのままに持ち続けることを肯定する。そしてそのような「初々しさ」を失うとき、「堕落が始る」という。「ぼく」を粛然とさせたのは、このような、「人に対する初々しさ、繊細な感受性を失ったとき、人は堕落する」という茨木のり子の詩の内容である。

最後に、❸なぜ、「ぼく」はその言葉に粛然としたのか。「ぼく」が茨木のり子の言葉に触れて厳粛な気持ちになったということは、自分に反省すべき点があった、つまり、自分も「初々しさ」を失っているのではないかと思ったということだろう。
これらをまとめると、次のようになる。

「人に対する初々しさ、繊細な感受性を失ったとき、人は堕落する」という茨木のり子の詩の内容に触れ（❷）、初々しさを失いつつある我が身を反省し（❸）、思わず厳粛な気持ちになった（❶）ということ

①は「我が意を得たりという気持ちになり、感動したということ」が誤り。❶の「粛然」の意味、❸の理由が違う。
②は正しい。正解。
③は❷の説明が違う。「人を人とも思わなくなること」とは、「人に対する初々しさを失うこと」であって、「自分が周囲の人間に支えられていることを忘れ他者への感謝の気持ちを失うこと」ではない。
④も❷の説明が間違っている。「人を人とも思わなくなること」は、「目の前の人間をないがしろにして自分のことばかり考えるようになること」ではない。
⑤は「自分はもうすでに手遅れなのではないかと思い、がっかりしたということ」が誤り。❶と❸の説明が間違っている。

正解 17 ＝②

問5 本文と【資料】の関連を問う問題

問 (i) 【資料Ⅰ】は、本文の筆者である辻征夫が二十歳の時に書いた詩である。本文と【資料Ⅰ】を踏まえた解釈として適当なものを二つ選べ。

【資料Ⅰ】として提示されている「沈黙」という詩は、夢の中で出会った一篇の素晴らしい詩についての詩である。その一篇の詩、美しい幻は、「ぼくらの苦しみでは創り出せない」。「すばらしいことはみんな夢の中

で起った」。その一篇の詩を思い出そうとして沈黙する「ぼく」。ここには、「現実のぼくらの生活」と「夢」の対比、現実と詩作の鋭い対比があり、友だちとの語らいより「沈黙」を選ぶ「ぼく」の、現実の生活よりも詩作を重んじようとする姿勢がある。

選択肢を一つずつ検討していこう。

①は適当な解釈といえる。正解。

②は不適。本文には多くの漢字が使われている以上、「子どもに読まれる可能性に配慮したひらがな表記」という解釈は成り立たない。

③は適当な解釈といえる。これが二つ目の正解。

④は不適。【資料Ⅰ】の「夢」に対応するのは『趣味として余暇に』やる詩作」ではなく、「一生をかけてする仕事」としての詩作である。

⑤は不適。本文の「頭の上に何だか毀れやすいガラス細工を乗せているよう」という母親の言葉は、10～11段落に述べられている、「鋭敏な感受性をなんとか保持し続けようとする若かりし日の筆者の余裕のない状態」を指した比喩表現であり、「誘惑に弱い『ぼく』の姿」を指したものではない。

正解 18・19＝①・③（順不同）

問
(ii) 【資料Ⅱ】は、本文の波線部に関連する別の筆者の文章の一節である。本文と【資料Ⅱ】との共通点あるいは相違点の説明として最も適当なものを一つ選べ。

本文と【資料Ⅱ】の共通点、相違点をそれぞれ整理しておこう。

共通点
（i） どちらも十五歳頃に未来のこと、将来のことを考えている
（ii） 周囲の意見と対立する意見を持っている

相違点

（ⅰ）本文の「ぼく」は将来の仕事を「詩を書くこと」と具体的に思い定めているのに対し、【資料Ⅱ】の「僕」は、どんな人間として生きていくべきかを考えており、具体的な仕事については決めていない

（ⅱ）本文の「ぼく」は 10 段落で「言われることはぜんぶ身に染みてわかっていた」とあるように、周囲の意見に対して一定の理解は示しているが、【資料Ⅱ】の「僕」は「ひどく愚かなことに思えてならなかった」とあるように、周囲の意見を真っ向から否定している

以上のことを確認したうえで、選択肢を検討する。

①は「自分の将来の仕事について周囲の理解を得られなかった」を共通点としている点が誤り。これは本文の「ぼく」にのみ当てはまる内容であり、具体的に仕事を決めていない【資料Ⅱ】の「僕」には当てはまらない。

②は「感受性の敏感な十代の終わりに文学に触れることを重要視している」を共通点としている点が誤り。本文の「ぼく」が重要視しているのは、「文学に触れる」という漠然としたものではなく、「その年齢にしか書けない詩をその年齢のときに書く」という明確なものだし、【資料Ⅱ】の「僕」は「十代の終わり」だからシェイクスピアを読んでいるわけではない。

③は正しい。本文の「ぼく」は、周囲が勧める「一般的な人間の生活の仕方」に耳を貸さずに、「たとえ人生を棒に振っても、ある純粋さを保持した、あるがままの人間でありたい」と思っているし、【資料Ⅱ】の「僕」もまた、誰もが異口同音に言う「未来の僕の利益」などではなく、「僕がどんな人間として未来を生きていったらよいのか」を考えている。これが正解。

④は本文の「ぼく」と【資料Ⅱ】の「僕」の説明が逆になっているため誤り。相違点（ⅱ）で確認した通

り、「周囲の意見に一切理解を示さない」のは本文の「ぼく」ではなく**【資料Ⅱ】**の「僕」である。

⑤は不適。本文や**【資料Ⅱ】**で述べられていたことは「周囲の意見よりも自分の考えを優先する」という内容であり、「現在と未来のどちらを優先させるか」という内容ではない。

正解 20 ＝③

【参考】『ハムレット』は、イングランドの詩人・劇作家であるウィリアム・シェイクスピア（一五六四〜一六一六）の戯曲。デンマーク王子ハムレットは、父王の急死の直後、父に代わって王となった叔父と母の再婚に懊悩《おうのう》するが、父の死の真相を知り、復讐を決意する。機知、友情、裏切り、欺《あざむ》き、悲恋。『新ハムレット』を創作した太宰治をして「天才の巨腕を感じる。情熱の火柱が太い」と言わしめた、シェイクスピア悲劇の最高傑作。めっぽう面白い。

第3問

出典

◆【資料Ⅰ】

（前半）文化庁「令和4年度『国語に関する世論調査』」

（後半）文化庁文化審議会国語分科会「『国語に関する世論調査』におけるいわゆる『コミュニケーション』に関する問い（抜粋）」

◆【資料Ⅱ】

外山滋比古《とやましげひこ》『人に聞けない　大人の言葉づかい』（KADOKAWA　二〇一四年）

◆【資料Ⅲ】

文化庁文化審議会国語分科会「分かり合うための言語コミュニケーション（報告）」（平成30年3月2日）

読解

◆【レポート】コミュニケーションにおける言語表現

ユズキさんが【資料Ⅰ】～【資料Ⅲ】を参考に自分の考えをまとめたもの。

「人間関係の構築と維持を念頭において、言葉の使い方に気を使っているのが日本人のコミュニケーションの特徴である。また、人間関係に配慮した言語表現が日本語の特徴の一つである。だが、『相手への配慮』は誤解を生む原因ともなるため、私たち日本人のコミュニケーションにおける言語表現には、相手に配慮することと、内容を正確に伝えることを両立するような絶妙なバランス感覚が求められる」というのがその内容。

◆【資料Ⅰ】言葉の使い方やコミュニケーションに対する意識（グラフ）

（前半）「あなたは、ふだん、あなた自身の言葉の使い方について、どの程度気を使っていますか」という質問への回答結果を帯グラフで示している。また、「ふだん、どのように気を使っていますか」という質問に対する回答結果を棒グラフで示している。

（後半）「人とのコミュニケーションにおいて、『相手との人間関係を作り上げながら伝え合うこと』と『根拠や理由を明確にして論理的に伝え合うこと』のどちらを重視するか」を尋ね、その回答結果を数値（％）で示している。また、年齢別の回答結果を折れ線グラフで示している。

◆【資料Ⅱ】日本語の特徴について

日本語は断定、つよい表現をきらう傾向がある。「である」ではつよすぎるから、「であろう」とやわらげる心理には、相手に対するいたわり、敬意がかすかにふくまれている。

◆【資料Ⅲ】言語コミュニケーションにおいて大切なこと

ふだんから私たちは、人間関係を壊さないように、相手に気を使いながら言葉を選んでいるが、そうした気遣いの一つに、物事をはっきり言わず、曖昧にぼかす場合がある。正確さを犠牲にして、相手の気持ちに寄り添うことは、互いにとって有効に働くこともあるが、誤解を生むこともある。言語コミュニケーションの目的を達するためには、自分の考えや意見の趣旨を明確に表明し、誤解を避ける必要がある。

解説

問１　資料を根拠にして空欄を補う問題

まず、空欄Xを含む一文（「さらに、人とのコミュニケーションにおいて［X］ことを考え合わせると、私たち日本人がコミュニケーションにおいて相手との関係をきわめて重く考えていることがわかる」）と設問文から、次の手がかりが得られることを確認しよう。

空欄Xに入るのは……

> ・【レポート】の展開を踏まえた【資料Ⅰ】の説明
> ・「私たち日本人がコミュニケーションにおいて相手との関係をきわめて重く考えていることがわかる」内容（【レポート】の展開と矛盾しない内容）

この手がかりを踏まえて、各選択肢の正誤を判断していこう。

①の指摘自体は正しいが（【資料Ⅰ】（後半）の折れ線グラフと合致）、「私たち日本人がコミュニケーションにおいて相手との関係をきわめて重く考えていることがわかる」という【レポート】の展開とは矛盾するので不適。

②は「相手との人間関係を作り上げながら伝え合うこと」と「根拠や理由を明確にして論理的に伝え合うこと」のどちらも重視していないと答えた人の割合について述べられており、①の選択肢同様、【レポート】の展開と矛盾するので不適。

③は適当。【資料Ⅰ】（後半）の全体の数値によれば、「相手との人間関係を作り上げながら伝え合うこと」を重視する人の割合は全体で６５・１％、「根拠や理由を明確にして論理的に伝え合うこと」を重視する人の割合は全体で１５・０％であり、四倍以上の開きがある。

④は不適。たしかに「どちらも重視していない」と

答えた人の割合が全体で4％未満だという指摘は正しいが、だからといって「どちらかを重視している」人の割合が90％以上になるわけではない。なぜなら、回答項目には「相手や状況によって異なるのでどちらか一つには絞れない（14.9％）」、「分からない（1.4％）」もあるからだ。したがって「どの年齢層においても九〇％以上の人がどちらかを重視している」は【資料Ⅰ】（後半）の読み取りを誤っている。また、「私たち日本人がコミュニケーションにおいて相手との関係をきわめて重く考えていることがわかる」という【レポート】の展開とも矛盾する。

⑤は「根拠や理由を明確にして論理的に伝え合うこと」を重視する人の割合が、60歳以上の人では18％以上であることを指摘しており、その指摘自体は【資料Ⅰ】（後半）の折れ線グラフと合致するが、【レポート】の展開とは矛盾するので不適。

正解 21 ＝③

問２　複数の資料を根拠にして空欄を補う問題

まず、空欄Yに入る内容は【資料Ⅱ】及び【資料Ⅲ】の要約であることを確認しよう。また、空欄Yを含む一文に続けて「この点（空欄 Y に入る内容）について、もう少し細かく見ていこう」とあることから、【レポート】の第4段落以降の内容が、空欄Yの内容を掘り下げたものであることがわかる。以上のことから、この問題は【正解のイメージ】を作ることができるタイプの問題だとわかる。

【資料Ⅱ】のタイトルは「日本語の特徴について」であり、【レポート】の第4段落では、【資料Ⅱ】に基づいて、日本語の特徴の一つが「人間関係に配慮した言語表現」であると述べられている。また、【資料Ⅲ】のタイトルは「言語コミュニケーションにおいて大切なこと」であり、【レポート】の第5段落では、「相手への配慮がさまざまな誤解を生む原因ともなる」と述べられ、続く第6段落では、こうした誤解を避けるために必要なことについて述べられている。以上の点を頭に入れて【資料Ⅱ】、【資料Ⅲ】を通読することで、その要旨を素早く的確に把握することができる。

【資料Ⅱ】日本語は断定、つよい表現をきらう。「である」を「であろう」とするのは相手への配慮。日本語の特徴は人間関係に配慮した言語表現だ。
【資料Ⅲ】相手に配慮した言い方は、ときに誤解を生む。言語コミュニケーションの目的を達するためには、自分の考えや意見の趣旨をきちんと表明し、誤解を避ける必要がある。

この内容を【正解のイメージ】として、各選択肢の正誤を判断していこう。

①は適当。上にまとめたそれぞれの要旨と合致しており、【レポート】の第４段落以降の内容と矛盾なくつながるものになっている。

②は不適。「その手法が行きすぎると相手への配慮を欠き、誤解が生じ得る」とあるが、「その（同義表現を、相手に対するいたわりや敬意にもとづいて使い分ける）手法が行きすぎると、相手への配慮を欠」くことになるわけではない。

③も不適。「人間関係に関する誤解」ではなく、「人間関係を壊さないように、相手に気を使」うことで生じる誤解である。また、「しばしば誤解を解くための質問や聞き直しが必要となる」とあるが、【資料Ⅲ】の最後に述べられている「質問したり聞き直したり」とは、「誤解を解くため」ではなく「誤解を避けるため」に受け取る側がすべきことである。さらに言えば、「（受け取る側の）質問や聞き直しが必要」という内容は要約に入れるべき中心的な話題ではない。

④も不適。「誤解を生みやすいので本来は避けた方がいい」という内容は、どちらの資料でも述べられていないし、また、【レポート】の第４段落以降の展開

とも矛盾する。

⑤は**【資料Ⅱ】**の要約としては間違っていないが、**【資料Ⅲ】**の内容を一切含んでおらず、その点で設問の要求に合わないので不適。

正解 22 ＝①

問3　【レポート】の内容を根拠にして文章中の空欄を補う問題

まず、空欄 Z を含む第5段落の内容と設問文から次の手がかりが得られることを確認しよう。

空欄Zに入るのは……

・「誤解の生じる表現」の例として適当なもの
（設問文から得られる手がかり）
・「相手に配慮して表現を曖昧にぼかすことで生じる誤解」の例として適当なもの
（空欄Zの前文から得られる手がかり）

この手がかりを**【正解のイメージ】**として、各選択肢の正誤を判断していこう。**適当でないもの**を選ぶ問題であることを忘れないように。

①は適当。相手に配慮して表現をぼかすことで、相手に自分の要求がはっきり伝わらない可能性（そこまで急いで返さなくても大丈夫だと誤解される可能性）がある。

②も適当。相手に配慮して表現をぼかすことで「今日中に作業を終えなくてもよい」と誤解される可能性がある。

③も適当。相手に配慮して表現をぼかすことで「今週中に提出してもらえる可能性がある」と誤解される可能性がある。

④は適当でない。「直接私に手渡しても、会社に郵送しても、どちらでもかまいません。」という言い方は、相手に配慮して表現をぼかした言い方ではなく、

単に手段を二通り示しているだけである。したがって「相手に配慮して表現を曖昧にぼかすことで生じる誤解」の例としては不適切。

⑤は適当。相手に配慮して表現をぼかすことで「時間に余裕があれば参加してくれる」と誤解される可能性がある。

正解 23 ＝④

問４ 【レポート】の内容と構成についての応用的な理解を問う問題

この設問は【正解のイメージ】を作れるタイプではないので、内容一致問題を解くように、各選択肢の正誤を、【レポート】の内容や資料の内容と照らし合わせて判断していく。

①は不適。日本語の構造が英語などの構造と大きく異なっていることを挙げても、「私たち日本人は、まずは人間関係の構築と維持を念頭において、言葉の使い方に気を使っている」という主張の根拠とはならない。日本語それ自体の構造（語順などの文法規則）の話と、その日本語をどのように用いるかという「言葉の使い方」の話とでは次元が異なる。

②は適当。第２段落で提起した問題、つまり「では、そのこと（私たち日本人が人間関係の構築と維持を念頭において、言葉の使い方に気を使っていること）と日本語の特徴との間に、どのような関係があるのだろうか」への回答が【レポート】には明確に示されていない。したがって、第４段落の最後に「日本語の特徴が現代の日本人の、相手との人間関係を作り上げながら伝え合うことを重視する傾向と結びついている、という意味の一文を入れる」ことは補足する内容として適当。

③は不適。「日本語には伝統的な表現を大切にするという特徴もある」という内容は、「日本語の特徴は相手への配慮を大事にすること」と主張する【レポー

ト】の方向性に合わない。

④も不適。「相手への配慮が自分の考えや意見の趣旨を明確にするのに役立つ」という内容は、「相手への配慮が誤解を生む場合がある」ことを主張する【レポート】の方向性に合わない。

⑤は適当。たしかに第６段落の「依頼を受ける側も同様である」という主張には具体性がないので、その具体例となる内容を付け加えることは、補足する内容として適当。

⑥は不適。「日本語の複雑な敬語表現」や「そのような表現によって生じる誤解」は、「相手に配慮することと、内容を正確に伝えること（つまり誤解を生まないこと）を両立させるような、絶妙なバランス感覚」の具体例とはならない。

正解 24 ・ 25 ＝②・⑤（順不同）

語彙リスト

□愉悦《ゆえつ》	心から満足して喜ぶこと。
□精製《せいせい》	1、念を入れて丁寧に作ること。 2、まじりけを除いてより純良なものにすること。
□性急《せいきゅう》	あわただしく先を急ぐこと。気が短くてせっかちなこと。
□同断《どうだん》	前と同じであること。同様。
□団塊《だんかい》	「団塊の世代」＝第二次世界大戦直後から数年間の第一次ベビーブーム時に生まれた世代。
□普遍《ふへん》	すべてのものにあてはまること。対義語は「特殊」。
□偏在《へんざい》	あるところに偏《かたよ》って存在すること。対義語は「遍在」（＝広くゆきわたって存在すること）。
□風靡《ふうび》	「一世を風靡する」＝ある時代に圧倒的に流行する。
□敷衍《ふえん》	おし拡げること。意味、趣旨をおし広げて説明すること。

□有用性《ゆうようせい》	何かの役に立つ性質。
□無用性《むようせい》	何の役にも立たない性質。
□逆説《ぎゃくせつ》	一見真理に反するように見えるが、よく考えると一面の真理を表している説。パラドクス。
□迂遠《うえん》	まわりくどいさま。
□自律《じりつ》	他からの支配や制約を排し、自分で自分を律すること。対義語は「他律」（＝自分以外の何かに命令されたり支配されたりすること）。
□此岸《しがん》	こちら側。三途の川のこちら岸＝この世。
□彼岸《ひがん》	あちら側。三途の川の向こう岸＝あの世。また、あの世への門が開くとされる時期（＝お彼岸）。
□奢侈品《しゃしひん》	度を越してぜいたくな品。
□彷徨《ほうこう》	さまようこと。

解答解説

第5回

解説動画

出演：輿水淳一先生

大問	設問	解答番号	正解	配点	自己採点①	自己採点②
第1問	問1	1	①	2		
		2	④	2		
		3	④	2		
		4	③	2		
		5	②	2		
	問2	6	④	6		
	問3	7	①	6		
	問4	8	③	6		
	問5	9	⑤	7		
	問6	10	②	5		
		11	②	5		
	小計（45点）					

（注）－（ハイフン）でつながれた正解は，順序を問わない。

大問	設問	解答番号	正解	配点	自己採点①	自己採点②
第2問	問1	12	②	3		
		13	③	3		
		14	⑤	3		
	問2	15	②	6		
	問3	16	⑤	7		
	問4	17	④	7		
	問5	18－19	①－⑤	8（各4）		
	問6	20－21	③－⑥	8（各4）		
	小計（45点）					
第3問	問1	22	⑤	4		
	問2	23	②	3		
	問3	24	④	3		
	問4	25－26	②－④	10（各5）		
	小計（20点）					
合計（110点満点）						

第5回 実戦問題

□第1問

出典

◆鷲田清一《わしだきよかず》「『摩擦』の意味——知性的であるということについて」(『日本の反知性主義』所収 晶文社 二〇一五年)

鷲田清一(一九四九〜)は京都府生まれの哲学者。専門は倫理、臨床哲学。京都大学大学院文学研究科博士課程単位取得退学。大阪大学総長、京都市立芸術大学理事長・学長を歴任。『モードの迷宮』『じぶん・この不思議な存在』『「聴く」ことの力』『「ぐずぐず」の理由』『くじけそうな時の臨床哲学クリニック』『岐路の前にいる君たちに〜鷲田清一 式辞集〜』など、著書多数。

◆【資料】渡辺一夫《わたなべかずお》「寛容《トレランス》は自らを守るために不寛容《アントレランス》に対して不寛容《アントレラン》になるべきか」(大江健三郎・清水徹編『渡辺一夫評論選 狂気について 他二十二篇』所収 岩波文庫 一九九三年)

渡辺一夫(一九〇一〜一九七五)は、東京都生まれのフランス文学者。東京帝国大学フランス文学科卒業。東京大学名誉教授。大学教授として串田孫一、森有正、辻邦生、清岡卓行、清水徹、大江健三郎など多くの文学者を育てた。著書に『ラブレー研究序説』『フランス・ルネサンスの人々』『渡辺一夫敗戦日記』ほか多数。訳書にラブレー『ガルガンチュア物語・パンタグリュエル物語』『完訳 千一夜物語』(共訳)、エラスムス『痴愚神礼讃』ほか多数。

読解

◆I 「話せばわかる」が無視されるとき（1～5）

「話せばわかる」――。言論の力と相互理解の可能性が賭けられた言葉がなんの逡巡もなしに無視されるとき、社会は壊れる。対立が対立として認められる場所が損なわれ、「わたし」という第一人称と「きみたち」という第二人称を包括する「わたしたち」が一方的に否認されるとき、一つの社会、一つの文化は壊れてしまう。

◆II 社会に伏在する差異を覆う共通の理念（6～9）

社会が壊れるかたちには、権力が社会の構成員を「難民」として離散させるかたちと、ある社会のなかで格差と分断が修復しがたいまでに昂じるというかたちがある。そもそも社会というものが、出自や利害や文化的な背景を異にするものたちを「統合」したものである以上、崩壊の可能性はつねにその社会に伏在しているが、それがめったなことでは崩壊しないのは、それらの差異を共通の理念で覆うことができていたからだ。

◆III 《近代性》という信仰（10～11）

ただし、ある理念を共有しようというその意志は、一定の権勢をもつ集団による他集団の「同化」というかたちで同心円状に拡大されるものであってはならない。じじつ、ヨーロッパ発の《近代性》という「信仰」は、それ自身が《普遍性》を謳うものであるがゆえに、これに従わない人たちの存在を事前に否認する。だからこそ、ある社会を構成する複数文化のその《共存》のありようがきわめて重要になる。〈民主制〉と〈立憲制〉という理念を下支えする《寛容》の精神は、不寛容に対しても寛容であるべきである。

◆IV 「摩擦」の意味（12～14）

エリオットはこの《共存》の可能性を、社会の諸構成部分のあいだの「摩擦」のなかに見ようとした。「摩擦」が多ければ多いほど敵対心は分散され、社会内部の平和に有利に働く。

◆V 煩雑さに耐える知性（15～16）

エリオットの議論は現代においていっそう、リアルになってきている。いま、わたしたちが憂うべきは《統合の過剰》よりも《分断の深化》である。わたしたちは「摩擦」を消すのではなく、「摩擦」に耐えなければならない。そのために必要なのは、複雑な世界を理解する煩雑さに耐えうる知性である。

解説

問1 漢字問題

(ア) 離散
① 散策　② 惨禍　③ 桟橋　④ 山積

(イ) 覆い
① 福祉　② 副作用　③ 復元　④ 覆水

(ウ) 移植
① 殖産　② 衣食　③ 異色　④ 植物

(エ) 看破
① 寒暖　② 感激　③ 看病　④ 閑散

(オ) 遍在
① 編集　② 遍歴　③ 辺境　④ 不偏

正解

1 = ①
2 = ④
3 = ④
4 = ③
5 = ②

問２　内容説明問題

> 問　傍線部Ａ「ここには別の言葉はあっても、そのあいだに公分母は存在しませんでした」とあるが、どういうことか。

傍線部の「ここ」とは、直接的には直前の「理路をつまびらかにする、そういう説得にもはや『耳を貸す』『聞く耳をもつ』ことを拒む人たちが、暗殺といった惨劇を惹き起こし」たこと、あるいは、そのような惨劇が惹き起こされた状況を指す。具体的には、五・一五事件において「話せばわかる」という犬養毅の言葉を海軍青年将校たちが無視し、銃撃した事件が「ここ」の内容である。

「別の言葉」は、「異なる意見」あるいは「意見の対立」と言い換えることができるだろう。

「公分母」は数学の用語で〈二つ以上の分数を通分したときの共通の分母〉のこと（たとえば$\frac{1}{2}$と$\frac{1}{3}$の公分母は６）だが、この文脈では二文前の「そういう（意見の）対立が対立として認められる場所」のこと、つまり、自分とは異なる意見を意見として認めずに抹殺するのではなく、自分の意見とは異なる意見も一つの意見として認める、「相互理解の可能性に開かれた場」を比喩的に表している。

以上を踏まえて傍線部を言い換えると次のようになる。

> 「話せばわかる」という言葉を銃撃という暴力によって封じたとき、そこには異なる意見の存在を認める場そのものが存在していなかったということ

この**【正解のイメージ】**に合う選択肢④が正解。

①は、「公分母」を「共通の価値観」としている点が誤り。筆者の言う「公分母」とはむしろ、互いに異なる価値観の対立を対立として認める場のことである。

②は、「公分母」を「多くの人に共有されるべき良

識」としている点が誤り。また、そのような良識がこの時代に存在していなかった」という説明も本文の内容とは無関係である。

③は「合意を導くことが不可能なまでに意見の対立が激化していたこと」が誤り。3段落の冒頭には「意見の対立が調停不可能なまでに激化していたこと、そのことに問題があるのではありません」とある。

⑤は「公分母」を「異なる意見のあいだを橋渡しする仲介役」としている点が誤り。

正解 6 ＝④

▼「私はあなたの意見には反対だ、だがあなたがそれを主張する権利は命をかけて守る」——これはフランスの哲学者ヴォルテール（一六九四～一七七八）が言ったとされる言葉だ（諸説あり）。「対立が対立として認められる場」とはこのような精神に基づくものだろう。そして、これは問6(ii)の【資料】で示されている「寛容の精神」ともつながるものだ。

問3　理由説明問題

問　傍線部B「その理念の具体化には未知の複数のかたちがありうるという意味でも解されるべきだろうと思います」とあるが、筆者がそのように考えるのはなぜか。

傍線部と傍線部の主語のつながりを確認する。傍線部の主語は「これ」＝「（H・ハーバーマスが）《近代性》を『未完のプロジェクト』と呼んだこと」である。筆者は、ハーバーマスが《近代性》を「未完のプロジェクト」と呼んだことを、単に「まだその理念が完全には実現していない」という（一般的な）意味で理解するだけでなく、「その理念の具体化（現実化）には未知の複数のかたちがありうる」という意味でも理解すべきだという。その理由は何か。

理由問題で有効なやり方の一つに「逆の場合を考える」というものがある。たとえば「勉強する必要があるるのはなぜか？」という問いに対しては「勉強しなかった場合のデメリット」を考える。あるいは「資本主義を見直す必要があるのはなぜか？」という問いに対しては「資本主義を見直さずにこのまま突き進んだ場合に起こる問題」を考える、といったように。このやり方を**問3**に当てはめてみよう。「もし理念の具体化に、既知のたった一つのかたちしかないとするとどのような問題が生じるか」。これを本文に即して考えればよい。

10段落の前半に述べられている内容がその「問題」に当たるだろう。すなわち、西欧発の《近代性》はヨーロッパというローカルな場所で生まれた社会構成理念（既知のたった一つのかたち）が世界へと拡がったものであり、異なった歴史的時間を刻んできた国々に移植されたあと、それぞれの国で伝統文化との複雑な軋轢を生んでしまった、という問題だ。ここでいう《近代性》とは、具体的には8段落で挙げられている〈民主制〉や〈立憲制〉といった諸制度のことだが、たとえば日本には日本の実情に合った〈民主制〉や〈立憲制〉のかたちがありうるし、それは必ずしもヨーロッパにおける〈民主制〉や〈立憲制〉のかたちと同じであるとは限らない。むしろ違っていて当然だろう。したがって、《近代性》という理念の具体化は、画一的にではなく、それぞれの地域でそれぞれに異なるかたちでなされるべきだと筆者は考えるのである。

まとめると、

❶《近代性》という理念はヨーロッパで生まれたもの
❷だからその理念をヨーロッパ以外の地域にそのまま当てはめると問題が生じる
❸したがってその理念の具体化、現実化は、画一的にではなく、それぞれの地域の実情に合わせてなされるべきだと筆者は考えている

このような内容を踏まえた①が正解。

②は「一方的な強制といえるようなものではなかった」が誤り。[10]段落の三文目に「伝搬もしくは強行というかたちで移植された」とある。

③は「その完全な実現までにはまだ乗り越えなければならない課題も多いから」が誤り。これは《近代性》を「未完のプロジェクト」と呼ぶ一般的な理由であり、筆者の立場を述べたものではない。

④は全体的に誤りだが、特に後半の「それを受け入れることで生まれる軋みや傷や歪みも受け入れなければならない」という内容は本文の論旨とは逆である。

⑤は「すでに一つの概念では括れないほどに多様なかたちで具体化されているから」が誤り。これでは「未知の複数のかたちがありうるという意味でも解されるべき」理由にならない。

正解 [7] ＝①

問４　理由説明問題

問　傍線部Ｃ「一つの社会の『重大な生命』はこの『摩擦』によって育まれるというのです」とあるが、それはなぜか。

理由を考える前に、傍線部の内容を把握しよう。

> ❶「摩擦」とは何か
> ❷「摩擦」によって育まれる一つの社会の「重大な生命」とは何か

❶に関しては、傍線部の「この『摩擦』」という指示語がヒントになる。この指示語が指している内容、つまりエリオットの引用文中の「一つの社会のなかに（存在する）階層や地域などの相違」がここで言われている「摩擦」の意味である。

❷のヒントになるのは[12]段落の冒頭の一文だ。

> エリオットはこの《共存》の可能性を、……あくまで社会の諸構成部分のあいだの「摩擦」のなかに見ようとしました。

この一文から、❷「『摩擦』によって育まれる一つの社会の『重大な生命』」とは、「この《共存》」、つまり、社会を構成する複数文化の《共存》だとわかる。

ではなぜ「摩擦」（＝一つの社会のなかに存在する階層や地域などの相違）は、社会を構成する複数文化の《共存》（の維持）につながるのか。その理由となる箇所を本文から探すと、次の二カ所が見つかるだろう。いずれもエリオットの引用文である。

> 〔一つの社会のなかに階層や地域などの相違が〕多ければ多いほど、あらゆる人間が何等《なんら》かの点において他のあらゆる人間の同盟者となり、他の何等かの点においては敵対者となり、かくしてはじめて単に一種の闘争、嫉視、恐怖のみが他のすべてを支配するという危険から脱却することが可能となるのであります。（12段落）

> 「互いに交錯する分割線が多ければ多いだけ、敵対心を分散させ混乱させることによって一国民の内部の平和というものに有利にはたらく結果を生ずる」（13段落）

つまり、社会のなかの対立が一種類しかないと、一つの社会がはっきりと二つに分断されてしまうが、もし対立（「摩擦」）が多ければ、そのようにはっきりと分断されることがなくなり、社会を構成する複数文化の《共存》の可能性が高まるということだ（↓130ページ図）。

以上を踏まえた③が正解。「相対化」とは〈それしかないと思っていたもの（絶対化していたもの）を、色々あるなかの一つに過ぎないと見なすようになること〉である。これは本文の「一種の……から脱却する」、

「敵対心を分散させ混乱させる」という内容と一致する。

（図）

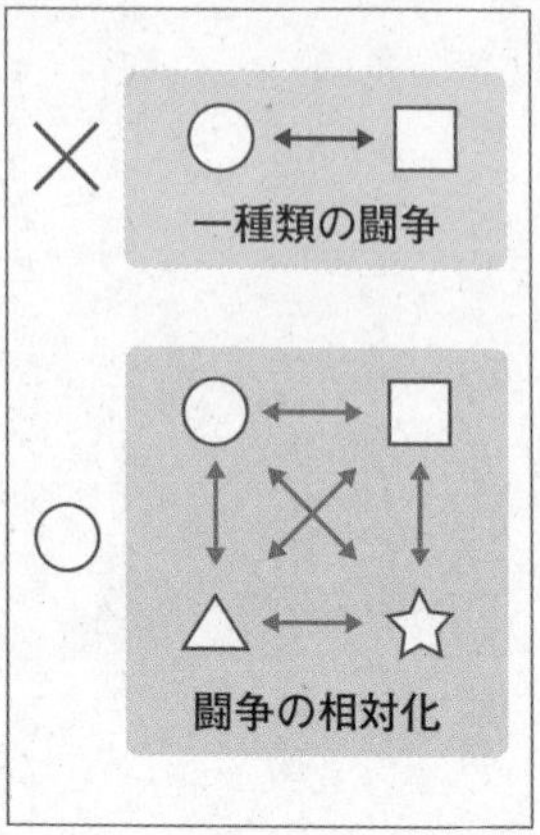

①と②は「摩擦」の説明が誤り。「社会のそれぞれの階層やセクターが不可避的に持つ『余分の附加物と補うべき欠陥』」とは、「摩擦」を生じさせる原因であって「摩擦」そのものではない。

④は「摩擦」が存在することのメリットを「社会の多様性が担保され」ることとしている点が誤り。

⑤は「摩擦」が存在することのメリットを「人々の平和を希求する心が維持され」ることとしている点が誤り。

正解 8 ＝③

問５　キーワードの説明問題

> **問**　この文章のタイトルは「『摩擦』の意味――知性的であるということについて」であるが、本文で筆者は「知性的」ということをどのように理解しているか。

「知性的」とはどういうことかについては、16段落に説明がある。

> わたしたちが生きるこの場、この世界が壊れないためには、煩雑さに耐えることがなにより必要です。そのことがいっそう明確に見えてくるということ、それが知性的ということなのです。世界を理解するうえでのこの煩雑さの増大に耐えきれる知性を身につけていることが、知性的ということなのです。

本文で一貫して主張されていたのは、対立を対立として認める場の重要さ、「摩擦」を維持することの重要さ、つまり、異なる出自や利害や文化的背景を持つもの同士が、それでも相互理解の可能性を信じて「わかりあえないこと」から始めようという姿勢の重要さである。それを端的に示しているのが冒頭の「話せばわかる」であろう。しかし、そのように対立を対立として認めることは、世界を理解することを煩雑にする。一つの意見、一つのイデオロギー、一つの「信仰」だけを共有する世界は単純な世界であり、したがってその理解も簡易である。しかし、筆者（とエリオット）は、そのような世界を良しとしない。

> 世界を複雑なものとして理解し、その世界を理解することの煩雑さに耐えうる知性、その知性の必要性を明瞭に認識すること

それが筆者の考える「知性的」ということだ。

以上の内容を過不足なくまとめている⑤が正解。

①は「複雑性を増す世界を単純明快に見通す知性」が誤り。知性とは、「それを身につければ世界がよりクリスタルクリアに見えてくる」もので**は**、**な**い、と本文にある。

②は「わたしたちがなすべきことはむしろ分断を深化させること」が誤り。これは「なすべきこと」ではなく、「憂うべきこと（心配すべきこと）」である。

③は知性的ということの説明が間違っている。「世界を理解するうえでの補助線、参照軸を増殖させ、世界の複雑性をつのらせていくこと」は知性を身につけた結果起こることであり、知性そのものではない。また、「〈民主制〉や〈立憲制〉といった共通の理念」を「そのような……補助線、参照軸」とまとめているのも誤り。〈民主制〉や〈立憲制〉は社会を統合する共通の理念であり、理解の補助線、参照軸ではない。

④は紛らわしいが、前半の「自分とは意見を異にする他者の同意を期待せ**ず**に」が誤り。[4]段落にあ

る「同意への根拠なき期待」こそ、相互理解の可能性を開くのであり、「話せばわかる」と、「他者の同意を期待する」犬養毅を撃ったのは「話してもわからない」と切り捨てた者たちであった。

正解 9 ＝⑤

問6 (i) 本文の表現についての問題

選ぶべきは**適当でないもの**であることに留意する。一つずつ選択肢を見ていこう。

①は妥当な意見である。適当。

②は不適。4段落の一文目の内容から、「わたしが『わたしたち』を僭称する」とは、「みずからの個人的な主張を、（他の人たちにもさまざまの異論がありうることを承知のうえで）」大多数の主張であるかのように語ることだと推測できる。言い換えれば、「わたしが『わたしたち』を僭称する」とは、「みずからの個人的な主張が普遍性を有していないことをわかっていながら、普遍性を有しているかのように述べること」であり、「みずからの個人的な主張が普遍性を有していることへの自負（誇り）」を表したものではない。設問は**適当でないもの**を聞いているので、これが正解。

③・④は正しい解釈である。適当。

正解 10 ＝②

問6 (ii) 本文と【資料】の関連を問う問題

> 問
> 【資料】をもとにAさんたちは、なぜ波線部のようにいえるのかを四人で話し合った。本文および【資料】をもとにした意見として最も適当なものを一つ選べ。

【資料】で主張されているのは、「寛容は、自らを守るために不寛容に対して不寛容になってよいというはずはない」ということだ。寛容の精神は不寛容をも寛容する精神でなければならない。たとえば自分を虐《しいた》げる存在（不寛容な存在）がいても、寛容の精神は自分を守るためにその存在を虐げてはならない（不寛容に報いるに不寛容を以てしてはならない）。その存在を受け入れなければならない。なぜか。不寛容に不寛容で報いれば、「双方の人間が、逆上し、狂乱して、避けられたかもしれぬ犠牲をも避けられぬことになったり、更にまた、怨恨と猜疑とが双方の人間の心に深い褶を残して、対立の激化を長引かせたりすることになる」からである。そして、「不寛容に報いるに不寛容を以てすることは、寛容の自殺であり、不寛容を肥大させる」からである。これを常に実践することは非常に難しい。時に人は不寛容に対して不寛容になる。しかし、【資料】の筆者は、それを原則としては認めないのである。原則はあくまで、「寛容は、自らを守るために不寛容に対して不寛容になってよいというはずはない」である。

以上から正解は②。

①は不適。【資料】の筆者は、「いかなる寛容人といえども不寛容に対して不寛容にならざるを得ぬようなことがある」というのは例外的な事態であって、これを原則としてはいけないと述べている。

③は「もし、他者の自由に対して不寛容な人たちにさえも寛容であるなら」が誤り。正しくは「不寛容であるなら」である。

④は「不寛容的暴力によって生命を奪われる危険がある場合を除いて」が誤り。【資料】の筆者は、例外を認めてはいるが、例外を「原則として是認肯定する気持は僕にない」と述べている。また、【資料】の最終文の「たとえ不寛容的暴力に圧倒されるかもしれない寛容も、個人の生命を乗り越えて、必ず人間とともに歩み続けるであろう」からは、仮に個人の生命を奪われるとしても、人間は寛容の精神を放棄すべきではないという主張を読み取ることができる。

正解　11 ＝ ②

□第２問

出典

◆【文章Ⅰ】芥川龍之介《あくたがわりゅうのすけ》『尾生の信』（『芥川龍之介全集3』所収 ちくま文庫 一九八六年）

芥川龍之介（一八九二〜一九二七）は、現在の東京都生まれの小説家。東京帝国大学在学中、同人誌『新思潮』上に処女小説『老年』を発表、作家活動を開始する。『鼻』が漱石に激賞されるなど、短篇の名手として多彩な作品を発表し続ける一方、度重なる病や親族の借金の肩代りを余儀なくされるなどの不運に見舞われて心身を衰弱させていき、数え年三十六歳の夏、服毒自殺。博識をもって知られた「書斎の人」で、古今東西の書物に通じ、王朝物、中国物、キリシタン物、現代物など、多彩な作風で文学の一時代を作った。

◆【文章Ⅱ】太宰治《だざいおさむ》『待つ』（『太宰治全集5』所収 ちくま文庫 一九八九年）

太宰治（一九〇九〜一九四八）は、青森県生まれの小説家。本名 津島修治。弘前高校から東京帝国大学文学部仏文学科に入学。作品集『晩年』で文壇に登場し、戦中は日本浪漫派に属して数多くの作品を発表。戦後『斜陽』を書いて青年層に異常な歓迎を受けた。一九四八年六月、現在の東京都三鷹市の玉川上水で入水自殺。読者に語りかけてくるような文体と、身辺の何気ないものごとに「真・善・美」を見出す独自の感受性は、現在でも多くの読者を惹きつけている。

読解

共通する主題を有する二つの小説からの出題である。【文章Ⅰ】の芥川龍之介『尾生の信』は、豊富な語彙と計算された構成を持つ作品、【文章Ⅱ】の太宰治『待つ』は、二十歳の娘が語り手となっている「女性独白体」で、読みやすい文章ではあるものの、様々な解釈が可能な作品、逆にいえば一意的に解釈することの難しい作品である（もちろん、様々な解釈が可能だからといって、あらゆる解釈が可能なわけではない。作品内の記述と矛盾するような解釈は、やはり誤った解釈といえるだろう）。この二つに共通する主題は「待つ」ということ。とはいえ、相違点も様々にある。共通点と相違点のそれぞれを把握できるように努めよう。

◆【文章Ⅰ】（『尾生の信』）

橋の下で逢う約束を交わした女を待つ尾生の様子と、「が、女は未だに来ない」というリフレイン（同じ表現の反復）が七回繰り返され、最後に書き手を思わせる「私」が登場するという構成である。尾生の様子を描いた文を順に抜粋すると次のようになる。

❶尾生は橋の下に佇んで、さっきから女の来るのを待っている

❷尾生はそっと口笛を鳴しながら、気軽く橋の下の洲を見渡した

❸尾生はやや待遠しそうに水際まで歩を移して、舟一艘通らない静な川筋を眺めまわした

❹尾生は水際から歩をめぐらせて、今度は広くもない洲の上を、あちらこちらと歩きながら、おもむろに暮色を加えて行く、あたりの静かさに耳を傾けた

❺尾生は険しく眉をひそめながら、橋の下のうす暗い洲を、いよいよ足早に歩き始めた

❻尾生はとうとう立ちすくんだ

❼尾生は水の中に立ったまま、まだ一縷の望を便りに、何度も橋の空へ眼をやった

ゆったりとした気持ちから、次第に芽生える不安、なぜ来ないのかと不審がる気持ち、そして絶望の中でわずかな希望にすがる想いへと、尾生の心情の変化が、行動の変化によって表現されていることを読み取りたい。同時に、そのように変化していく尾生の心情と対照をなすように「が、女は未だに来ない」という表現が一字一句違《たが》わず繰り返され、そのことによって一層、尾生の心情

の変化が際立つように構成が工夫されていることにも注意を払いたい。

作品の末尾で、書き手と思しき「私」が登場する。尾生の魂を宿しているという「私」は、「何一つ意味のある仕事が出来ない」まま、「何か来るべき不可思議なものばかりを待っている」存在であり、ここに至って、「来ない女を待って死んだ尾生」という特殊な故事が、現代に生きる我々に通ずる普遍性を獲得するのである。

◆【文章Ⅱ】（『待つ』）

「二十の娘」の一人称語りという体裁の作品である。語り手である「私」は毎日、駅に人を迎えに行く。駅のベンチに腰をおろして「私」は待つのだが、誰を待っているのか、何を待っているのか、「私」自身にもわからない。そのような「私」の混乱した内面が、とりとめもなく語られる。

時系列に沿って、小説に語られている内容を整理すると次のようになる。

---

❶私は人との表面的な付き合いが苦手で、家にいて、母と二人で黙って縫物をしているような時間を好んでいた

↓

❷大戦争がはじまって、周囲の緊張が高まる

↓

❸自分だけが家でぼんやりしているのが悪いような気がして、落ち着かなくなる。自分の今までの生活に自信を失う

↓

❹駅のベンチに腰かけて自分でも分からない何かを待って、毎日むなしく家へ帰って来る

戦争のはじまりとともに緊張を高めていく世の中にあって、社会に直接役立つようなことをしていない自分の存在意義を疑い、かといってどうすればよいのかもわからない「私」の焦燥感を読み取ることができる。

そうすると、ベンチに腰をおろして「私」が待っているものとは、ある特定の人というよりは、「世の中の役に立つようなことをしなければならない」という強迫観念を感じずに済む状況、端的に言えば「平和な世の中」である、という解釈も成り立つのではないだろうか。

小説の末尾の一文「お教えせずとも、あなたは、いつか私を見掛ける。」は謎めいた一文だが、右に見てきたような解釈の上に立てば、「戦争にまい進する世の中にうまく自分をはめ込むことができずに焦燥に駆られている人間は決して特殊な存在ではなく、どこにでも見掛ける普通の存在だ」ということを暗に示す一文であると見なすこともできよう。

解説

問１　語句の意味を問う問題

(ア)「おもむろに」は、漢字で書くと「徐に」であり、〈動作が静かでゆっくりとしている様子・物事の起こり方がゆっくりとしているさま〉の意。正解は②。「なんとなく」や「不意に」などの意味で誤用されることの多い言葉なので、気をつけたい。「おもむろに」の対義語としては、〈物事が急に起こったり変化したりするさま・急に〉という意味を持つ「にわかに〈俄に〉」がある。

(イ)「眉をひそめながら」は〈怪訝であったり、不愉快であったりして、眉間にしわを寄せること＝顔をしかめること〉の意。ここでは、なかなかやって来ない女のことを訝《いぶか》しんでいる尾生の表情の描写なので、正解は③。

(ウ)「立ちすくんだ」は〈立ったまま動けなくなる〉の意。「すくむ」は〈体がこわばって動かなくなる〉の意。正解は⑤。

正解 12＝② 13＝③ 14＝⑤

問２ 心情説明問題

問 傍線部Ａ「尾生はそっと口笛を鳴しながら、気軽く橋の下の洲を見渡した」とあるが、ここでの尾生の心情を説明したものとして最も適当なものを一つ選べ。

選択肢の検討に入る前にすべきことは次の二点。

① 傍線部の前後の文脈（話の流れ）を踏まえる
② 前後の文脈を踏まえたうえで、傍線部の尾生の行動から読み取れる心情を考える

読解（【文章Ⅰ】で述べた尾生の行動を再掲する。（　）内は行動から読み取れる尾生の心情解釈の一例。

❶ 尾生は橋の下に佇んで、さっきから女の来るのを待っている（会えるのが楽しみだ）
❷ 尾生はそっと口笛を鳴しながら、気軽く橋の下の洲を見渡した（まだ来ないな）
❸ 尾生はやや待遠しそうに水際まで歩を移して、舟一艘通らない静な川筋を眺めまわした（早く来ないかな）
❹ 尾生は水際から歩をめぐらせて、今度は広くもない洲の上を、あちらこちらと歩きながら、おもむろに暮色を加えて行く、あたりの静かさに耳を傾けた（遅いな……）
❺ 尾生は険しく眉をひそめながら、橋の下のうす暗い洲を、いよいよ足早に歩き始めた（……おかしい、遅すぎる）
❻ 尾生はとうとう立ちすくんだ

（もしかしたら来ないのだろうか……）
❼尾生は水の中に立ったまま、まだ一縷の望を便りに、何度も橋の空へ眼をやった
（頼む……来てくれ……）

傍線部Aの行動は❷に当たる。おそらく、❶よりは少し焦《じ》れていて、❸よりはまだ落ち着いているのが傍線部Aの尾生の心情だろうと判断できる。

また、傍線部自体の表現を見ると、「そっと口笛を鳴しながら」「気軽く……を見渡した」とあることから、ここでの心情は、

女はまだ来ないが、そのことを取り立てて深刻には考えていない

といったものだろうと考えられる。選択肢の中で、そのような心情に最も近いものは②である。②が正解。

①は不適。「女が来るか来ないかということよりも」が誤り。死ぬまで女を待ち続けていたという後続の文脈から考えても、明らかにおかしい。

③も不適。「女が来ないかもしれないという疑いが強まり」が誤り。「口笛を鳴しながら、気軽く……」という行動に合わない。また、その後の「落ち着かない気持ち」は尾生の行動❸「尾生はやや待遠しそうに……」の心情であろう。

④も不適。「焦りを感じつつも、無理に平静を装っている」が誤り。ここでの尾生の行動は「口笛を鳴しながら、気軽く……」というものであり、「無理に平静を装」わなければならないほど状況を深刻に捉えているとは考えにくい。

⑤も不適。「強い苛立ちと落胆」はここでの尾生の行動からは読み取れない。

正解 15 ＝②

問３　表現の特徴を問う問題

適当でないものを選ぶ問題であることに留意する。

①について。「たぶりと云うかすかな音」と述べられているように「たぶり」は擬音語。また「雲母のような（雲の影）」は「のような」とあることから直喩である。そして、これらの修辞法によって尾生の置かれている状況が具体的にイメージしやすくなっている。したがって適当な説明であるといえる。

②について。本文には、たとえば「時刻は夕方の六時」というような「時刻を直接に表す表現」はないが、「暮色を加えて行く」「ほのかに青んだ暮方の空」「蒼茫たる暮色」などといった情景描写が、時の経過を間接的に表しているので、適当な説明であるといえる。

③も適当である。川の水位の上昇している様子が、飛び跳ねて尾生の鼻を掠める魚の描写によって表現されている。

④も適当である。「が、女は未だに来ない」という同じ表現が繰り返され、不動の参照点となることで、変化していく尾生の心情が際立って感じられる。

⑤は適当でない。「恋愛にかまけて満足のいく仕事ができない作者自身」が誤り。「私」は「何か来るべき不可思議なものばかりを待っている」のであり、尾生のように恋人を待ち暮しているわけではない。したがって⑤が正解。

正解　16 ＝ ⑤

問４　理由説明問題

> **問**　傍線部Ｂ「私は、私の今までの生活に、自信を失ってしまったのです」とあるが、なぜか。

読解（【文章Ⅱ】）で述べたことを再掲する。

❶私は人との表面的な付き合いが苦手で、家にいて、母と二人で黙って縫物をしているような時間を好んでいた
↓
❷大戦争がはじまって、周囲の緊張が高まる
↓
❸自分だけが家でぼんやりしているのが悪いような気がして、落ち着かなくなる。自分の今までの生活に自信を失う（身を粉にして働いて、直接に、お役に立ちたい気持ち）
↓
❹駅のベンチに腰かけて自分でも分からない何かを待って、毎日むなしく家へ帰って来る

このように時系列に沿って整理すると、「私」が「今までの生活に、自信を失ってしまった」理由は、

大戦争がはじまって、周囲の緊張が高まる中で、世の中（あるいは国家）に直接貢献できていない今までの自分の生活が、何の意味もないものに思えてきて不安になったから

といったものになるだろう。周囲の人々が国家に貢献している（ように見える）中で、何もしていない自分の生活に自信を持てなくなったのである。この**【正解のイメージ】**に最も近い④が正解。

①は「自分の結婚相手となる人を品定めしている自分に嫌気が差したから」が誤り。そもそも、駅のベンチに腰掛けて道行く人を眺め出したことは、傍線部の内容（自分の生活に自信を失ったこと）の理由ではなく、結果である。

②は「自分自身の未来に期待できなくなったから」が誤り。

③は「極力人を避けてきた自分の生活を情けなく思ったから」が誤り。文脈から考えて、傍線部の「私

の今までの生活」とは、「人を避けてきた生活」のことではなく、「直接世の中の役に立つことをせずに家で毎日ぼんやりしているような生活」のことだろう。

⑤は「駅のベンチに腰をおろして、……ぼんやりと眺めているだけの自分の生活」が誤り。①でも述べたように、駅のベンチに腰掛けて道行く人を眺め出したことは、傍線部の内容（自分の生活に自信を失ったこと）の理由ではなく、結果である。

正解 17 ＝④

問5　本文の表現と内容の理解を問う問題

適当でないものを選ぶ問題であることに留意する。

適当でないものとは、「本文に直接書いていない内容」ではなく、**「本文に書いてあることからは導けない内容（解釈）」**である。本文に直接書いていないことでも、本文に書いてあることから導き得る「可能な解釈」であれば、「適当」と判断する。

①は適当でない。「次第に『私』が正しい答えに近づいていく」といえる根拠は本文中に見当たらない。また、「正しい答え」がどのようなものかがわからない以上、それに「近づいていく」という表現自体成り立たない。これが一つ目の正解。

②は適当である。確かに本文中には、「誰を～」という表現だけでなく、「何を～」という表現もあるので、そのことから、「『私』の待っているものが、『私』自身にもはっきりわからない漠然としたものだ」という解釈を導くことは不自然ではない。

③は適当である。**問4**でも確認した通り、「私」が自信を持てなくなった「自分の生活」とは、「直接世の中の役に立つことをしていない自分の生活」のことである。したがって、そのような「私」が待っていたのは、自分に存在意義を与えてくれる何かであるという解釈は妥当である。

④は適当である。次の⑤についての説明を参照の

こと。

⑤について。望遠鏡や双眼鏡を逆向きに（接眼レンズではなく対物レンズに目を付けて）覗くと、本来の機能とは逆に、近くにあるはずのものが遠く小さく見える。「望遠鏡を逆に覗いたみたいに」という表現はそれを利用した比喩であり、この比喩表現は「眼前の、人の往来の有様」が「小さく遠く思われ」るという「私」の感覚を、つまり、世の中から隔絶されたように感じている「私」の疎外感を表しているのであって、「自分自身の内面に意識を向ける『私』の孤独なありよう」を表しているわけではない。これが二つ目の正解。

⑥は適当である。作品中、「私」という人間の素性について明かされているのは「二十の娘」ということくらいであり、名前も住所もわからないこの娘を「見掛ける」ことは不可能だと思われる。にもかかわらず、「あなたは、いつか私を見掛ける」とあるのは、この「私」という存在が、この世に一人しかいない特定の人間ではなく、どこにでもいる、ありふれた存在であるということを示していると解釈できる。

正解 18 ・ 19 ＝ ①・⑤（順不同）

問6 複数のテクストを比較し、その共通点と相違点の理解を問う問題

適当でないものを選ぶ問題であることに留意する。

①は適当である。「待つ」ということは、主体の能動的な行為ともいえるが（「待たない」ことも選べるのだから）、同時に、相手が来るまで「待たされる」という受動的な状態ともいうことができ、その宙ぶらりんな状態に置かれる作中人物の期待と不安とが描かれているという解釈は妥当だといえる。

②は適当である。**読解**【文章Ⅰ】の最終段落、および【文章Ⅱ】の最終段落の傍線部を参照のこと。

③は適当でない。【文章Ⅰ】の最終文に「永久に来

ない恋人」という言葉があるが、それは結果としてそうだったのであって、尾生自身は「永久に来るはずのないもの」を待っていたわけではないだろう。そのことは、女を待つ尾生の様子が時間の経過とともに変わっていくことからもわかる（読解参照）。もしはじめから「永久に来るはずのないもの」と思っていたら、そのような様子の変化は見られないはずだ。また、【文章Ⅱ】の「私」が待っているのが「永久に来るはずのないもの」であると断定できる材料も見当たらない。これが一つ目の正解。

④は適当である。【文章Ⅰ】では、なかなかやって来ない恋人を待つ尾生の心情の変化が、時間の経過とともに変化する尾生の行動によって間接的に表現されている。また【文章Ⅱ】では、「大戦争」がはじまった現在の「私」の心情が、それ以前の「私」の心情の変化と比較されながら描かれている。

⑤は適当である。【文章Ⅰ】では「〜です／〜ます」といった敬体も敬語も用いられておらず、文章はすべて「〜だ／〜である」といった常体で統一されているが、【文章Ⅱ】では、たとえば「やっぱり、ちがう〈常体〉。ああ、けれども私は待っているのです〈敬体〉。胸を躍らせて待っているのだ〈常体〉。」といったように、敬体と常体を混在させることで、独特の息遣いを伝えている。

⑥は適当でない。【文章Ⅱ】では、「私」が待つ対象は明示されておらず、一人の人間を待っているのか複数の人間を待っているのか、また特定の人間を待っているのか不特定の人間を待っているのかはわからない。さらにいえば、そもそも人間を待っているのかどうかも明示されていない。これが二つ目の正解である。

正解 20・21＝③・⑥（順不同）

□第3問

出典

◆【資料Ⅰ】
総務省編「令和5年版情報通信白書」

◆【資料Ⅱ】
藤原智美《ふじわらともみ》『スマホ断食　コロナ禍のネットの功罪』（潮出版社　二〇二一年）

◆【資料Ⅲ】
耳塚佳代《みみづかかよ》「フェイクニュースとは何か」（藤代裕之《ふじしろひろゆき》編『フェイクニュースの生態系』所収　青弓社　二〇二一年）

読解

◆【レポート】インターネット上で情報を扱う際に注意すべきこと

カズミさんが【資料Ⅰ】～【資料Ⅲ】を参考に自分の考えをまとめたもの。

「日本の消費者は情報に対して受け身であり、主体的に情報の確度を検証しようという姿勢が他国に比べて乏しいため、偏った情報収集に陥りやすく、また偽情報や誤情報の受容・拡散に無自覚であるといった問題がある。したがって私たちには、常に自分自身のメディアリテラシーを高めようという意識を持ち、広い視点で複数の情報を比較検討して、公平な目で真実性を判断していくことが求められる」というのがその内容。

◆【資料Ⅰ】オンライン上（インターネット上）の情報に関する消費者の意識調査（グラフ）

グラフ１「オンライン上で最新のニュースを知りたいときの行動」に関する各国（日本・米国・ドイツ・中国）

の消費者（情報の受け取り手）の回答結果と全体平均を棒グラフで示している。

グラフ2「ファクトチェックの認知度」に関する各国（日本・米国・イギリス・フランス・ドイツ・韓国）の消費者の回答結果を帯グラフで示している。

◆【資料Ⅱ】ネット世界の問題点

ネット世界における新しい言葉の技術は、常識やモラルの変化をもたらすかもしれない。現代では偽の情報、画像や文字情報がネットを通して瞬間的に拡散していく。そのうえ、ネット世界には現実と仮想、嘘と真実が入り交じっており、それを見分けるのは困難だ。

◆【資料Ⅲ】「フェイクニュース」という言葉がもたらす悪影響

「フェイクニュース」という言葉の安易な使用は、メディアへの信頼や情報の真偽を判断するスキルに悪影響を及ぼす危険性がある。

解説

問1　資料を根拠にして空欄を補う問題

まず、空欄Xを含む一文（「さらに、　X　は、情報の真偽を検証するという行為が日本の消費者にあまり広まっていないことを示している。」）と設問文から、次の手がかりが得られることを確認しよう。

空欄Xに入るのは……

> ・【レポート】の展開を踏まえた【資料Ⅰ】の説明
> ・「情報の真偽を検証するという行為が日本の消費者にあまり広まっていないこと」を示す内容
> （【レポート】の展開と矛盾しない内容）

【資料Ⅰ】で、右の手がかりに該当する根拠となりそうなのは、グラフ1の「オンライン上で最新のニュースを知りたいときの行動」として、「複数の情報源の情報を比較する」割合が日本では低いことと、グラフ２の「ファクトチェックの認知度」が日本では低く、「知らない」と答えた人の割合が５３・６％と、他国に比して突出して高いこと。

以上を踏まえて選択肢を見ると、⑤の「ファクトチェックについて『知らない』と答えた人の割合が五割を超えていて、他国と比較するときわめて高いこと」という説明が適当であることがわかる。他の選択肢はすべて「情報の真偽を検証するという行為が日本の消費者にあまり広まっていないこと」を示す内容になっていない。

正解 22 ＝⑤

問２　複数の資料を根拠にして空欄を補う問題

まず、空欄 Y1 ・ Y2 を含む一文と設問文から、以下の手がかりが得られることを確認しよう。

・空欄Ｙ１の根拠が【資料Ⅱ】であること
・空欄Ｙ２の根拠が【資料Ⅲ】であること
・空欄Ｙ１には、「現在のインターネットの世界で危惧されていること」が入ること
・空欄Ｙ２には、その中でも特に「フェイクニュース」という言葉を知ることで生じるマイナス面が入ること

そのうえで、【資料Ⅱ】、【資料Ⅲ】を通読し、それぞれの要旨を把握する（具体例を読むことにあまり時間を費やさないように注意）。ここで、内容が限定しやすい空欄Ｙ２の【正解のイメージ】を持つことができると選択肢を効率的に絞り込むことができる。

右に見た通り、空欄Ｙ２には、その直前の記述から、「『フェイクニュース』という言葉を知ることで生じるマイナス面」が入るが、そのマイナス面は【資料Ⅲ】第１段落の内容から、

メディアへの信頼や情報の真偽を判断するスキルに悪影響を与えてしまう危険性があること

だとわかる。これを空欄Y2の【正解のイメージ】として選択肢を検討すると、これに合致するY2の説明をしているのは②だけであり、②はY1の説明も【資料Ⅱ】の要旨となっている。正解は②。

①は、Y1の「新しい言葉の技術が発展する必然性」が誤り。Y1に入るのは「現在のインターネットの世界で危惧されていること」でなければならない。また、Y2の「特定のニュースやメディアに対する信頼度」も誤り。正しくは「あらゆるニュースやメディアに対する信頼度」である。

③はY2の「政治に関する知識やイデオロギーへの信頼度を低下させる」が誤り。【資料Ⅲ】に述べられていたのは「政治に関する知識やイデオロギーとは関係なく、事実に基づいたニュースとそうでないニュースを判断する能力が低下し、メディアへの信頼性も低くなる傾向がみられた」というもの。

④はY1の「偽の情報が拡散する危うさと、それに対抗するために必要な常識やモラルの変化」が誤り。【資料Ⅱ】に述べられていたのは「いまの私たちには考えられないような常識やモラルの変化」である。また、Y2の「真偽の区別に敏感になるということ」が逆。【資料Ⅲ】には「真偽を判断するスキルに悪影響を与えること」とある。

⑤はY2の「フェイクニュースを発信したメディアや政治家などを信頼しなくなる」が誤り。そうではなく、「ジャーナリストや政治家などによるフェイクニュースという言葉を含んだ『Twitter』投稿にふれたユーザー」は、その投稿自体がフェイクニュースではなくても、「フェイクニュース」という言葉に接することでメディアを信頼しなくなる傾向がみられるというのである。

正解 23 ＝②

問３ 【レポート】の内容を根拠にして文章中の空欄を補う問題

この設問の解答根拠は、ずばり傍線部「広い視点で複数の情報を比較検討して、公平な目で真実性を判断していく」だ。この内容の「例」として適当か適当でないか、一つずつ選択肢を見ていく（正解は**適当でないもの**）。

正解は④。傍線部の「広い視点で複数の情報を比較検討して」とは、ある一つの情報の真偽や確度（確かさ）を知るためにそれに関する複数の情報を比較検討するということであり、単にいろいろな種類の情報に触れましょうということではない。また、「ニュースサイト・アプリからおすすめされた場合には」という受け身の姿勢も傍線部の内容とそぐわない。

正解 24 ＝④

問４ 【レポート】の内容と構成についての応用的な理解を問う問題

この設問は**【正解のイメージ】**を作れる問題ではないので、内容一致問題を解くように、各選択肢の正誤を、**【レポート】**の内容や資料の内容と照らし合わせて判断していく。

①は不適。「『フェイクニュース』という言葉の安易な使用がニュース全般に対する信頼度を低下させるという研究結果」と「日本の消費者のニュースサイト・アプリからのおすすめに依存する傾向」との間に関連はない（少なくとも与えられた**【レポート】**や資料の内容からは読み取れない）。

②は適当。**【レポート】**では、「日本の消費者が情報に対して受け身であること」の根拠として「『ニュースサイト・アプリから自分へおすすめされる情報をみる』を選択した日本人の割合」に言及していた一方で、「主体的に複数の情報を得て比較検討し、情報の確度

などを確認するといったことに積極的でないこと」の根拠が提示されていなかったので、その根拠として【資料Ⅰ】で「複数の情報源の情報を比較する」と回答した人の割合が他国より低いことを補足するのは適当だといえる。

③は不適。【資料Ⅲ】の「アメリカの研究機関であるプロジェクト・インフォメーション・リテラシーによる調査結果」は、「（調査の）対象となった学生らの三六％がフェイクニュースの脅威によってあらゆるニュースの信頼性を疑うようになった」ことを示すものであり、「ファクトチェックに対する関心」とは関係がない。

④は適当。「論より証拠」で、実際に創作された偽の画像や文字情報などが添付されていれば、「インターネット上には誤った情報やフェイクニュースなどが存在する」という内容に説得力を持たせることができるだろう。

⑤は不適。「『フェイクニュース』という言葉を知ることで、人々がニュースや情報の真偽を見分けることができるようになるわけではな」い（むしろ「フェイクニュース」という言葉は真偽判定スキルを鈍らせ、メディア不信をもたらす）ということと、【資料Ⅱ】の「フェイクがニュース化して世界中に広がる世界」とは別の話であり、両者は直接関係がない。

⑥も不適。【レポート】で主張されているメディアリテラシーとは、文脈上、「広い視点で複数の情報を比較検討して、公平な目で真実性を判断していく」能力を指していると考えられる。したがって「『特定の情報サイトからのみ情報収集をおこなっている』と答えた人の割合が他国より大きい米国の消費者をメディアリテラシーの高い人々の例」として挙げるのは不適。

正解 25 ・ 26 ＝②・④（順不同）

語彙リスト

□	離散	りさん	まとまっていた人々が散り散りに離れること。
□	惨禍	さんか	むごたらしい災難。
□	福祉	ふくし	しあわせ。幸福。特に国家によって保障されるべき生活の安定および社会環境。
□	覆水	ふくすい	「覆水盆に返らず」＝一度離別した夫婦は元に戻らないことのたとえ。また、一度してしまったことは取り返しがつかないことのたとえ。
□	殖産	しょくさん	産業を盛んにすること。
□	衣食	いしょく	「衣食足りて礼節を知る」＝生活にゆとりができて初めて人は礼儀に心を向けることができるようになる。
□	異色	いしょく	ほかと比べて、きわだった特色があること。
□	看破	かんぱ	かくされた物事を見破ること。
□	閑散	かんさん	ひっそりとして物静かなさま。
□	遍歴	へんれき	さまざまな経験を重ねること。
□	辺境	へんきょう	中央から遠く離れた土地。

□	不偏	ふへん	「不偏不党」＝いずれの党派、主義にも偏《かたよ》らず、公平・中立な立場をとること。
□	逡巡	しゅんじゅん	ためらうこと。
□	僭称	せんしょう	勝手に自分の身分を越えた称号を名乗ること。また、その称号。
□	おもねり		人の機嫌を取って気に入られようとすること。迎合《げいごう》。
□	セクター		部門。分野。
□	軋轢	あつれき	仲が悪くなること。不和。
□	擬制	ぎせい	実質が異なるものを同一のものとみなすこと。
□	イデオロギー		観念形態。意識体系。思想傾向。
□	頽廃	たいはい	衰えてすたれること。道徳的な気風がすたれて健全な精神が失われること。退廃に同じ。
□	糾合	きゅうごう	ある目的のために人々を呼び集めること。
□	翼賛	よくさん	力を添えて助けること。特に天皇を補佐して政治を行うこと。

文学的文章におけるさまざまな修辞法

修辞法（レトリック）とは、言葉を美しく巧みに用いて、効果的に表現するための技法のこと。その歴史は言葉の歴史とともに古く、種類も無数にあるが、ここでは基本的かつ重要なものを確認しておこう。

【言葉の意味に関するもの】

◆比喩

伝えたい事柄を、それと共通項をもつ別のものに置き換えて説明する手法。

1 直喩ー比喩であることが明示されている比喩。

彼女は薔薇《ばら》のようだ。

2 隠喩（暗喩、メタファー）ー比喩であることが明示されていない比喩。

彼女は薔薇だ。

3 換喩《かんゆ》（メトニミー）ーある事物を、それと関連の深い別の事物で言い表す手法。

・「ホワイトハウス」でアメリカ合衆国政府
・「白バイ」で白バイ隊員（警察官）
・「モーツァルト」でモーツァルトの曲

4 提喩《ていゆ》（シネクドキ）ーカテゴリー全体の名称でその一部を表し、また、一つの名称でそれが含まれるカテゴリーの全体を表す手法。

・花見の季節
（「花」というカテゴリー全体の名称で、その一部である「桜」を表している）
・そろそろご飯にしよう。
（「ご飯」＝「米を炊いたもの」という一つの名称で、「食事」というカテゴリー全体を表している）

5 擬人法

― 人でないものを人格化し、人にたとえる手法。

・街が動き出す。
・卓上の『カラマーゾフの兄弟』を試し読みして去ってゆく風（岡野大嗣）

◆擬態法（オノマトペ）

1 擬態語 ―「様子」を言語化した表現。

・じりじりと後退する。
・もごもごと話す。
・春の海終日《ひねもす》のたりくく哉（与謝蕪村）

2 擬音語 ―「音」を言語化した表現。

・風がビュービュー吹きすさぶ。
・ドアをドンドンたたく。

【言葉の配列に関するもの】

◆倒置法

通常の文章の並べ方をひっくり返して強調の効果を狙う手法。

私は覚えている。あなたの声の温もりを。

◆体言止め

文の最後を体言（名詞）で切ることで、強い印象や余韻をもたせる手法。

はじまりはいつも雨。

◆反復法（リフレイン）

同じ語、同じ表現を繰り返すことで強調の効果を狙う手法。

・三四郎は何とも答なかった。ただ口の内で迷羊《ストレイシープ》、迷羊《ストレイシープ》と繰り返した。
（夏目漱石）

・そうして目をつぶった
ものがたりがはじまった
自転車にのるクラリモンドの
自転車のうえのクラリモンド
幸福なクラリモンドの
幸福のなかのクラリモンド
そうして目をつぶった
ものがたりがはじまった（石原吉郎）

◆**対句法**

類似した二つの句をワンセットにして、コントラスト（対比）の効果を狙う手法。

・沈黙は金、雄弁は銀
・菜の花や月は東に日は西に（与謝蕪村）

◆**押韻**

同じひびきの音を決まった場所に繰り返し使うことで、音楽的効果（リズム感や音感の快さ）やユーモラスな効果を狙う手法。

1 **頭韻**ー語句の頭の音を揃えること。

もぐらは　もろもろの　もののうち
もっとも　もぐらな　ものだから
もったいぶっては　もぐるのか
（まど・みちお）

2 **脚韻（ライム）**ー語句の終わりや行末の音を揃えること。

指かゞなへて　十あまり、
思へば夢の　昔なり。
我まだ若き　花の顔、
春に酔ひたる　心、猶《なほ》（正岡子規）

◆**省略法**

文章の一部を意図的に省くことで、余韻を残したり、読者の想像力によって省略されている内容を連想させたりする効果を狙う手法。

露の世は露の世ながらさりながら
（小林一茶）

《引用一覧》

『玄関の覗き穴から差してくる光のように生まれたはずだ』木下龍也／岡野大嗣（ナナロク社　二〇一八年）
『古典日本文学全集32　與謝蕪村集　小林一茶集』（筑摩書房　一九六〇年）
『夏目漱石全集5』「三四郎」（ちくま文庫　一九八八年）
『石原吉郎詩文集』詩集〈サンチョ・パンサの帰郷〉より「自転車にのるクラリモンド」（講談社文芸文庫　二〇〇五年）
『まど・みちお詩集⑤ことばのうた』「もぐら」（銀河社　一九七五年／かど創房より再刊　一九八五年）
『子規全集　第八巻　漢詩 新體詩』「おもかげ」（講談社　一九七六年）

関連図書

第1回〜第5回で題材とした文章に関連する本の紹介。本文の内容をより深く理解したい人、活字に慣れていないために読むスピードが遅い人、良い本に出会いたいが、何を読めばよいのかわからない人は、ぜひ参考にしてみてほしい。内容が面白いもので、かつ、通読にそれほど時間を要しないもの、という基準で選書した。

◆第1回

第1問

・竹田青嗣『自分を知るための哲学入門』（ちくま学芸文庫）
・千葉雅也『現代思想入門』（講談社現代新書）
・夏目漱石『夢十夜』「第一夜」〜「第十夜」・『永日小品』
・森鷗外『高瀬舟』
・山口昌男『文化人類学への招待』（岩波新書）
・松村圭一郎／中川理／石井美保 編『文化人類学の思考法』（世界思想社）

◆第2回

第1問

・妹尾武治『未来は決まっており、自分の意志など存在しない。心理学的決定論』（光文社新書）
・野矢茂樹『哲学の謎』（講談社現代新書）
・國分功一郎『中動態の世界　意志と責任の考古学』（医学書院）

第2問

・『日本近代短篇小説選　昭和篇2』（岩波文庫）
・『戦争小説短篇名作選』（講談社文芸文庫）

◆第3回

第1問

・森達也『世界を信じるためのメソッド　ぼくらの

時代のメディア・リテラシー』（理論社）
・エーリッヒ・フロム 著／鈴木晶 訳『愛するということ』（紀伊國屋書店）

第2問
・辻仁成『ミラクル』（新潮文庫）
・小谷野敦『芥川賞の偏差値』（二見書房）

◆第4回

第1問
・『揺らぐ世界 中学生からの大学講義4』（ちくまプリマー新書）
・川上未映子／村上春樹『みみずくは黄昏に飛びたつ』（新潮社）

第2問
・茨木のり子『詩のこころを読む』（岩波ジュニア新書）
・渡邊十絲子『今を生きるための現代詩』（講談社現代新書）
・永田和宏『現代秀歌』（岩波新書）
・穂村弘『はじめての短歌』（河出文庫）

◆第5回

第1問
・内田樹 編『日本の反知性主義』（晶文社）
・トーマス・マン 著／渡辺一夫 訳『五つの証言』（中公文庫）

第2問
・太宰治『きりぎりす』（新潮文庫）
・芥川龍之介『蜜柑・尾生の信 他十八篇』（岩波文庫）

▼出版元が明記されていないものは、多様な出版元から出版されている書籍である。また、夏目漱石・森鷗外・芥川龍之介・太宰治の作品は、ウェブサイト「青空文庫」にて無料で閲読できる。

東進 共通テスト実戦問題集 国語〔現代文〕〈3訂版〉

発行日：2024年 7月 29日　初版発行

著者：**輿水淳一**
発行者：**永瀬昭幸**
発行所：株式会社ナガセ
〒180-0003 東京都武蔵野市吉祥寺南町 1-29-2
出版事業部（東進ブックス）
TEL：0422-70-7456 ／ FAX：0422-70-7457
URL：http://www.toshin.com/books/（東進WEB書店）
※本書を含む東進ブックスの最新情報は東進WEB書店をご覧ください。

編集担当：山鹿愛子

制作協力：内田夏音　相田こころ　坂巻紅葉　山田萌乃香
株式会社エディット
株式会社群企画
デザイン・装丁・DTP：東進ブックス編集部
印刷・製本：シナノ印刷株式会社

ISBN978-4-89085-967-2　C7381

東進ブックス

編集部より

この本を読み終えた君にオススメの3冊!

共通テストと同じ形式・レベルのオリジナル問題を5回分収録した共通テスト「古文」対策の問題集。東進実力講師のワンポイント解説動画付き!

共通テストと同じ形式・レベルのオリジナル問題を5回分収録した共通テスト「漢文」対策の問題集。東進実力講師のワンポイント解説動画付き!

現代文のレベル別問題集(①～⑥)。現代文初学者レベルから最難関大学受験レベルまで、自分のレベルに合わせた学習が可能!

体験授業

※1講座(90分×1回)を受講できます。
※お電話でご予約ください。
　連絡先は付録7ページをご覧ください。
※お友達同士でも受講できます。

この本を書いた講師の授業を受けてみませんか?

東進では有名実力講師陣の授業を無料で
体験できる『体験授業』を行っています。
「わかる」授業、「完璧に」理解できるシステム、
そして最後まで「頑張れる」雰囲気を
実際に体験してください。

輿水淳一先生の主な担当講座

「大学入学共通テスト対策 現代文(第3問の攻略)」など

東進の合格の秘訣が次ページに

合格の秘訣1

全国屈指の実力講師陣

東進の実力講師陣 数多くのベストセラー参考書を執筆!!

東進ハイスクール・東進衛星予備校では、そうそうたる講師陣が君を熱く指導する!

本気で実力をつけたいと思うなら、やはり根本から理解させてくれる一流講師の授業を受けることが大切です。東進の講師は、日本全国から選りすぐられた大学受験のプロフェッショナル。何万人もの受験生を志望校合格へ導いてきたエキスパート達です。

英語

雑誌『TIME』やベストセラーの翻訳も手掛け、英語界でその名を馳せる実力講師。

宮崎 尊先生
[英語]

爆笑と感動の世界へようこそ。「スーパー速読法」で難解な長文も速読即解!

渡辺 勝彦先生
[英語]

100万人を魅了した予備校界のカリスマ。抱腹絶倒の名講義を見逃すな!

今井 宏先生
[英語]

本物の英語力をとことん楽しく!日本の英語教育をリードするMr.4Skills.

安河内 哲也先生
[英語]

関西の実力講師が、全国の東進生に「わかる」感動を伝授。

慎 一之先生
[英語]

全世界の上位5%(PassA)に輝く、世界基準のスーパー実力講師!

武藤 一也先生
[英語]

いつのまにか英語を得意科目にしてしまう、情熱あふれる絶品授業!

大岩 秀樹先生
[英語]

数学

明快かつ緻密な講義が、君の「自立した数学力」を養成する!

寺田 英智先生
[数学]

「ワカル」を「デキル」に変える新しい数学は、君の思考力を刺激し、数学のイメージを覆す!

松田 聡平先生
[数学]

論理力と思考力を鍛え、問題解決力を養成。多数の東大合格者を輩出!

青木 純二先生
[数学]

数学を本質から理解し、あらゆる問題に対応できる力を与える珠玉の名講義!

志田 晶先生
[数学]

国語

ビジュアル解説で古文を簡単明快に解き明かす実力講師。

富井 健二先生
［古文］

東大・難関大志望者から絶大なる信頼を得る本質の指導を追究。

栗原 隆先生
［古文］

明快な構造板書と豊富な具体例で必ず君を納得させる！「本物」を伝える現代文の新鋭。

西原 剛先生
［現代文］

「脱・字面読み」トレーニングで、「読む力」を根本から改革する！

輿水 淳一先生
［現代文］

文章で自分を表現できれば、受験も人生も成功できますよ。「笑顔と努力」で合格を！

石関 直子先生
［小論文］

小論文、総合型、学校推薦型選抜のスペシャリストが、君の学問センスを磨き、執筆プロセスを直伝！

正司 光範先生
［小論文］

幅広い教養と明解な具体例を駆使した緩急自在の講義。漢文が身近になる！

寺師 貴憲先生
［漢文］

縦横無尽な知識に裏打ちされた立体的な授業に、グングン引き込まれる！

三羽 邦美先生
［古文・漢文］

理科

「いきもの」をこよなく愛する心が君の探究心を引き出す！生物の達人。

飯田 高明先生
［生物］

「なぜ」をとことん追究し「規則性」「法則性」が見えてくる大人気の授業！

立脇 香奈先生
［化学］

化学現象を疑い化学全体を見通す"伝説の講義"は東大理三合格者も絶賛。

鎌田 真彰先生
［化学］

正しい道具の使い方で、難問が驚くほどシンプルに見えてくる！

宮内 舞子先生
［物理］

地歴公民

世界史を「暗記」科目だなんて言わせない。正しく理解すれば必ず伸びることを一緒に体感しよう。

加藤 和樹先生
［世界史］

"受験世界史に荒巻あり"と言われる超実力人気講師！世界史の醍醐味を。

荒巻 豊志先生
［世界史］

つねに生徒と同じ目線に立って、入試問題に対する的確な思考法を教えてくれる。

井之上 勇先生
［日本史］

歴史の本質に迫る授業と、入試頻出の「表解板書」で圧倒的な信頼を得る！

金谷 俊一郎先生
［日本史］

「今」を知ることは「未来」の扉を開くこと。受験に留まらず、目標を高く、そして強く持て！

執行 康弘先生
［公民］

政治と経済のメカニズムを論理的に解明しながら、入試頻出ポイントを明確に示す。

清水 雅博先生
［公民］

わかりやすい図解と統計の説明に定評。

山岡 信幸先生
［地理］

どんな複雑な歴史も難問も、シンプルな解説で本質から徹底理解できる。

清水 裕子先生
［世界史］

※書籍画像は2024年3月末時点のものです。

合格の秘訣2

ココが違う 東進の指導

01 人にしかできない やる気を引き出す指導

夢と志は志望校合格への原動力！

東進では、将来を考えるイベントを毎月実施しています。夢・志は大学受験のその先を見据える、学習のモチベーションとなります。仲間とワクワクしながら将来の夢・志を考え、さらに志を言葉で表現していく機会を提供します。

夢・志を育む指導

受験は団体戦！仲間と努力を楽しめる

東進ではチームミーティングを実施しています。週に1度学習の進捗報告や将来の夢・目標について語り合う場です。一人じゃないから楽しく頑張れます。

チーム制

一人ひとりを大切に君を個別にサポート

東進が持つ豊富なデータに基づき君だけの合格設計図をともに考えます。熱誠指導でどんな時でも君のやる気を引き出します。

担任指導

現役合格者の声

東京大学 文科一類
中村 誠雄くん
東京都 私立 駒場東邦高校卒

林修先生の現代文記述・論述トレーニングは非常に良質で、大いに受講する価値があると感じました。また、担任指導やチームミーティングは心の支えでした。現状を共有でき、話せる相手がいることは、東進ならではで、受験という本来孤独な闘いにおける強みだと思います。

02 人間には不可能なことをAIが可能に

学力×志望校 一人ひとりに最適な演習をAIが提案！

東進のAI演習講座は2017年から開講していて、のべ100万人以上の卒業生の、200億題にもおよぶ学習履歴や成績、合否等のビッグデータと、各大学入試を徹底的に分析した結果等の教務情報をもとに年々その精度が上がっています。2024年には全学年にAI演習講座が開講します。

AI演習

現役合格者の声

千葉大学 医学部医学科
寺嶋 伶旺くん
千葉県立 船橋高校卒

高1の春に入学しました。野球部と両立しながら早くから勉強をする習慣がついていたことは僕が合格した要因の一つです。「志望校別単元ジャンル演習講座」は、AIが僕の苦手を分析して、最適な問題演習セットを提示してくれたため、集中的に弱点を克服することができました。

AI演習講座ラインアップ

高3生 苦手克服＆得点力を徹底強化！

「志望校別単元ジャンル演習講座」
「第一志望校対策演習講座」
「最難関4大学特別演習講座」

高2生 大学入試の定石を身につける！

「個人別定石問題演習講座」

高1生 素早く、深く基礎を理解！

「個人別基礎定着問題演習講座」 2024年夏 新規開講

東進へのお問い合わせ・資料請求は
東進ドットコム www.toshin.com
もしくは下記のフリーコールへ！

ハッキリ言って合格実績が自慢です！ 大学受験なら、

東進ハイスクール 0120-104《トーシン》-555《ゴーゴーゴー》

●東京都

[中央地区]

□市ヶ谷校	0120-104-205
□新宿エルタワー校	0120-104-121
＊新宿校大学受験本科	0120-104-020
高田馬場校	0120-104-770
□人形町校	0120-104-075

[城北地区]

赤羽校	0120-104-293
本郷三丁目校	0120-104-068
茗荷谷校	0120-738-104

[城東地区]

綾瀬校	0120-104-762
金町校	0120-452-104
亀戸校	0120-104-889
□★北千住校	0120-693-104
錦糸町校	0120-104-249
□豊洲校	0120-104-282
西新井校	0120-266-104
西葛西校	0120-289-104
船堀校	0120-104-201
門前仲町校	0120-104-016

[城西地区]

□池袋校	0120-104-062
大泉学園校	0120-104-862
荻窪校	0120-687-104
高円寺校	0120-104-627
石神井校	0120-104-159
□巣鴨校	0120-104-780
成増校	0120-028-104
練馬校	0120-104-643

[城南地区]

大井町校	0120-575-104
蒲田校	0120-265-104
五反田校	0120-672-104
三軒茶屋校	0120-104-739
□渋谷駅西口校	0120-389-104
下北沢校	0120-104-672
□自由が丘校	0120-964-104
□成城学園前駅校	0120-104-616
千歳烏山校	0120-104-331
千歳船橋校	0120-104-825
都立大学駅前校	0120-275-104
中目黒校	0120-104-261
□二子玉川校	0120-104-959

[東京都下]

□吉祥寺南口校	0120-104-775
国立校	0120-104-599
国分寺校	0120-622-104
□立川駅北口校	0120-104-662
田無校	0120-104-272
□調布校	0120-104-305
八王子校	0120-896-104
東久留米校	0120-565-104
府中校	0120-104-676
□★町田校	0120-104-507
三鷹校	0120-104-149
武蔵小金井校	0120-480-104
武蔵境校	0120-104-769

●神奈川県

青葉台校	0120-104-947
厚木校	0120-104-716
川崎校	0120-226-104
湘南台東口校	0120-104-706
新百合ヶ丘校	0120-104-182
センター南駅前校	0120-104-722
たまプラーザ校	0120-104-445
鶴見校	0120-876-104
登戸校	0120-104-157
平塚校	0120-104-742
□藤沢校	0120-104-549
□武蔵小杉校	0120-165-104
□★横浜校	0120-104-473

●埼玉県

□浦和校	0120-104-561
□大宮校	0120-104-858
春日部校	0120-104-508
川口校	0120-917-104
川越校	0120-104-538
小手指校	0120-104-759
志木校	0120-104-202
せんげん台校	0120-104-388
草加校	0120-104-690
所沢校	0120-104-594
□★南浦和校	0120-104-573
与野校	0120-104-755

●千葉県

我孫子校	0120-104-253
市川駅前校	0120-104-381
稲毛海岸校	0120-104-575
□海浜幕張校	0120-104-926
□★柏校	0120-104-353
北習志野校	0120-344-104
□新浦安校	0120-556-104
新松戸校	0120-104-354
千葉校	0120-104-564
□★津田沼校	0120-104-724
成田駅前校	0120-104-346
船橋校	0120-104-514
松戸校	0120-104-257
南柏校	0120-104-439
八千代台校	0120-104-863

●茨城県

つくば校	0120-403-104
取手校	0120-104-328

●静岡県

★静岡校	0120-104-585

●奈良県

★奈良校	0120-104-597

★ は高卒本科（高卒生）設置校
＊ は高卒生専用校舎
□ は中学部設置校

※変更の可能性があります。
最新情報はウェブサイトで確認できます。

全国約1,000校、10万人の高校生が通う、

東進衛星予備校 0120-104《トーシン》-531《ゴーサイン》

近くに東進の校舎がない高校生のための

東進ハイスクール 在宅受講コース 0120-531《ゴーサイン》-104《トーシン》

ここでしか見られない受験と教育の最新情報が満載！

東進ドットコム www.toshin.com

東進 検索

東進TV

東進のYouTube公式チャンネル「東進TV」。日本全国の学生レポーターがお送りする大学・学部紹介は必見！

大学入試過去問データベース

君が目指す大学の過去問を素早く検索できる！ 2024年入試の過去問も閲覧可能！

※2024年4月現在